麻鶯 김철민 교장
정년퇴임 기념문집

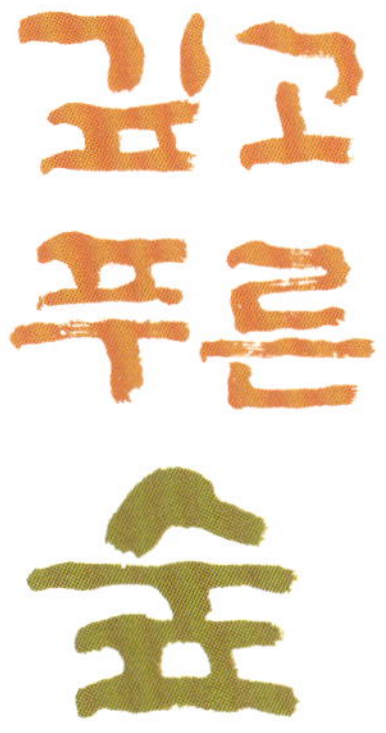

도서출판 경남

| 머리글 |

40여 년 교육생활을 마감하는 정년퇴임에 부쳐

21세기의 장을 참신하게 전개하고자 사람을 만나면 더 따스한 마음으로 좋은 일 생기면 더 행복한 일과 사랑을 국가 발전에 초석이 되신 각계 선 · 후배 문인들 친구나 저명인사들에게 모두 바쁜 때 저에 대한 글을 청탁하게 되어 미안합니다.

교육을 마감하는(40여 년) 한번 맺은 인연을 영원한 인연으로 마음속 깊이 늘 그리며 생각하면서 필자로 모심을 영광스럽게 느꼈습니다.

르네상스 최고의 인문주의자 몽테뉴가 '나는 매일 많은 사람들의 책을 읽으면서 산다. 그런데 그들의 학식에는 관심이 없고 오직 그의 사람됨을 알고 싶을 뿐이다' 라고 말했듯이 책을 읽는 오직 한 가지 이유는 지식과 지혜를 겸비한 '한 사람' 으로 거듭나기 위함이고 독서는 인생을 배우는 또 하나의 학교인 셈입니다.

저는 1971년에 교사로 출발하여 부장, 장학사, 교장으로 퇴임하여 다른 것을 하기 위해 자신의 방법론을 찾아야 하는데 자신만의 시각에 도전하는 편이었습니다. 이제는 그게 보여요. 그래서 제가 글을 쓰고 있다는 게 행복하고 감사합니다.

‘예술가라면 고여 있는 물이어서는 안 된다’ 고 합니다. 많은 경험을 해서 그 경험이 참다운 깊이는 언제나 넓이로 나가고 넓이는 깊이에 도모해서 우리 시대의 진리를 찾아 전문가에 대한 인식의 변화라고 말합니다. 이제 다양성의 시대에 누구나 한 분야에서 다양한 관심을 열심히 즐기고 그 도전의 즐거운 관심이 저를 이 시대의 스타로 만들어 줄 것입니다.

이제는 고령화 시대입니다. 하루에 15초를 웃으면 이틀을 더 산다는 연구, 45분을 웃으면 고혈압 성인병 치료가 가능해 보인다, 아기가 평화롭고 복스럽게 보이는 것은 하루 400번 이상 웃는 데서 오고, 여성이 남성보다 평균 수명이 긴 것도 남성보다 여성이 많이 웃는 것이 원인이라 합니다.

오늘도 싱글벙글 웃으면서 축시, 축서, 퇴임 글 발간에 축하해 주신 분들께 인사드리며 기념문집 발간 인사로 갈음합니다. 감사합니다.

2011년 2월

한려수도 동양의 나폴리 통영 미수동에서

痲營 김철민 올림

차례

김철민 문학세계

동화 • 278

시 • 354

수필 • 392

칼럼 • 414

평론 및 논문 • 454

김철민 아동문학가 탐방기 • 490

아버지 김영일 아동문학가 편 • 502

표지제자_ **한들 진영욱**(경상남도 통영교육지원청 장학사)
표지그림_ **정경미**(아동문학가, 삽화가)

추·억
家族

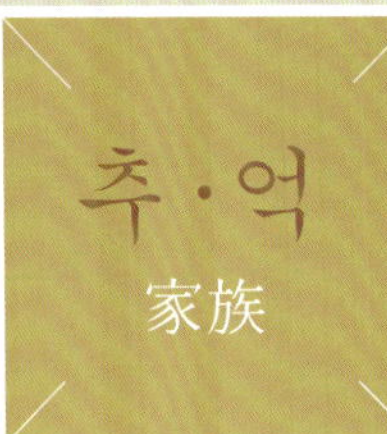

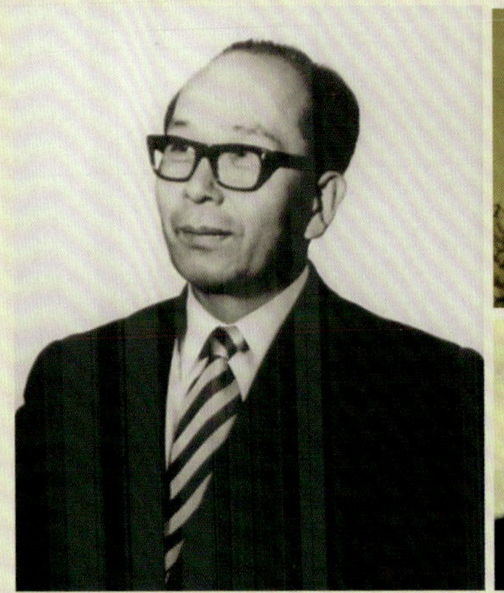

▲아버지 김영일 님

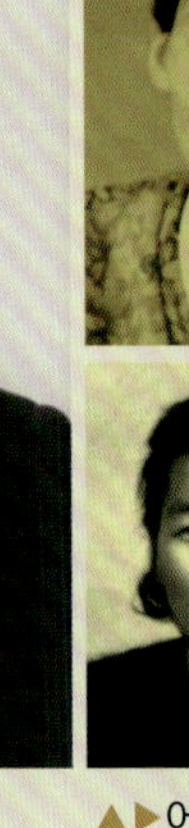

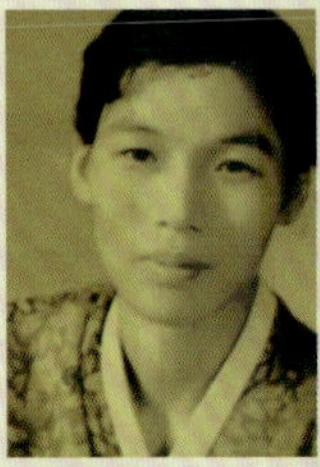

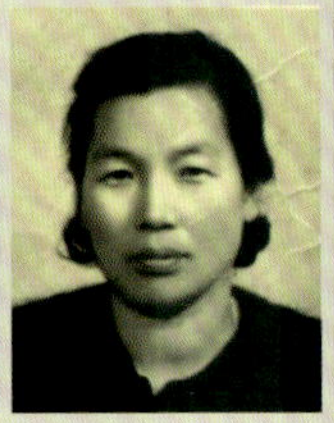

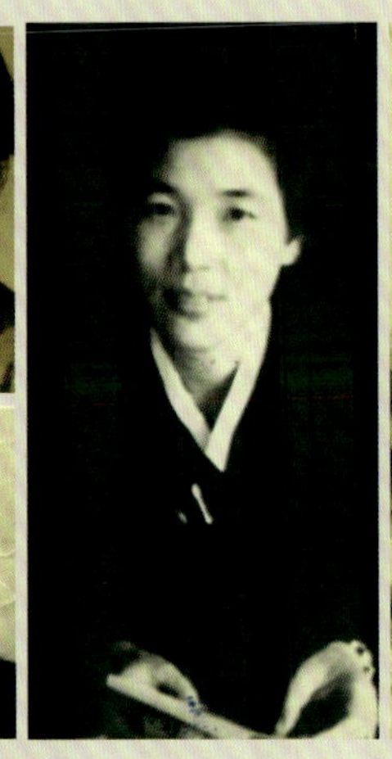

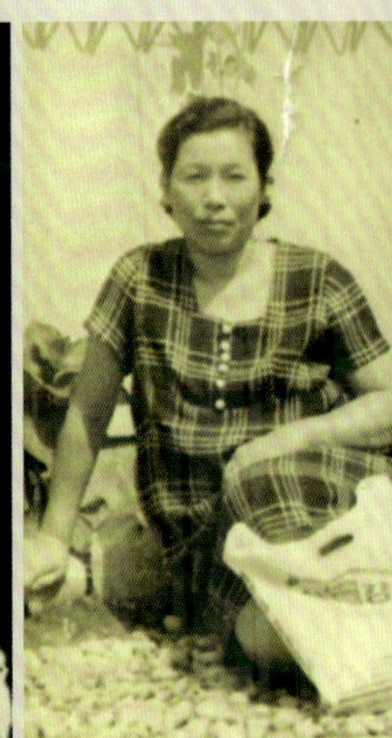

▲▶어머니 원순복 님

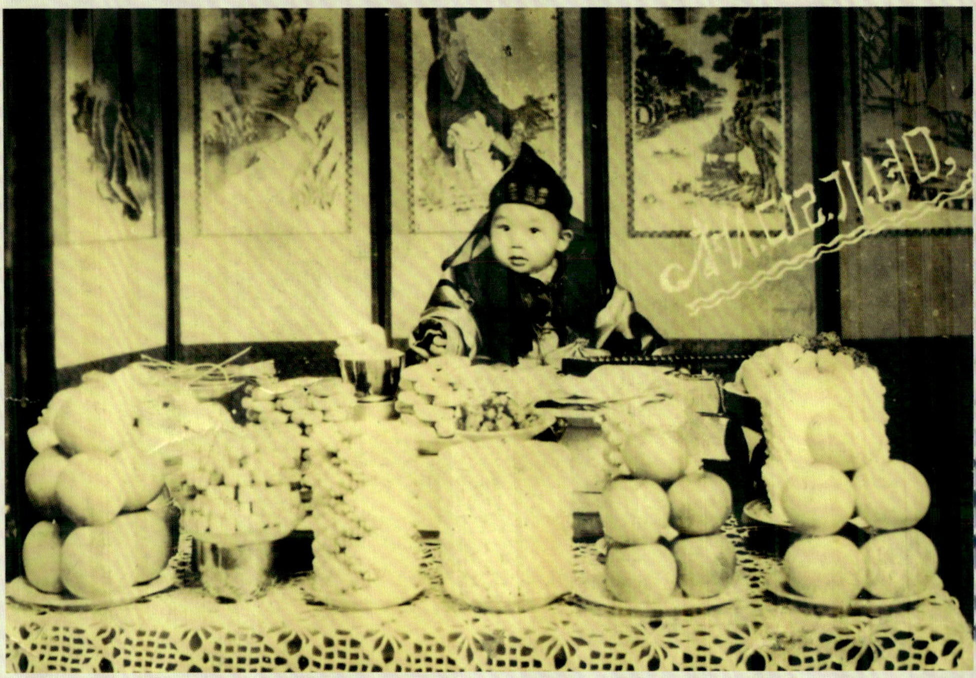

▲김철민 돌기념(1950년)

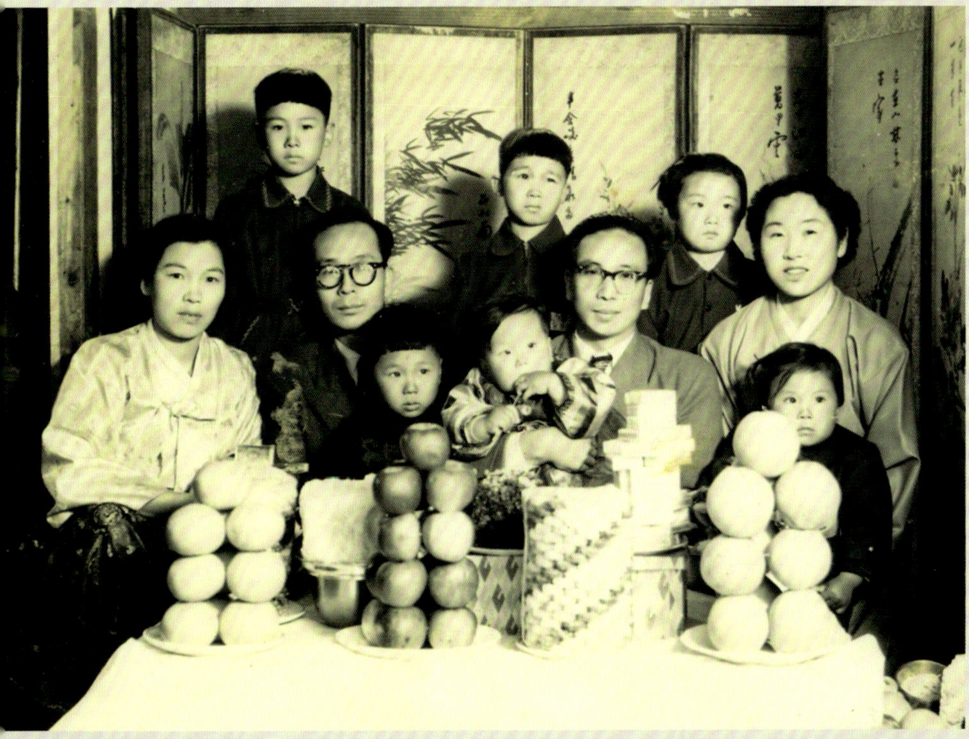

작은아버님 아들 돌잔치 때 가족들(1955년)▲

초등학교 졸업사진(1961년)▼

중학교 졸업사진(1964년)▼

고등학교 졸업사진(1967년)▼

추·억

家族

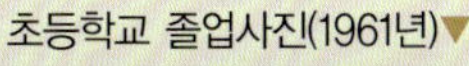

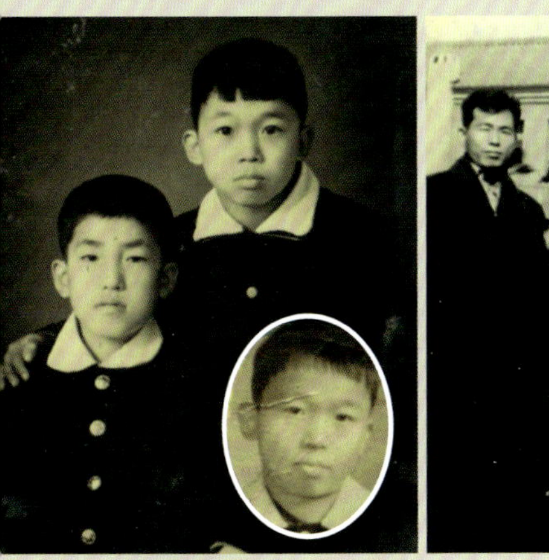

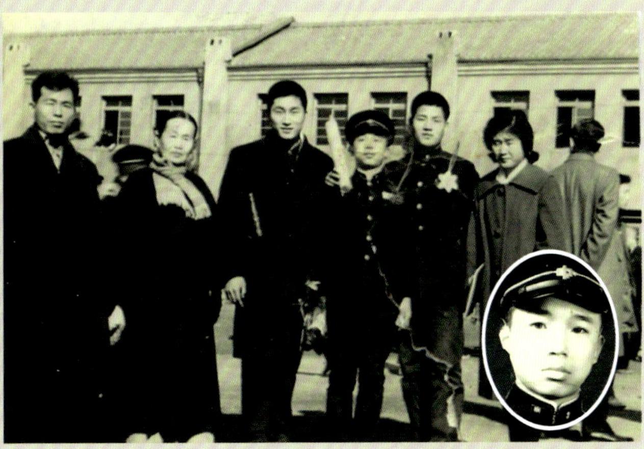

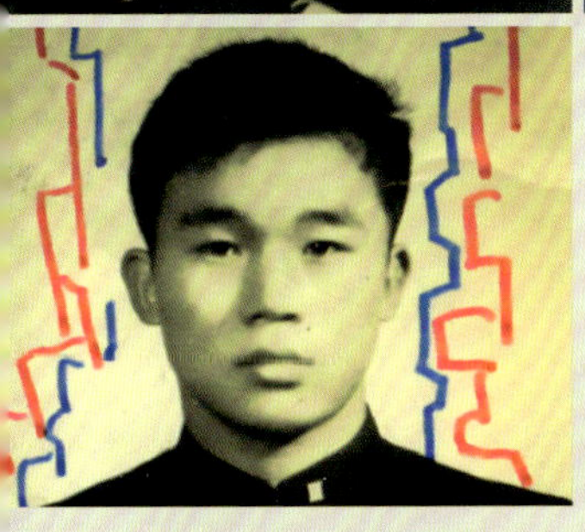

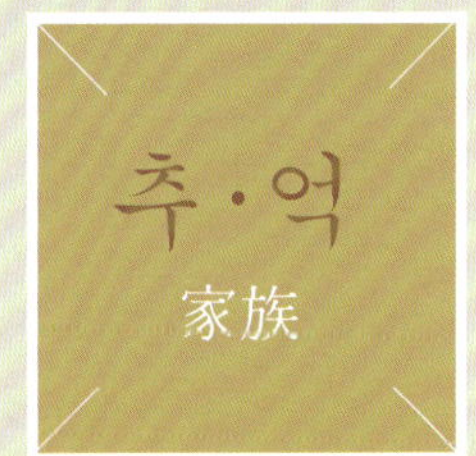

추·억
家族

중앙대학교 재학 시절▶
청룡연못광장에서(1970년)

▼중앙대학교 졸업식 및 첫 교사 부임 시절(1971년)

아들 삼형제(양수, 양길, 양곤)▲

진해에서 사이클 삼형제(양곤, 양수, 양길)▲

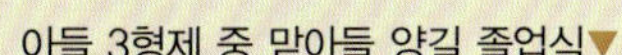

아들 3형제 중 맏아들 양길 졸업식▼

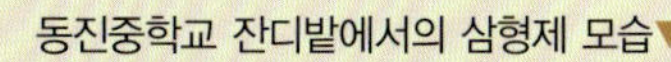

동진중학교 잔디밭에서의 삼형제 모습▼

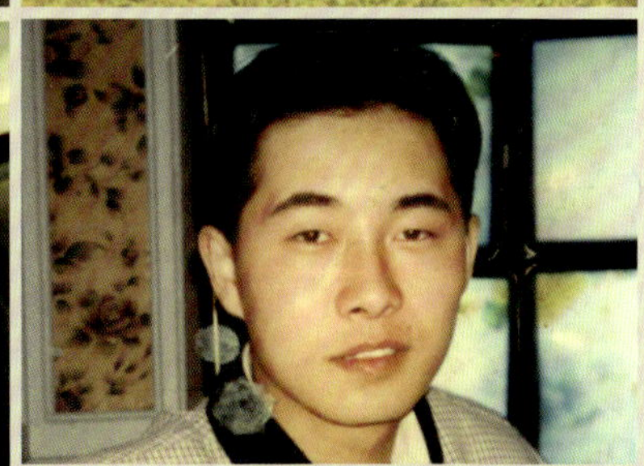

장성한 맏아들(양길)▲

◀아들과 조카들
(서울랜드)

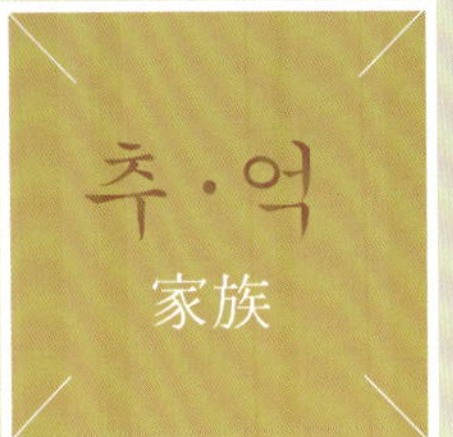

둘째 양구 돌잔치 때 (왼쪽부터 양길, 본인, 할아버지)(1980년)▶

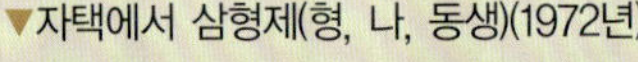

▼자택에서 삼형제(형, 나, 동생)(1972년)

▲한국문협 마산세미나에서 잠시 휴식(1981년)

▼진해에서 아버님과 손주(1986년)

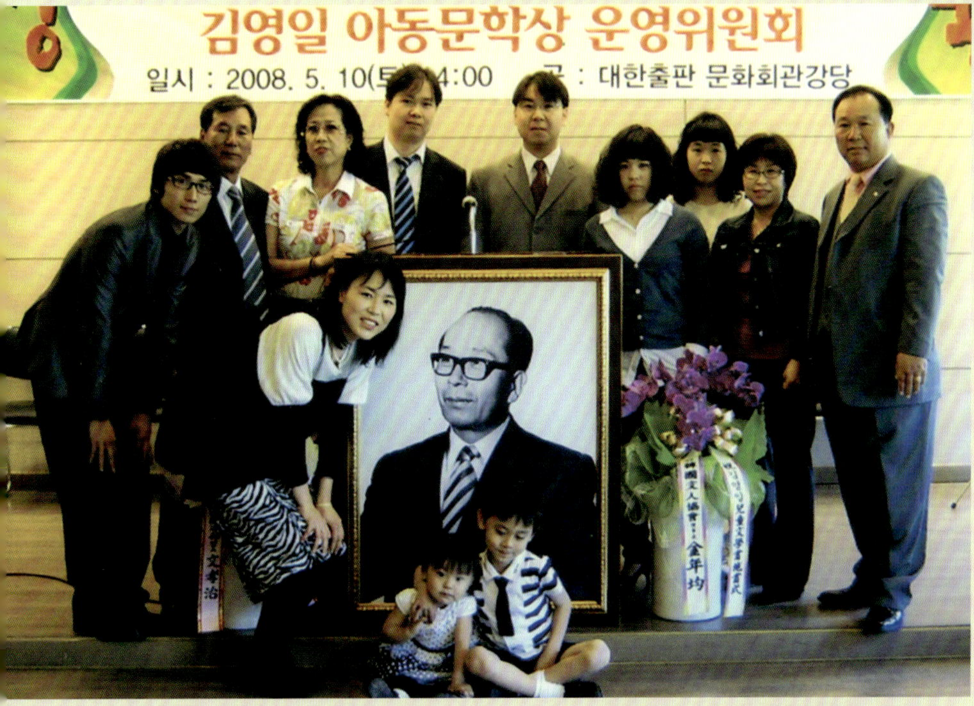

대한출판문화회관 강당에서 열린 제9회 김영일 아동문학상 시상식에서 가족과 함께(2008년)▲

동생 내외와 함께(거제포로수용소)▼

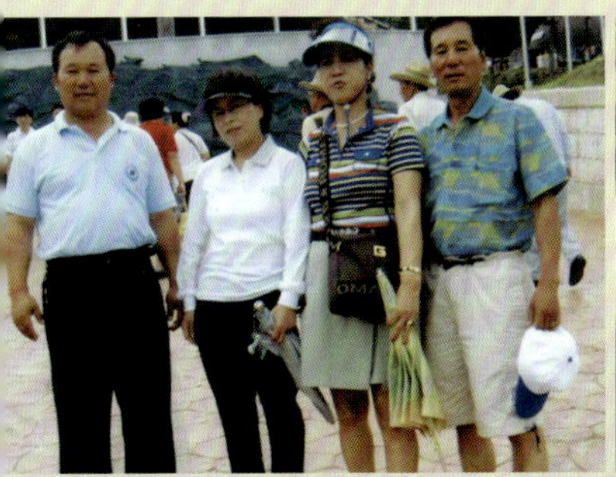

경기도 장흥 신세계 공원묘지 부친 묘소 앞에서의 가족들▼

◀서울 한글회관 강당에서 열린 2000년 제1회 김영일 아동문학상 시상식에서 형, 동생과 함께

추·억
家族

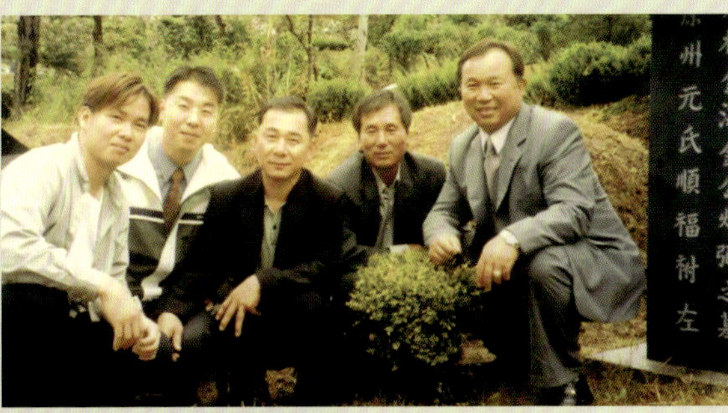

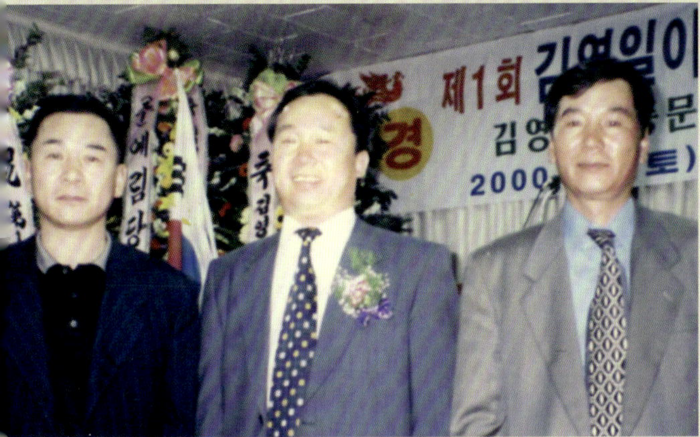

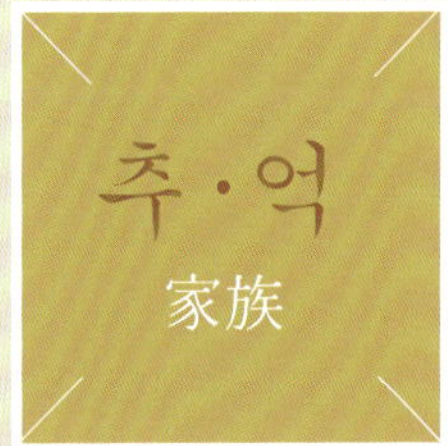

자택에서
아들 삼형제와 함께▶

왼쪽부터 해군 큰아들 양길, 해병대 둘째아들 양수, 해경 셋째 아들 양곤▶

본인 부부와 딸 인아, 정아▶

아들 셋, 딸 둘과 저녁식사▶

부산 외사촌 형님 집에서 외가쪽 조카, 며느리, 손자, 손녀 가족들과 함께▲

통영공작뷔페에서 열린 김철민 동시집 출판기념회에서 아들 삼형제, 딸과 처(2008년)▼

제8회 김영일아동문학상 시상식장에서 딸과 함께 (2009년)▼

◀김영일 아동문학상 시상식장에서의 가족들

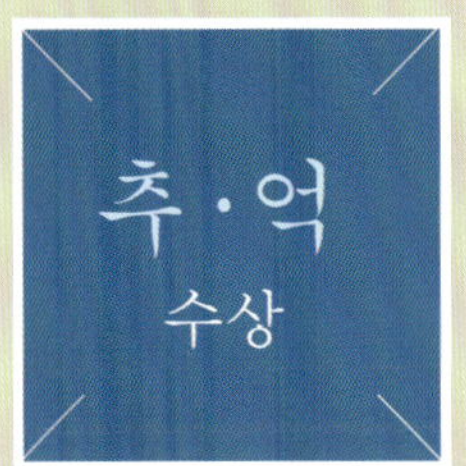

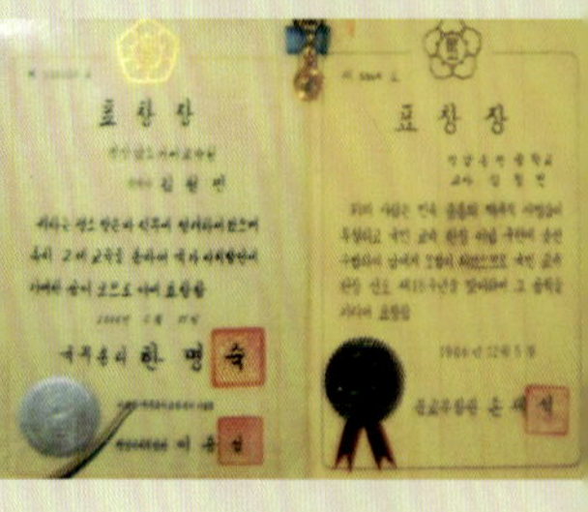

국무총리 표창장(2006년)
문교부장관 표창장(1986년)

제7회 한국사도대상 수상 (2008년, 서울역사박물관 강당)

제19회 남강 교육상 수상(2009년, 오산고등학교 대강당)▲

◀남강교육상 수상자와 함께

남강교육상 상패▲

◀박광자, 오선희 부장, 김철민, 오재련 부부와 함께

▶
1990년 《한국아동문학연구》 신인문학상 수상자와 함께(뒤 장영주, 이영규, 손석배님, 앞, 서일옥, 엄기원 회장, 김철민, 정정희님)

▲▶
영남아동문학상 수상(조평규님과 함께)

▶
1998년 경남문학우수작품상(《별과 등대와 꽃편지》) 수상. 통영시 김동진 시장과(공작 뷔페)

제18회 한국아동문학대상 수상
(2009. 12. 광주 드맹아트홀)

추·억
수상

▶
제12회 해강아동문학상 수상, 김상훈 운영위원장님께서 시상하고 있다.(1992년 5월 부산일보 강당)

▲제24회 한국아동문학작가상 시상식장에서(2002년, 한글회관)

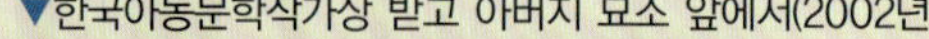

▼한국아동문학작가상 받고 아버지 묘소 앞에서(2002년)

▲한국아동문학 창작상 수상 후 소감 발표(2008년, 서울삼림문학관)

추·억
세계 시인대회

◀▼서울 마포가든 관광호텔 연회장에서 개최된 세계시인대회(2010년 8월)

▼시낭송 중

▼역사박물관에서 진경자, 싱가폴 시인 부부와 함께

추·억

김영일 동요문학비

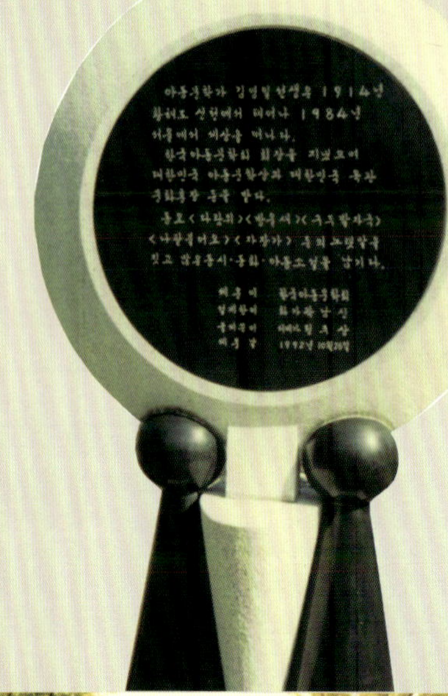

▼전남 장성관광공원에 설치된 김영일동요문학비(1995년)

▼동요문학비를 바라보며

▲서울대 공원에 세워진 김영일 동요문학비(1992. 10)

▲동요문학비 앞에서의 부부

서울대공원에 세워질 김영일 동요문학비 협의. 왼쪽부터 본인, 동생, 형(1992년)▲

2000년 제1회 김영일아동문학상 시상을 마치고
(이상현, 송명호, 김신철님과 삼형제)▼

추·억
김영일
아동문학상

▼아버지 영정 앞에서(동생, 본인, 형)

◀제1회 문학상 시상을 마치고 아버님
묘소 앞에서의 삼형제(2000. 5)

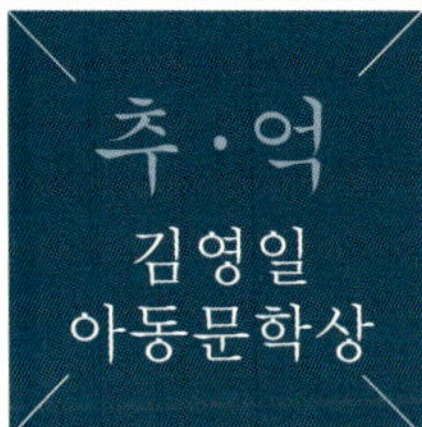

▶제1회 김영일아동문학상 시상식(수상자 : 송명호)

▶제2회 김영일아동문학상 시상식(수상자 : 서재균)

▶제3회 김영일아동문학상 시상식(수상자 : 이상현)

▶제4회 김영일아동문학상 시상식(수상자 : 엄기원, 이창수)

추·억 김영일 아동문학상

◀제5회 김영일아동문학상 시상식(수상자 : 김완기, 김영자)

◀제6회 김영일아동문학상 시상식(수상자 : 김종상, 고성주)

◀제7회 김영일아동문학상 시상식(수상자 : 장현기, 강휘생)

◀제8회 김영일아동문학상 시상식(수상자 : 윤이현, 권석순)

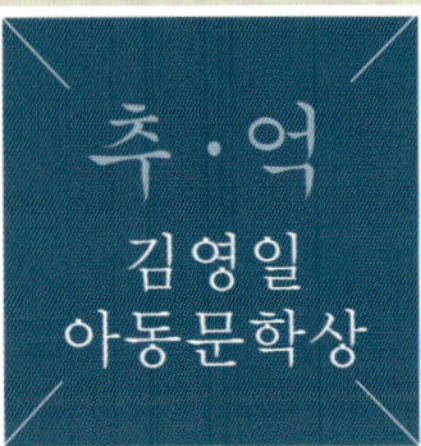

▼제9회 김영일아동문학상 시상식(수상자 : 김정일(하나), 유창근)

▶김영일아동문학상 수상자 가족 및 아동문학가

▶〈방울새〉 〈다람쥐〉 동요를 부르는 의정부시립동요합창단 어린이들

▶제10회 김영일아동문학상 시상식 (수상자 : 권오훈, 김철수)

◀이상현 회장님과 김철민 김영일아동문학상 운영 위원장

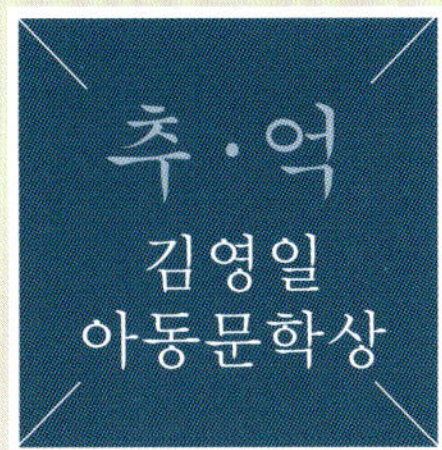

제11회 김영일아동문학상 시상식(수상자 : 이남수, 김영훈)▼

◀▼해마다 협찬 없이 자비로 가족들이 만든 음식과 다과를 나누고 있다.

추·억
김영일 아동문학상

▶▲상해에서 김영일아동문학상운영위원회를 마치고(1999년)

▲7회 김영일아동문학상 심사위원(엄기원, 김종상)

▲10회 김영일아동문학상 심사위원(엄기원, 김선태)

▼노을진 통영 달아공원에서 물방울 동인회원들과

▼충북아동문학가와 함께

충북여류문학가 도산중학교 방문(2008년)▲

추·억 문협 활동

◀제40회 한국아동문학회 여름세미나 남산유스호텔 최향숙, 김영자, 본인, 김철수님(2010. 8)

울산문화예술회관에서 열린 동요사랑대상 시상식(2010년 7월)▲

◀해남문화예술회관에서 32회 한국아동문학 세미나 때 함께(2002년)

◀제39회 한국아동문학회 여름세미나에서 논문을 발표하는 김철민, 오세균, 김철수님(2009년 8월, 통영청소년수련관 강당)

추·억 문협 활동

▶한국아동문학작가상 시상식을 마친 후(3.1빌딩 스카이라운지) 김귀자, 정은미, 최미숙님과 함께

▲차경섭, 본인, 이남수 선생님

▲권희로 목사, 본인, 조창희 목사님

▶5회 김영일 아동문학상을 축하해 주신 김완기, 이용희 님

▼36회 여름세미나에서 이복자, 양봉선 님(왼쪽부터)과 함께

▲2010년 김철민 문협 아동문학분과회장 출마 단합대회(서울)

고재련, 임현진, 송재윤, 김문기, 김문기 아들, 본인(제주)▼

임원제, 송재윤, 본인, 김한순, 박화목 선생(제주)▼

제주민속관광타운에서 열린 제31회 한국아동문학 세미나에서(2001년 8월)▲

◀《월간 아동문학》 발행인 김철수 박사와 샛별문학관에서(왼쪽), 원주 단구동 박경리 문학관에서 (2010년)

서울 유스호스텔에서 열린 제36회 한국아동문학세미나(2006년 8월)▲

▼중국 연길시 백산호텔 연회장에서 열린 제3회 《옹달샘》 한·중 아동문학상 시상식 한국측 대표 일행(2008년 7월)

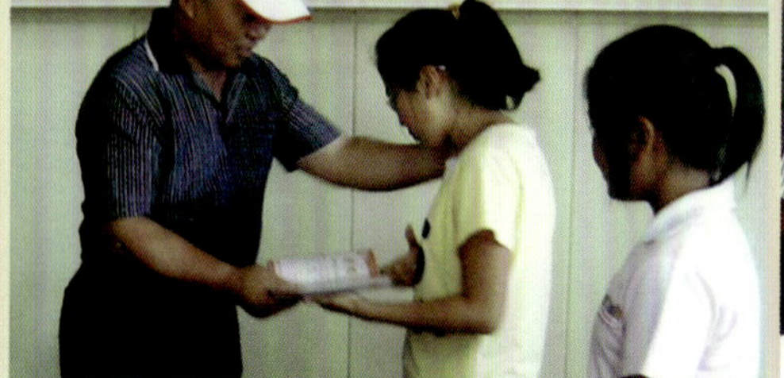

▲연길어린이글짓기 심사 시상식
(연신소학교 강당, 2008년 7월)

▲제3회 한중아동문학세미나(박영애님과)

▲연길시 조선족 아동문학회 기자와 함께

▲백두산 천지(2008년 7월), 개성 박연폭포 앞에서(2007년)

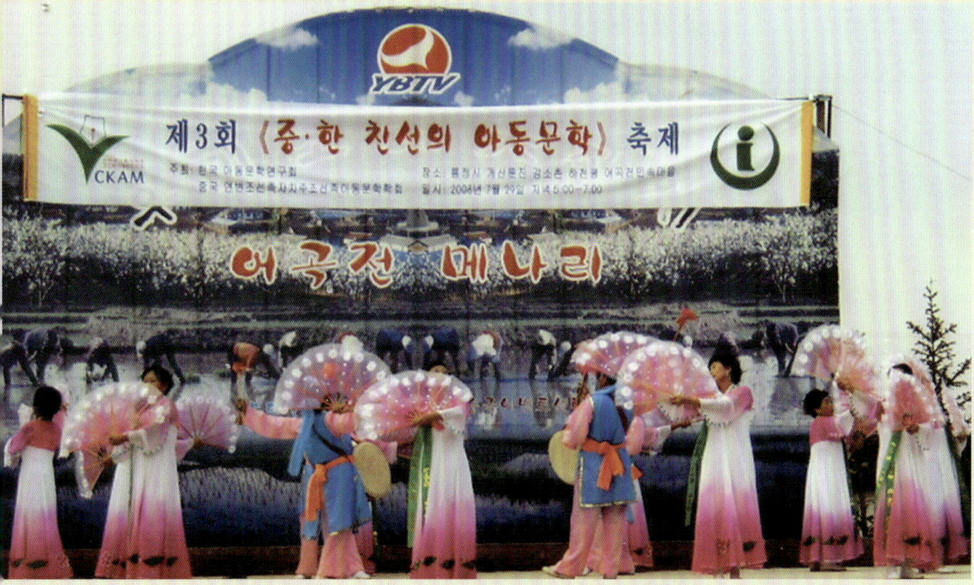

한국아동문학축제(어곡전메나리) 조선족 부채춤 축하공연(2008년)▲

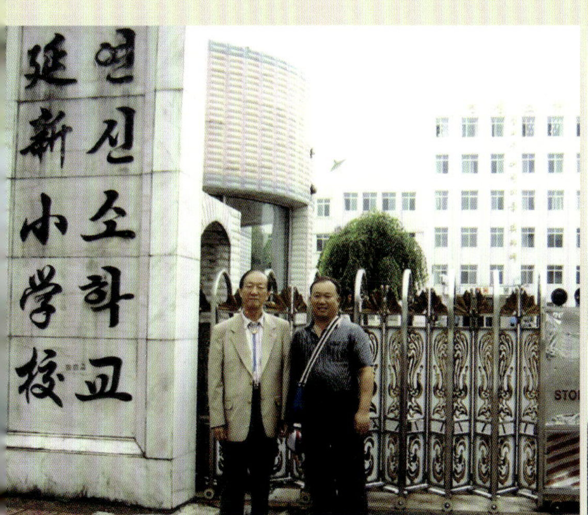

연신소학교 교문에서 엄기원 회장님과 함께(2008년 7월)▲

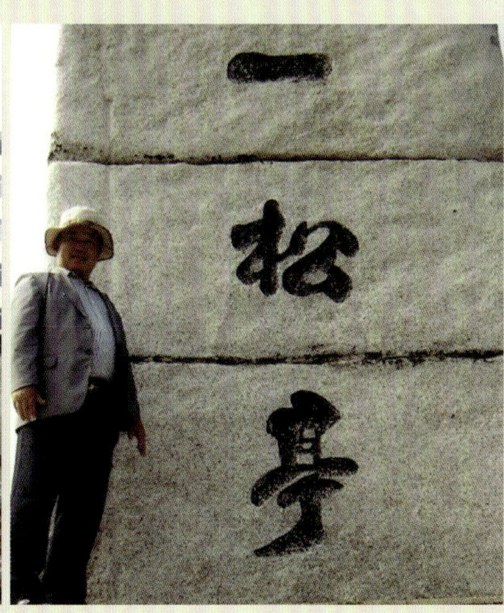

일송정 기념탑에서▲

◀조선족 밤무대 가수와 나의 아버지 〈찔레꽃〉 노래를 같이 불렀다.(연길시 북한관, 2008년)

추·억
문협
활동

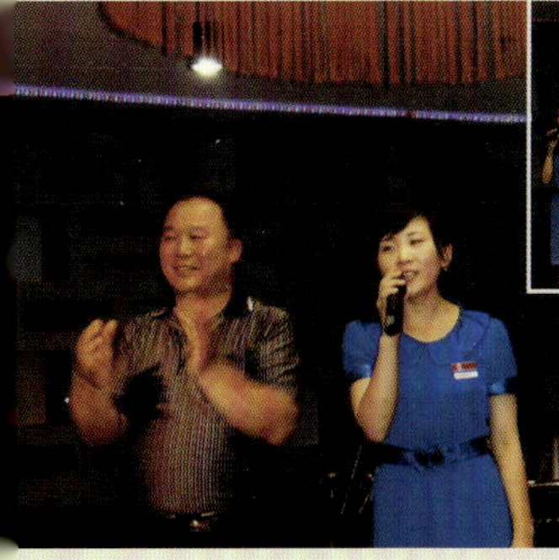

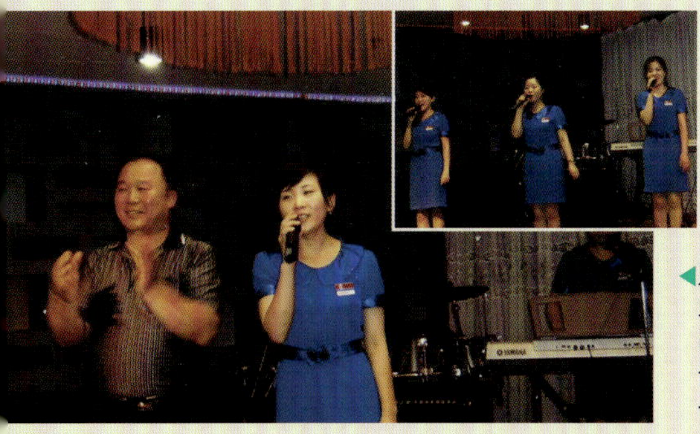

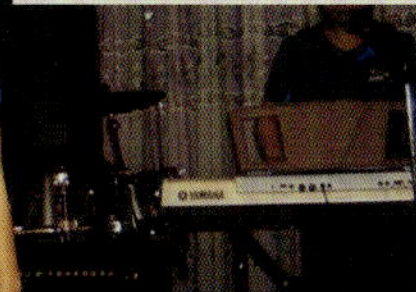

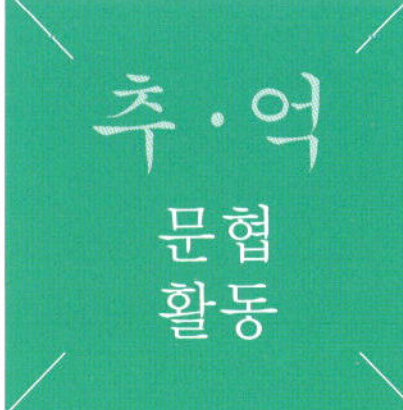

추·억

문협 활동

▶김철민 동시집 《고향길》 출판기념회(2000년, 새 만복예식장)

▶제12회 통영 문학의 밤 초청 통영문협 회원과 엄기원 회장, 유창근 교수 (1995년, 궁전뷔페)

▲충렬사에서(1999년)

▲제24회 전국한글시백일장대회(2000년 8월, 충렬사 광장)

'통영 문학의 밤'에 신세훈 부이사장 모시고(1997년, 시민문화회관 소극장)▲

▲정영자, 차한수, 김상옥, 본인, 고동주 시장(제13회 통영 문학의 밤, 시청 강당, 1996년)

강원도 동해문인협회 문학기행단을 안내하며(2008년, 통영 청마문학관)▲

◀청마문학관 안에서 동해 문인들과 함께(2008년)

◀충주 이정자 시인과 함께 (2008년, 왼쪽)

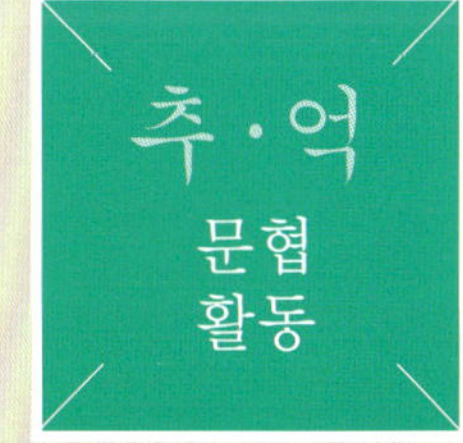

추·억
문협 활동

▶국제펜클럽 한국본부 세미나에서 성기조, 이유식 선생 등과 함께(2002년)

▶산청 남명문학관에서 정광수, 신순애, 이유식, 한 사람 건너 김수년, 본인, 정목일 님과 함께

▶통영케이블카 타고 미륵산에서 경남펜클럽 회원들과 함께. 왼쪽부터 지영, 차영한, 강희근, 양미경, 정상옥, 윤지영, 고동주, 김현우, 본인, 정목일, 이승철 님(2009년)

▶한국동요음악협회 오세균 회장, 심광일 부회장과 함께

풀꽃아동문학회 20주년 기념식 및 송년모임(2010년)에서 회원들과 함께▲

제8회 지역문학 전국시도 문학인 교류대회(2008년), 엄기원 회장과 함께(오른쪽)▲

◀화순 금호콘도에서

추·억
문협 활동

추·억
문협 활동

▶서해 최북단 백령도에서 한국아동문학회원들과 함께(2004년)

▲백령도 효녀 심청각에서 김영범, 성은미, 본인, 장영주, 송명호 회장과 함께(왼쪽부터)

▲1996년 목포에서 윤종혁, 최일환 아동문학가(뒤). 본인, 송명호, 김한순, 김삼진 시인(앞)

▲백령도 가는 선상에서 한국아동문학회 회원들과(왼쪽부터 홍성훈, 김귀자, 송명호, 김완기, 이상현, 이창수, 본인, 이복자님)

▲백령도 해수욕장에서 한국아동문학회 회원들과

경상대 도서관의 기증도서 전시회(2010년)▲

김창한 교수님과 함께▲

소년문학 박갑순 편집장과 함께(2008년)▲

조창희 목사, 김재용 동화작가와 함께(2009년)▲

최상고 시인과 함께 부산동명정보대학에서(2002년)▲

동요발표회를 마치고 오세균, 이연수 님과 함께(2010년)▲

◀한국아동문학작가상 시상식(2010년, 3.1빌딩 스카이라운지)

추·억
아버님 영결식장

▶한국아동문학인장으로 치러진 아버지 석촌 김영일 아동문학가 영결식장 (1984년 10월 20일)

▲아버지 영정 앞에서

▶한국문협 고문 김동리 소설가의 추모사 낭독(왼쪽), 김요섭 시인의 조시 낭독(오른쪽)

▶아동문학가 박홍근님의 조사(왼쪽), 박화목님의 업적 보고(오른쪽)

문상차 자택으로 찾아오신 문인들(사진 위 : 엄기원, 정한모, 김신철, 김동리, 박경종, 박홍근, 박화목, 성기조)▲

◀KBS TV 9시 뉴스에 〈다람쥐〉 김영일 선생님 별세에 대해 보도

◀하관이 끝난 아버님 산소 주변에 놓인 조화들(신세계 공원묘지)

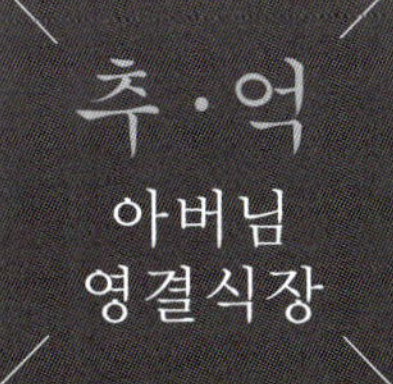

추·억 아버님과 아동문학

▶장수철, 김영일, 박홍민, 이주홍, 최요한, 한사람 건너 이원수

▶김완기 선생 한정동아동문학상 시상식 때(1976년)

▶윤석중 선생님과의 다정한 한때(왼쪽), 이원수 선생과 덕수궁에서(1955년, 오른쪽)

이원수 선생님과 한때(1966년경)▲

이원수 선생님과▲

◀장수철, 이원수 선생님과의 기념사진(1978년경)

◀광명 자택으로 문안인사 오신 아동문학가들과(왼쪽부터 권오훈, 김영일, 송명호, 이진호, 김완기 님)

추·억
아버님과
아동문학

추·억
아버님과 아동문학

▶강릉 경포대에서 열린 제6회 한국아동문학회 세미나(1976년 7월)

▶마산 가야그릴에서 한국문인협회 세미나(1982년)

▶제11회 한국아동문학회 세미나. 동학사(1981년 8월)

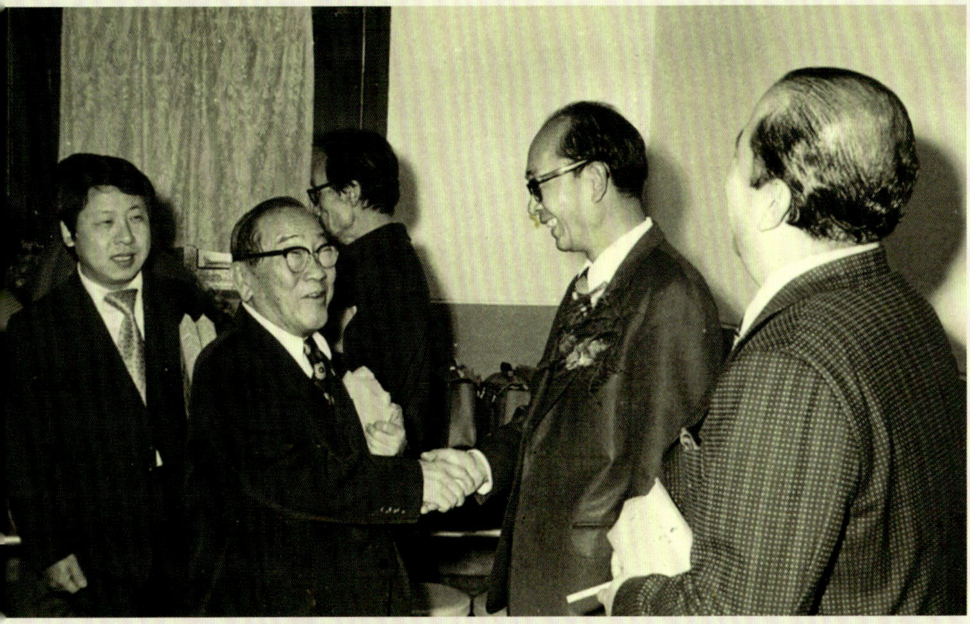

1975년 김영일 회장 환갑잔치식장에서(월탄 박종화, 김원태 시인, 이봉래 한국예총 회장)▲

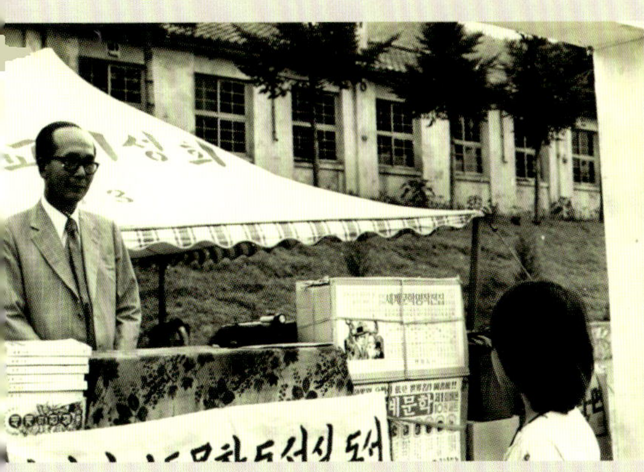

김영일 아동문학 도서실(파평군 파평초등학교)▲

남한산성에서(1981년) 김동리 선생과▲

▲1989년 문화훈장(옥관)

추·억
아버님과
아동문학

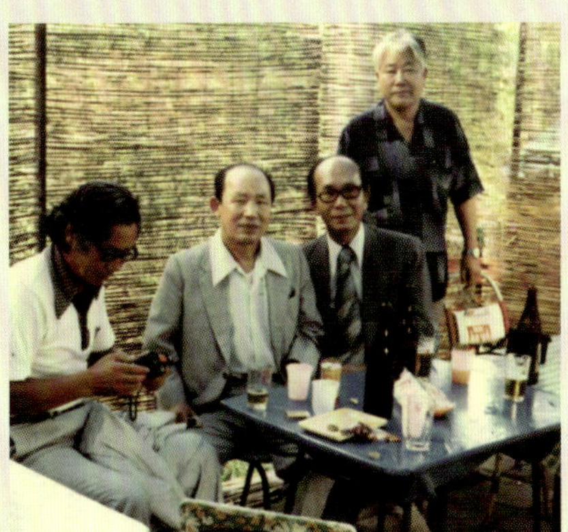

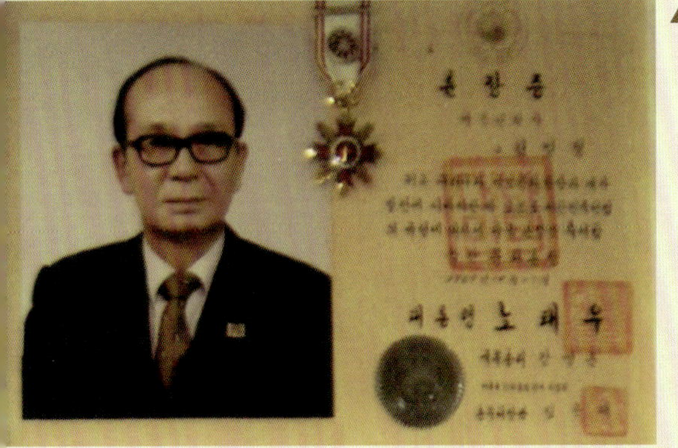

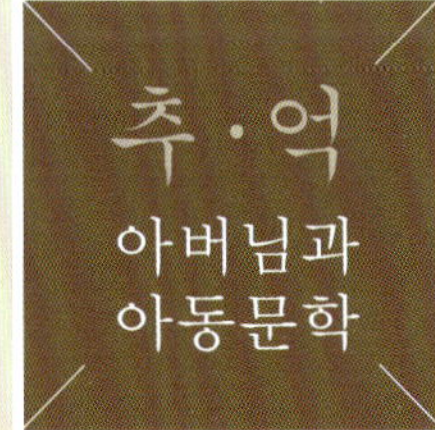

추·억
아버님과 아동문학

▶경주 에밀레종 앞에서(1971년)

▶한국아동문학회 합동출판기념회. 왼쪽부터 성기조, 김요섭, 아버지(1977년)

▲제2회 이주홍아동문학상 시상식(1982년)

▲아동문학상 시상식 및 총회(1979년)

한국아동문학회 원로 및 중견작가들과 함께(1965년경)▲

◀제14회 한정동 아동문학상 시상식 (오른쪽부터 석용원, 유경환, 아버지, 권오훈 부부, 박경종님)

◀제2회 전북아동문학세미나에서(김영일, 박화목, 김신철)

추·억
아버님과
아동문학

추·억
아버님과 아동문학

▶원주 구룡사에서 열린 아동문학세미나 (1982년 7월)

▲일본 동경에서 '국제펜클럽대회' 박경종, 김영일, 김신철 선생님(1983년)

설악산에서(1983년 5월)▲

▲이중 경남신문사 사장님과 함께(1984년, 위)
▲임신행 아동문학가와 함께(1984년 마산, 아래)

▲강릉 경포대에서 엄기원, 김동리, 아버지, 김완기 선생님과 함께(1976년 8월)

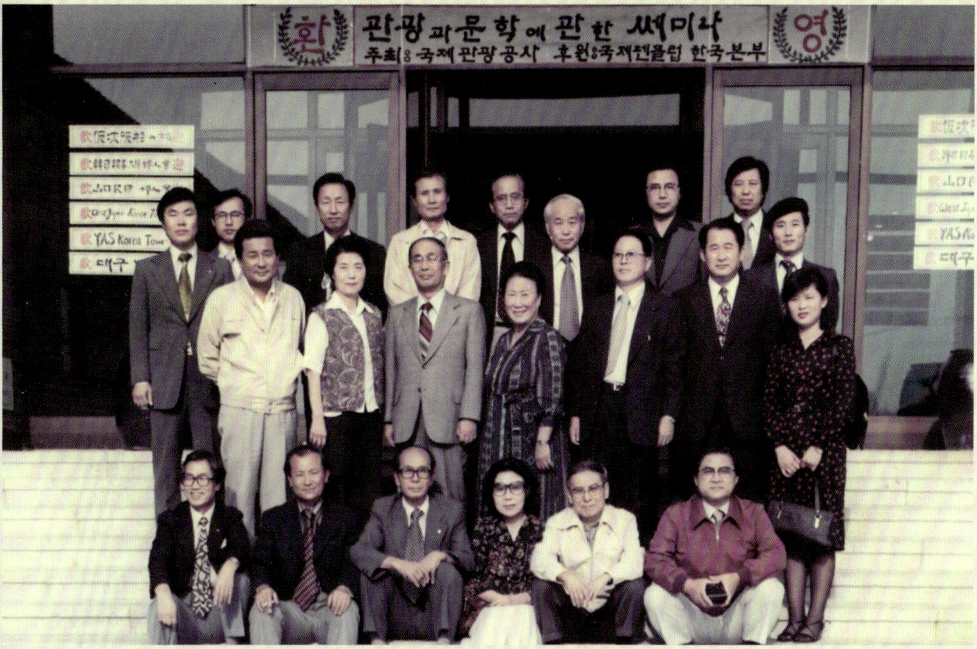

국제펜클럽 한국본부의 관광과 문학에 관한 세미나▲

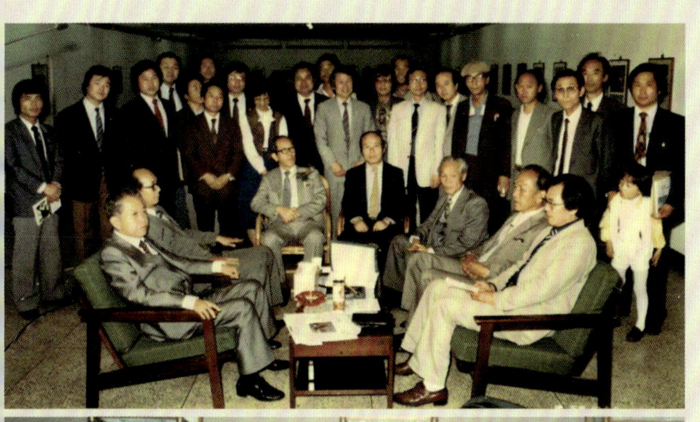

◀제2회 이주홍 아동문학상에 참석한 아동문학가(1982년 부산)

◀제5회 한국아동문학작가상 시상식 및 제9회 합동출판기념회(1983년 1월 8일)

추·억
아버님과 아동문학

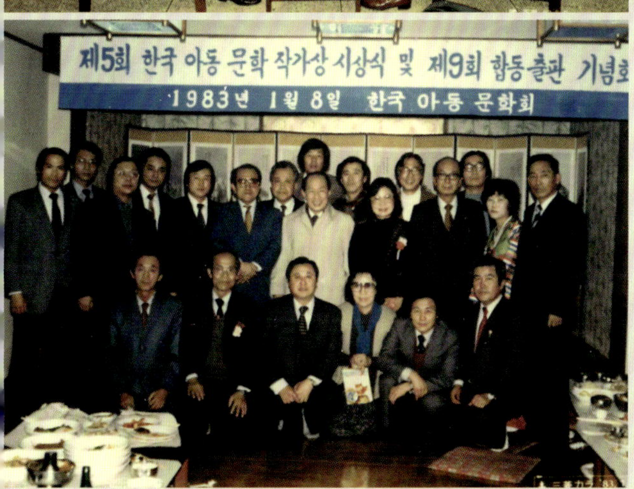

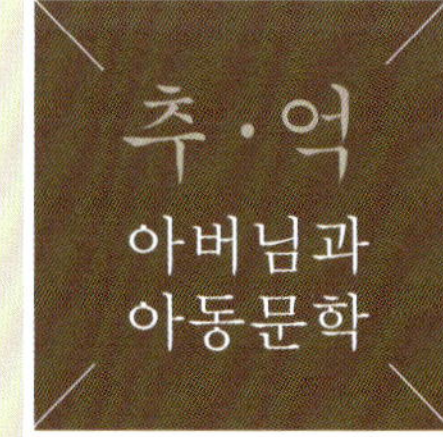

추·억
학교

祝 찾아가는 도산중 정기 위문 공연 祝

◆ 시인, 아동문학가 김철민 교장 시화전시회

◆ 도산중 전교생 오카리나 연주 및 봉사

▶도산중학교 오카리나 연주회 및 시화전(2010년, 삼성노인병원 강당)

▶오카리나 연주 4중창(아버지의 다람쥐, 방울새, 찔레꽃을 연주하고 있다)

▶도산중학생들의 노인병원 환자들 위문공연

▶즐거워하는 삼성노인병원 환자들의 공연 참관 모습

도산중학교 교장실에서▶

학부모, 지역민, 교직원들과 함께하는 다도예절 개강식(2010년 5월)▲

격려사▲

◀전 통영차인회장 문건희님과 도산중 다도반 학생

추·억 학교

▶고영진 교육감과 산행기념(2005년)

▶도산중학교 교직원 거제 청마문학관 방문(2009년)

▶도산중학교 교직원과 합천 종합야영장에서(2010년)

▶딸 인아가 방과후 학생들에게 일본어 수업지도(도산중학교 도서관, 2008년)

◀전국에 있는 교장 연수동기들(2005년, 청남대)

통영자율교장연수회(2010년, 통영 사량도)▲

홍도에서 통영교육장 제병규님, 통영고등학교장과 함께▼

추·억
학교

추·억
학교 제자들

▶부곡중 제자들(핸드볼부, 1972년)

▲3학년 B반 신원중 제자(1973년)

▲창북중 사격부 제자들(1979년, 현관 앞)

▲창북중 사격부 제자(1980년)
이정희, 이순득, 손성자

▲창원 종합사격장에서 '충무기전국사격대회 우승'(1982년)

▲1973년 때 제자 박종태 교수(인천대 전자공학부)

◀동진중 태권도 선수들(전국제패, 1985년)

추·억
아동문학가 김철민

◀충신 정몽주를 그리며 개성 선죽교 다리(국보유적 제159) 앞에서

법사정 기념비 앞에서▲

북한 가이드(개성)▲

한국측 대표일행에게 송양서원에 대해 설명해 주는 북한 가이드▲

북의 관광상품을 취급하는 북한 점원과 함께▲

추·억
아동문학가 김철민

▶서정일, 김완기 선생님 도산중학교 방문(1998년)

▶김영일아동문학상 축하하러 오신 국제펜클럽 한국본부 이사장 이길원, 부이사장 문삼석 선생님

▲《언제나 내게 소중한 당신》 팬사인회(2010년, 공작뷔페)

▲자유문학 청소년시인상 상패 전달식(1998년)

시집 《언제나 내게 소중한 당신》 출판기념회와 시화전시회(2009년, 통영시 청소년수련관)▲

◀도산중학교 편지쓰기 전시회를 관람하는 김완기, 김철수, 서정일 님(2009년)

도산중 시화전시회(2008년)▲

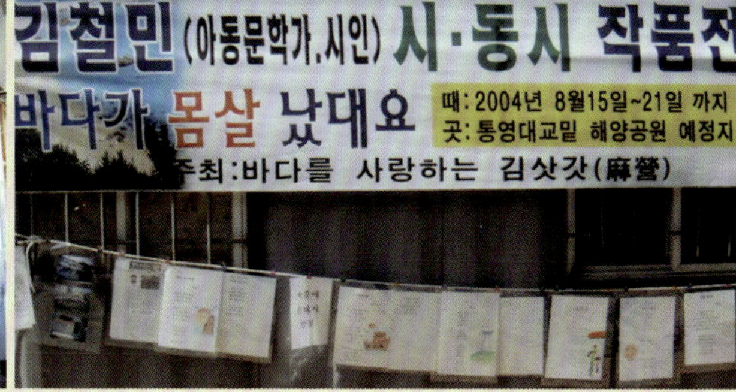

바닷가에서 시화전시회(2004년)▲

추·억
아동문학가
김철민

추·억
아동문학가 김철민

▲이용주 산악회원들과 이순신 장군 공원에서(2008년)

▲통영 동피랑에서(2009년)

▲민족시인 윤동주 고향집과 기념관에서(2008년)

▲경남문학관 편지쓰기 때 전시실에서(2010년)

▲김영삼 대통령 생가에서(2007년)

▲제주도 정방폭포에서(2001년)

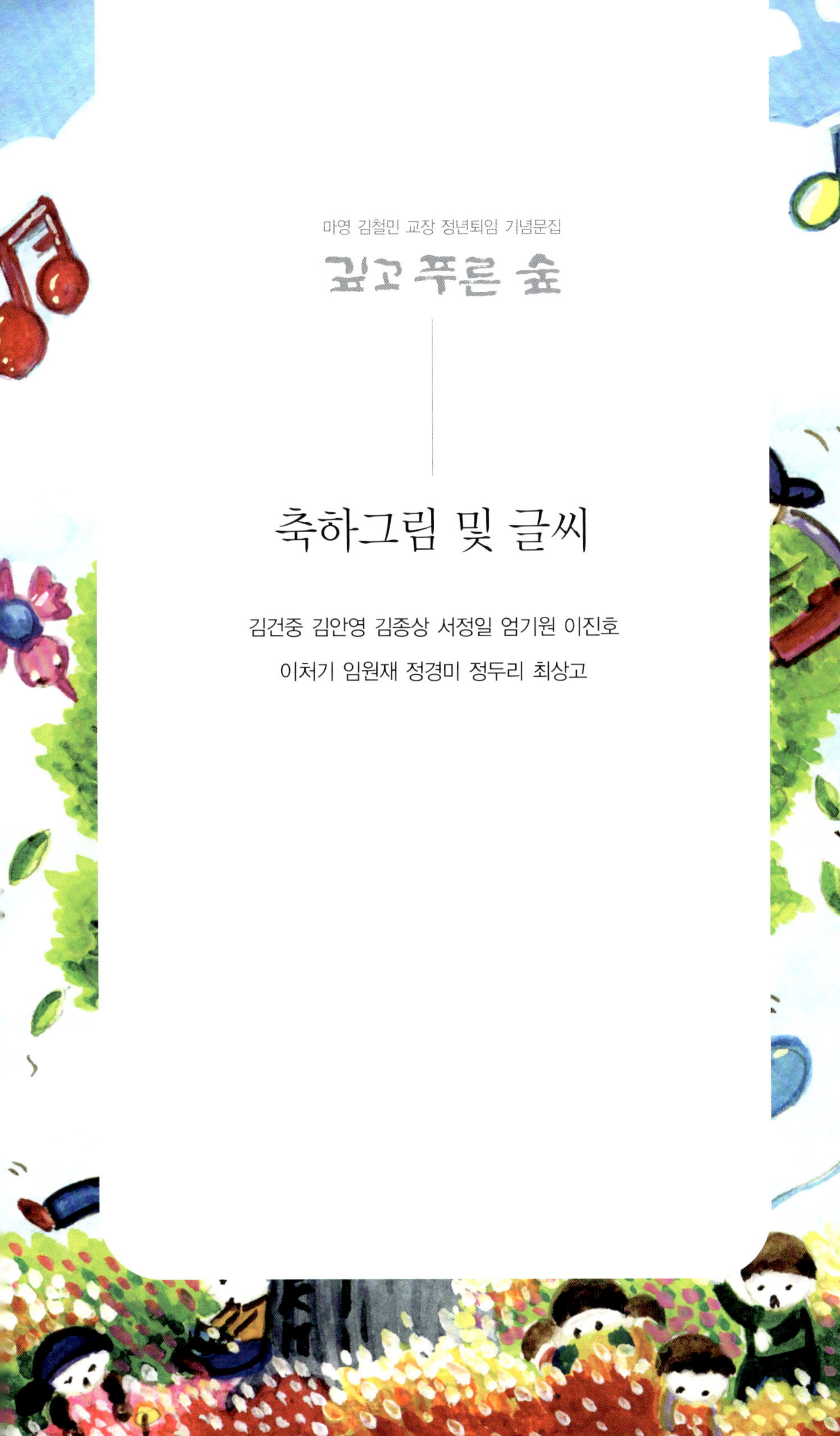

마영 김철민 교장 정년퇴임 기념문집

깊고 푸른 숲

축하그림 및 글씨

김건중 김안영 김종상 서정일 엄기원 이진호

이처기 임원재 정경미 정두리 최상고

축하그림 및 글씨

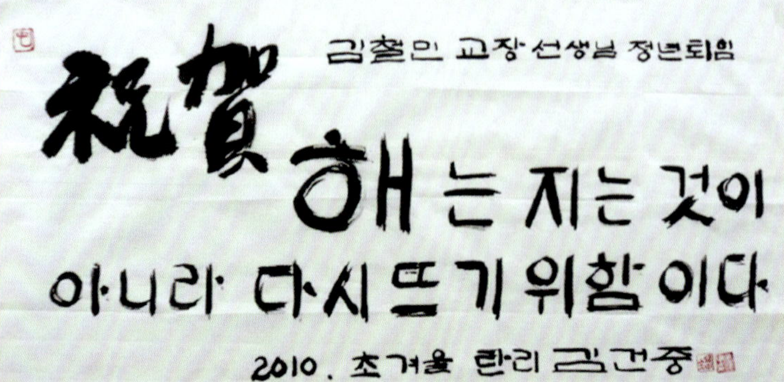

김건중

- 소설가, 《월간문학》 등단
- 경기도문학상, 중봉문학상, 류주현문학상 등 수상
- 경기문협 회장, 경기예총 부회장 역임
- 한국소설가협회 이사, 한국문협 부이사장 역임
- 소설집 《바람 가르기》 《무너지는 시간》 등
- 현재 한국작가 편집 발행인, 한국작가회 회장

김안영

- 화가
- 통영미협 지부장, 통영예총 회장 역임
- 경남추천작가 초대작가 역임
- 한국미협 이사
- 통영문화원장
- 도정미술문화원 운영

사는 일은 登山이지
올라야 할 만첩청산

향기로운 꽃도 있고
아름다운 새도 있는

耳順嶺 영마루에
햇불로 선 麻營님

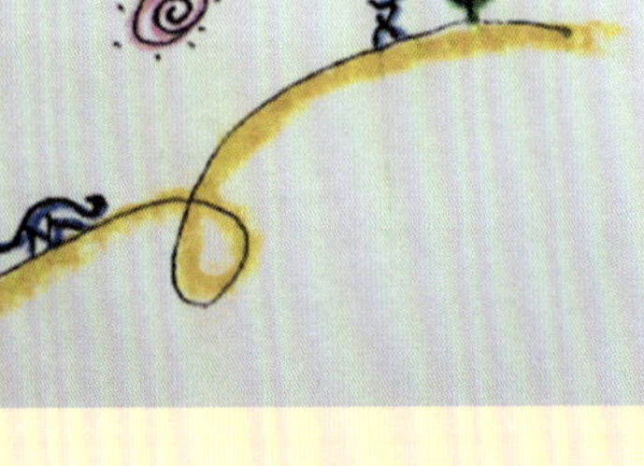

김종상

- 아동문학가
- 1960년 서울신문 신춘문예 동시 당선
- 한국아동문학인협회장, 국제펜클럽한국본부 수석부이사장 역임
- 대한민국문학상본상, 대한민국동요대상 김영일아동문학상 등 수상
- 동시집 《아기잠자리》《꽃들은 무슨 생각할까》 등

서정일

- 아동문학가
- 한국아동문학회 경기지회장 역임
- 한국아동문학연구회 사무처장 역임
- 한국동요작곡연구회 강원지부장
- 한중아동문학상, 한국아동문학작가상 수상
- 동시집 《엄마잔소리》《옹달샘》 등

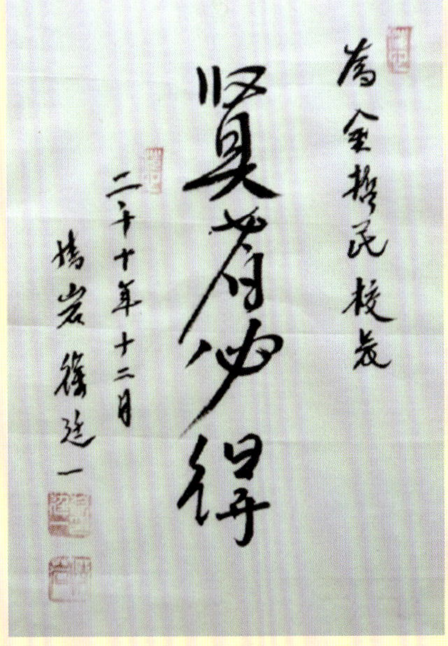

축하그림 및 글씨

엄기원

- 한국문인협회 이사 · 아동문학분과 회장 · 부이사장 역임
- 초등교과서 편찬심의위원(1970~2003)
- 국제PEN한국본부 이사. 한국음악저작권협회 이사.
- 작품집 《이상한 청진기》 《내 친구 명섭이》 《숙제 없는 학교》 외 다수
- 한국아동문학연구회 회장(현)

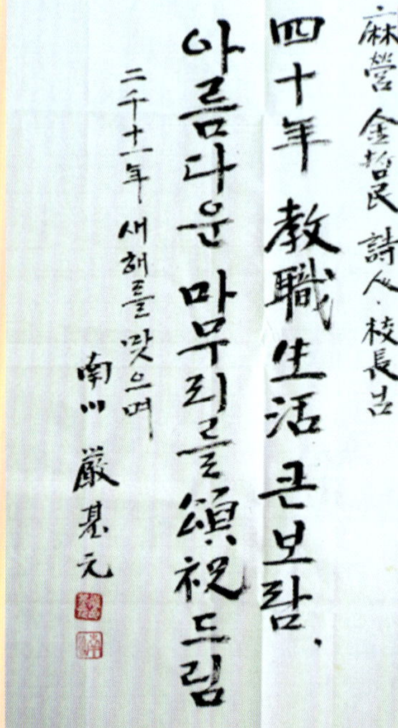

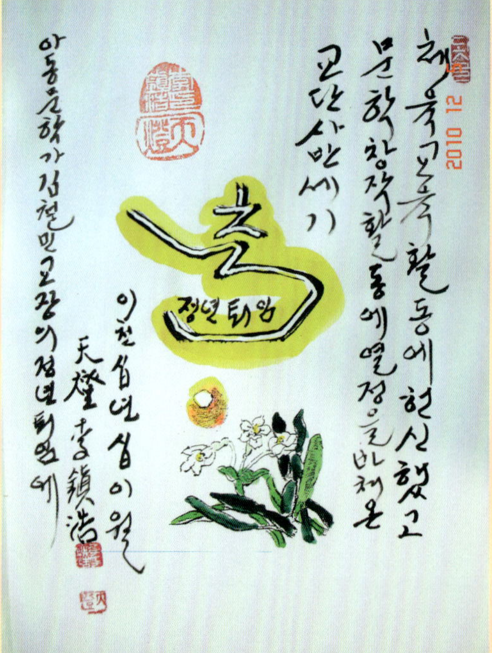

이진호

- 아동문학가
- 1965년 충청일보 신춘문예 등단
- 한정동아동문학상, 한국교육자대상, 한국아동문학작가상 국민훈장 동백장 등 수상
- 한국문협 · 색동회 이사, 한국아동문학회 부회장 역임
- 누원초등학교장 정년퇴임
- 주성대 출강 한국글사랑문학회장
- 동시집 《좋아졌네 좋아졌어》 《가을잎 하나》 등
- 동화집 《숙이와 할아버지》 등

김철민 님의
영예로운 정년을 祝賀합니다

체육인으로서는 한국의 동량을
교육계의 리드로서는 훌륭한 제자를

아동문학가로서는
어린이들에게
아름다운 마음을
닦게 하였습니다

김철민 님의 제2의

출발을 기대하며
2010. 12. 이처기

이처기

- 남해 출생. 부산사대 미술과 졸업
- 《시조문학》 천료. 시민불교문화상 수상
- 전 창원반송여중 교장
- 시집 《평양면옥》 《화진포 연가》 《장엄한 절정》 등
- 한국문협 · 한국시조시인협회 중앙위원
- 경남문학관 감사, 경남시조시인협회 이사
- 포에지 창원 회장, 남해문학회 · 가락문학회 고문

〈泉聲 開戶入〉

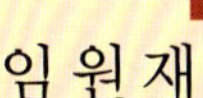

임원재

- 1960년대 향토문학 《미래동인》 및 부소문학회 창립회원으로 詩作활동
- 1970년 김영일 박화목의 추천 《月刊 兒童文壇》으로 등단
- 현재 한국문인협회 저작권위원회 위원장
- 아동문학회 부회장, 현 지도위원
- 국제 펜클럽 중앙 이사, 현 자문위원
- 서울시단 상임시인
- 한국 문학 진흥재단 청하문학회 회장 역임
- 교단문예 문교부장관상 및 통일문학 통일원장관상
월간 《문예사조》 문학상 및 한국아동문학 창작대상 수상
- 시집 《작은 물방울 하나》 외
- 동시집 《파란 달무리》 외
- 동화 《아기사슴》 《x매라지》 외 다수
- 이론서 《한국아동문학교육론》
- 평론 《육당의 소년연구》 외 다수

〈山色 卷簾來〉

축하그림 및 글씨

■ 최상고

- 시인, 문학박사
- 울산자유문학회장, 울산시민대학 교수 역임
- 한국문협, 국제펜클럽, 한국시인협회 회원
- 현재 한국곤충협회회장
- 세계계관시인문학상, 김동명 · 김만중문학상 한중일문화예술대상 수상
- 동시집 《사랑》 《나를 부르는 소리》 《사랑하는 어머니에게》 등

爲 김철민 교장 선생님 정년퇴임을

德必有隣

기념하며 潤霞 鄭두理 謹書

■ 정두리

- 아동문학가, 시인
- 단국대 졸업
- 동아일보 신춘문예 동시 당선
- 새싹문학상, 세종아동문학상, 한국어린이도서상 수상
- 동시집 《마중물 마중불》 《애기똥풀이 자꾸자꾸 피네》
- 동화집 《별에 닿는 나무》
- 시집 《겨울일기》 외

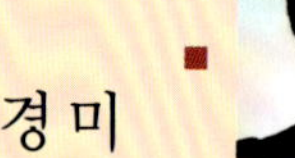

■ 정경미

- 아동문학가, 삽화가
- 한국문인협회 · 한국아동문학협회 회원 .
- 한국아동문학연구회 미술부 차장. 일러스트레이션
- 동시집 《그거 아니》
- 동화집 《뱁새가 황새걸음 따라가면》
- 현재 미술심리 치료 전문 강사, 초등학교 방과후 미술 강사

마영 김철민 교장 정년퇴임 기념문집

깊고 푸른 숲

김철민의 시세계

유창근

김철민의 시세계

—상실된 시간 속의 자아 찾기

유창근

문학평론가 · 문학박사 · 명지전문대 교수

김철민 시인은 현재 경남 도산중학교 교장으로 재직하면서, 국제펜클럽 한국본부 이사, 한국문인협회 상벌위원, 한국아동문학회 부회장, 김영일 아동문학상 운영위원장을 맡아 적극적으로 문단활동을 하고 있는 중견 문인이다. 해강아동문학상을 비롯하여, 영남아동문학상, 한국아동문학작가상,창작상,대상, 세계계관시인본상을 수상했으며, 대표 저서로는 동시집 《고향길》《별과 등대와 꽃 편지》《소꿉친구랑 얼굴웃음》, 시집으론《사랑한다고 이제 말할 수 있을까》《언제나 내게 소중한 당신》등이 있다

특히 김철민 시인은 한국아동문학계의 거성이며 단시운동의 주창자였던 선친 김영일 선생의 문학정신을 이어받아 동시 · 동요 창작과 보급에 남다른 열정을 쏟고 있을 뿐 아니라, 지역문화 발전에 많은 공을 세우고 있는 것으로 안다.

어느 날 김 시인으로부터 시집 평을 부탁한다는 전화를 받고 한편 반갑기도 했지만, 또 한편으로는 걱정이 앞섰던 게 사실이다. 왜냐하면 평소 그의 자상하고 꾸밈이 없는 성품에 비춰보면 성인 시보다 동요ㆍ동시를 쓰는 것이 훨씬 잘 어울린다고 생각했기 때문이다.

보내 온 원고를 읽으면서 다시 한 번 김 시인의 작품 속에 깊숙이 배어 있는 순수한 동심을 만날 수 있어서 흐뭇했다. 물론 김 시인만이 가지고 있는 선천적인 동심일 수도 있겠고, 시적 상상력을 통해 빚어진 산물일 수도 있겠지만 결론적으로 대부분의 작품들이 풋풋하고 신선하다는 점에서 호감이 갔다.

셰익스피어의 〈한여름 밤의 꿈〉에서 테세우스는 '광인과 연인과 그리고 시인은 모두가 공상으로 꽉 차 있다.' 고 말한 것이 생각난다. 광인은 그가 사로잡혀 있는 그 무엇과 동일시하려 하고, 연인은 사랑하는 사람과 동일시하려고 하며, 시인은 자연 속에서 보는 모든 일을 인생과 동일시하기 때문에 그런 말이 나왔으리라고 판단한다. 거기에 하나를 더 붙인다면 아마도 모든 것을 동일시하려는 어린이가 아닐까 싶다. 시적 상상력이라는 장치 안에서 우주만물을 사람과 동일시할 뿐 아니라, 인간에게 주어진 일정한 시간을 초월하여 자아를 상실하기도 한다.

김철민 시인의 시를 읽어가다 보면 현재로부터 멀리 떨어진 시간 속에서 이따금 자아의 존재를 상실하는 경우를 발견할 수 있다.

나 홀로 산마루에 올라
소리치며
산울림 쩌렁
메아리만 돌아오고

대답하는 사람 없다

산 밑 기울어진 초가지붕
박 세 통 덩굴
매달리어
아련히 내 눈에 보일 듯
스스로 사라진
부모님 얼굴

산에 오르니
산 아래 초가집
담 밑 사이로
빠알간 코스모스
날 반긴다.

—〈산에 오르면〉 전문

김 시인은 산에 올라가 마을의 초가지붕에 매달린 박 덩굴과 담 밑의 빠알간 코스모스를 보면서 잃어버린 유년과 그 아름답던 날들에 대한 향수를 구현하고 있다. 물론 소리를 지르면 메아리가 울릴 정도의 높은 산 위에서 산 아래에 있는 초가지붕 위의 박 덩굴이나 담 밑의 코스모스를 본다는 것은 불가능하다. 시적 상상력을 통해서만 가능한 일이지만 그 상상력이 작용하기 때문에 시인은 자연스럽게 상실된 유년의 시간 속에서 자아를 되찾게 되는 것이다.

시간이란 본질적으로 세계나 존재에 대한 의식이며 자아에 대한 각성이라고 했다. 어거스틴은 그것을 기억, 직접 직관, 기다림이라는 현재의 세 가지 변형으로 인식했는데, 시간의 이러한 변형은 우리의 정신적인 영혼 때문에 가능하다는 것이다. 따라서 시간은 영혼의 활성화, 팽창운동에 지나지 않지만, 시간이 보편적 경험의 세계임에도 불구하고 아직도 우리는 그 세계의 본질이 무엇인가를 알 수 없다. 다만 우리가 알 수 있는 것은 과거와 현재와 미래라는 전후관계에 의한 변화의 개념, 측정의 개념을 이해할 뿐이다.

그러나 일상적 경험의 시간이나 자연과학적인 시간이 바로 그런 것들인데 이것도 따지고 보면 과거니 현재니 미래니 하는 것의 존재성, 시간의 빠르고 느림의 측정기준의 문제에 이르면 애매해지기 마련이다.

비릿한 내음 마시며
쪽빛바다 작은 어선
뭍으로 떠나
어디선가 떠 밀려온
'빈 조가비와 소라껍질'

푸른빛 아름답던 너
기억 속으로 남겨질 풍경
노을이 하늘을 곱게 수놓으며
다슬기 잡던 어린 시절

—〈섬마을 바닷가〉 전문 #과거: 유년의 추억

시인은 앞의 시 〈산에 오르면〉에서 비교적 애매한 어조로 시간을 설정하고 있는 반면에 〈섬마을 바닷가〉에서는 '어린 시절' 이라는 직접적인 시제를 사용하여 시간의 범주를 분명하게 설정하고 있다.

김철민 시인은 지금 바닷가에 떠밀려온 빈 조가비와 소라껍질을 보면서 다슬기 잡던 유년 시절의 바닷가를 떠올린다. 좀 더 관심 있게 시를 읽어보면 1연에서 처절할 정도로 허전함과 쓸쓸함을 느끼게 된다. 현재라는 시간 속에서 상실된 자아의 존재 확인이라고 할 수 있다. 그러나 2연에 가서는 상황이 반전된다. 시간이 현재에서 과거로 뒤바뀌면서 언어 자체가 미적인 것으로 교체된다. 비릿한 냄새가 코를 찌르고, 작은 어선마저 섬을 떠나버리고, 떠밀려온 조가비와 소라껍질만 뎅그러니 남아있던 섬마을이 어린 시절로 시간이 역류하면서 푸른빛 아름답던 섬마을, 노을이 하늘을 곱게 수놓던 추억의 섬마을로 전환된다. 그리고 대상물인 '섬마을'을 '너'라고 의인화하여 친근감을 유도하고 있는 점도 간과할 일이 아니다.

잔디에 누워
하늘 보면
하늘 속 같이

목동이 산 위에서
풀피리 불면
가락 가락에
엄마 얼굴 떠올라

가만히 눈 감고
내 나이 헤어본다

—〈그리움〉 전문

시 〈그리움〉은 과거지향적인 색깔이 매우 짙다. 이 시에서 시인이 '엄마'

라는 유아어를 과감하게 사용하고 있다는 점에 주목하지 않으면 안 된다. 정신분석학에서는 이와 같은 심리를 '퇴행'이라는 말로 설명하고 있다. 즉 개인이 곤경에 처했을 때 좀 더 안전하고 즐거웠던 초기 발달단계로 후퇴하거나 유아기적 표현을 함으로써 불안을 완화시키는 방어기재다. 어리광, 유년의 추억, 고향생각 등 향수에 젖는 것이 바로 그것이다. 퇴행은 상황에 따라서 시간적 퇴행, 장소적 퇴행, 행동적 퇴행으로 나눌 수 있는데, 앞의 시에서처럼 어른이 '엄마'라는 유아어를 쓰는 경우는 어린아이로 퇴행하려는 행동적 퇴행인 동시에 시간적 퇴행으로 설명할 수 있다.

이러한 방어기재 역시 현실이라는 시간 속에서 잃어버린 자아를 찾고자 하는 시인의 강한 심리현상이라고 하겠다.

시간에 대한 문제를 철학적으로 다룬 것은 하이데거와 베르그송이다. 하이데거는 존재 일반의 참뜻을 실존적으로 해명하는 일에 노력하였는데, 그는 존재의 물음이 인간에게만 있음을 전제하고 이러한 인간을 현존재라고 하였다. 그런데 현존재란 외면적으로는 세계내 존재, 내면적으로는 시간적 존재라는 것이다. 세계내 존재란 이 세계라는 지상에 태어나 이 지상을 벗어나지 못하고 지상적인 실존의 공간에서 운명처럼 한 순간 살 수 밖에 없는 인간의 한계상황을 말한다. 그럼에도 불구하고 시간적 존재란 그에게 있어서는 현존재인 인간에게 선구적 결의성에 의하여 파악되는 시간이다. 말하자면 스스로에서 벗어나려는 관심이 있음 → 나아감 → 다가옴으로 구별된다. 그중에서도 시간의 결정적인 인자가 되는 것은 다가옴에 대한 관심이다. 즉 미래는 현존재의 의미를 결정하는 기초가 되는 것이다. 그러나 근원적인 시간은 유한하다는 데 속성이 있다.

휭–

바람 한 줄기

내 이마에

구슬 땀 씻고

가 버린다

고마운 바람

—〈지나간 바람〉 전문

더운 여름에는 누구나 시원한 바람을 소망한다. 그러나 바람은 모든 이에게 불지는 않는다. 바람은 머물지 않고 스쳐가는 속성이 있기 때문이다. 그런 의미에서 인생도 바람에 비유할 수 있다. 특히 인생에서의 유년은 바람이 스쳐가 버리듯 순식간에 지나간다. 〈지나간 바람〉에서 시인이 전하고자 하는 메시지 역시 상실된 시간 속에서의 자아 찾기다.

그러나 이 시에 등장하는 바람은 단순히 스쳐가는 존재로만 해석할 수 없다. 이마에 맺힌 구슬땀을 씻어주는 바람이야말로 어린아이처럼 순진무구한 바람이다. 그렇기 때문에 이마의 땀을 보고 도저히 그냥 지나치지 못한다. 시인은 그래서 휭- 불고 가버린 바람을 서슴없이 '고마운 바람'이라고 명명한다. 또한, 관심 있게 살펴보면 연 가르기도 예사롭지 않다. 3연으로 구성 된 이 시는 3연에서 단 한 줄 다섯 글자로 끝마무리를 하고 있다. 단 한 줄짜리도 상황에 따라서 한 연을 이룰 수 있다는 가능성을 제시하고 있다. 이른바 등가성等價性의 원리原理가 적용된 경우라고 하겠다. 군더더기가 없는 깔끔한 시로서 마치 선친 김영일 선생의 시를 보는 듯한 느낌이 든다.

마지막 가랑잎마저

불태운

늦가을 정취

수북이 쌓인 낙엽더미
어린아이가
가을을 줍고 있다

—〈풍경〉 전문

어린아이가 화자로 등장하는 아주 깔끔한 시다. 늦가을의 이미지를 낙엽이라는 시어 하나에 한정하지 않고, 한 걸음 더 나아가 '어린아이가 가을을 줍고 있다'고 함으로써 긍정적이고 희망적인 이미지로 시적 효과를 전환시키고 있는 점이 돋보인다.

가을은 인생에 있어서 황혼기, 즉 노년에 해당한다. 더구나 늦가을의 쓸쓸함은 쇠약과 죽음을 암시하는 두려움의 대상이다. 이 시를 통해서 시인은 또 다른 시간 속에서 자아를 발견하고자 노력하는 모습을 보여주고 있다. 니체가 말했듯이 인간, 그 모든 삶은 누군가 돌리고 또 돌리는 하나의 모래시계이다. 그리고 그 삶의 내용은 끊임없이 여러 번씩 흘러가는 것이다.

일반적으로 시간이란 강물처럼 흘러가는 것으로 생각한다. 그러나 역사적으로 보면 시간이란 몇 가지 상이한 방식으로 인식되어 왔다. 그리고 이러한 시간관은 인간의 시간에 대한 또는 세계에 대한 기본적인 조망의 방식임을 생각할 수 있다. 원시인들의 시간관은 계기적인 시간관으로 일정한 기준이나 규칙이 없는 단절적인 것이었다. 그러나 고대인들은 시간을 우주의 질서와 반복을 토대로 한 순환적인 것으로 생각했다. 따라서 모든 존재는 탄생 → 성장 → 소멸 → 재생의 순환성을 지닌다. 현재, 과거, 미래라는 일상적 시간관으로 볼 때 순환성은 과거의 끊임없는 반복일 수 있다. 과거 지향적이고 복고적인 인생관도 여기에 이어진다. 반면 근대적인 시간관은 과거 → 현재 → 미래로 선형을 이루며 나아가는 미래지향적인 것이다. 그러나 물질문명과는 달리 인간의 정신이나 영혼은 결코 직선적인 시간의 흐름에 따라 발전이나 진보나 행복이 약속되는 것이 아니다. 여기서 현대의 지속적인 시간관, 과거와 현재와 미래가 동시에 인간의 주체적 결단에 의하여 공존하는 수직적인 시간관, 물리적 시간을 뛰어넘는 초월적 시간의 논리가 탄생하게 된 것이다.

김 시인의 다음 시에서 과거와 현재와 미래가 동시에 공존하는 수직적 시간관을 찾아볼 수 있다.

달빛이
나래 펴
바람 재운 날

담 모퉁이 어디쯤
지나칠 때
또르륵 도르륵

귀 적시는
맑은 소리 들려
행여나
그 소리 흐르다
끊어질까봐

발자국 곱게
옮겨보면

염줄 굴리듯

새어나오는

가을 샘 소리들

—〈가을 문턱〉 전문

이 시를 읽어가면서 어딘가 모르게 불안함을 만나게 되는데, 이는 바람을 재운 밤이라는 이미지와 귀뚜라미 소리가 끊어질까봐 조바심하는 화자의 마음이 어우러져 만들어진 결과라고 하겠다. 아울러 현실이라는 시간 속에서 김철민 시인 스스로의 존재를 찾으려는 몸짓이며 미래에 대한 공포에서 기인한 심리적 현상으로 해석 수 있다.

시는 분명히 일반 산문과 구별된다. 그것은 물론 구조상의 특이성으로 설명할 수 있겠지만 시간구조상의 차이로 파악하는 것이 타당하다. 일상적 담화의 시간적 구조란 흔히 일상적으로 인식되는 시간의 구조적 양상을 의미하며, 그것은 소위 비가역적 구조로 나타난다. 그러나 시적 담화의 시간적 구조란 흔히 시적으로 인식되는 구조적 양상을 의미하며, 그것은 소위 가역적 구조로 나타난다. 시간의 가역적 구조일 때 우리는 일상적 시간의 연속성과 동질성이 파괴되며, 시간의 흐름이 역류되며, 따라서 상대적인 삶의 무상성이 극복되거나 시간의 공포로부터 해방되는 양상을 보게 된다.

그러나 비가역적 구조일 경우, 일상적 시간의 모습이 '흐름'으로 나타나며, 이 흐름이라는 개념은 시간이야말로 연속적이고 동질적이라는 것, 시간은 역류할 수 없다는 것, 시간은 흘러가기 때문에 무상하다는 것, 따라서 시간의 무상성은 시간의 공포감과 직결된다는 사실을 환기한다는 진리를 김철민 시인의 〈가을 문턱〉이 보여주고 있다.

김철민 시인은 두 번째 시집에서 탄탄한 동심을 바탕으로 과거와 현재와 미래가 동시에 인간의 주체적 결단에 의하여 공존하는 수직적인 시간관, 물리적 시간을 뛰어넘는 초월적 시간의 논리가 탄생한다는 사실을 입증하고 있다. 특히 앞에서 언급한 〈풍경〉은 상실된 시간 속에서 자아 찾기가 명쾌하고도 간결하게 형상화 된 수작秀作으로 기억에서 지워지지 않는다.

김 시인의 두 번째 시집 출간을 다시 한 번 진심으로 축하하며 앞으로 더욱 정진하시기 바란다.

축하시

권희로 김교한 김남웅 김병효 김완기 김재용 김하나
문삼석 박성철 백한이 서일옥 오하영 우재정 유자효
유종슬 윤사월 윤이현 이길원 이남수 이상현 이승철
이양우 이영호 이정자 이준구 이처기 이호성 임동후
임성구 장현기 정영기 조한조 진경자 차경섭 철　수
최향숙 허호석

■ 權喜老

哲民平和

—흠 없어 맑게 사는 백성에게 평화가 온다

金石之言이면 人望得이요
–교훈이 되는 귀중한 말은 사람들이 우러르고 따를 것이오

哲民之心이면 平和得이요
–백성이 범죄 없이 살면 평화로울 것이요

民俄無間이면 尊奉得이요
–백성과 나 자신을 똑같이 생각하면 섬김 많은 지도자가 될 것이요

校長退任하니 贊賀得이요
–교장으로 은퇴하시니 칭송과 축하가 있을 것이요

長久之計이면 成功得이요
–오래 되기를 꾀하고 계획하면 성공을 거둘 것이요

隱退師道이면 尊賢得이요
–은퇴하신 스승은 어지신 분으로 존경받을 것이요

退身山林이면 賢士得이요
–은퇴하여 시골에서 지내는 스승은 어지신 스승으로 대우할 것이요

아동문학가, 원로목사. 《월간 아동문학》 신인상 등단. 한국아동문화 본상, 크리스찬 문학작가상, 한국아동문학 작가상 등 수상. 장로교총회신학교 교수 역임, 동시집 《아이야 큰 나무로 자라야지》 등, 시집 《사모곡》 외. 상록수문학회 · 은빛문학회 회장, 한국문협, 한국아동문학회 이사 및 중앙위원

■ 김 교 한

영광의 새 출발을

— 김철민 교장선생님 정년퇴임에

보통으로 그냥그냥 지내는 성미 않으셨다
남다른 깊은 관심 천착하지 않고서는
그리도 애정이 넘치는 나날을 어찌 보냈으랴

근면과 신념으로 희망을 심으셨다
긴 세월 알뜰한 시간 조금도 허송 않고
이 땅의 동량이 되게 땀 흘려 길 트셨다

겉보기와 다른 것이 할 일 많은 교육 현장
바깥바람 흔들어도 스승의 도道 일념으로
산 같은 사명을 다하신 영광의 새 출발 축하합니다.

1964년 보건사회부 공모 기생충 예방의 노래 가사 당선. 1966년 《시조문학》 3회 천료. 시조집 《도요를 찾아서》 《대》 《미완성 설경 한 폭(100인선)》 등. 현재 경상남도문인협회 · 경남시조시인협회 · 울산시조시인협회 · 사)한국시조시인협회 고문 등

■ **金南雄**

길이 榮光, 幸福하시라!

—麻鶯 金哲民 교장의 영광된 정퇴를 축하하며

1.

당신은 아시나요 옛날 옛적에
훠이 훠어이 아니아니 최근세에까지
한 맘 크고 눈 큰 영원한 꿈나라
그 눈부신 어린이 왕국의 착하고 따뜻했던
그 위대한 '김영일' 왕의 발자취를

아무렴 알다 마다요 자고로
'父傳子傳' 이라더니 그 아버지의 그 아들
영명스런 2세 김철민 왕자의
근황들까지도 잘 알고 있는 걸요

2.

아 근데 그가 아쉽게도 아직은
청년같이 쌩쌩한 썬 파워인데도 평생토록

시인 · 소설가 · 수필가 · 평론가. 평택 출생(號는 心夕). 충현고교장 · 경기도문인협회장 · 한국크리스천문학가협회장 · 월간 《문학21》 주간 역임. 현재 나사렛대 문창과 겸임교수, 한국민족문학가협회장, 현대시인협회 지도위원, 수도일보 논설실장, 월간 《문예사조》 주간, 영등포지방장로연합회장

몸담았던 교육계에서 이제는 정년퇴임하셔야
한다니 섭섭하지만 어찌 하겠소 그것이
길이고 법도요 또한 사도인 것을-

바라기는 그저 '가시는 걸음걸음
놓인 그 꽃을 사뿐히 즈려 밟고 가시옵소서'
하나 결코 저들은 잊지 마소서 우리 또한
오래오래 당신을 놓지 못하고 아마도 그 재치와
해학의 업적들에 취해 수십 년은 길이
더 동고동락은 물론 보다 큰 아동문학 발전에
몸 바치실 줄 믿사오며 축하드리나니

오, 님이여 여생은 부디 영광 누리며
늘 행복히 강령하소서 뜨거운 그 족적들에
감동감사로 조용히 두 손 모으나이다.

■ **김병효**

그대는 진정한 아동문학가요 시인이자 교육자이며 효자이어라

그 아버지에 그 아들이던가
아동문학계의 별로 받드는
故 김영일 선생의 아드님답게
아이들의 영원한 친구가 되어 사랑하고 가르치고
아이들을 위한 글을 쓰고 노래를 만들어
아버지의 유지遺志를 받들었으며
〈김영일아동문학상〉 제도 마련으로
먼 앞날까지 아동문학의 꿈을
꽃 피워 나가려는 거룩한 뜻을 품은
아동문학가 김철민 교장님은
진정한 효자이자 교육자요
영원한 아동문학가라고
추앙의 박수를 보낸다.

전남 장성 출생. 교직 41년(초등) 교감 퇴임. 장성교육청 행정 자문위원 · 장성 중앙 어린이집 원장 역임. 신인상(아동문학 동시, 시, 시조). 한국아동문학회 자문위원, 장성문협 명예회장. 한국문협 · 국제펜클럽 한국본부 회원. 전남문학상 외. 저서 《꽃잎 손가락》 외 다수(동시집)

■ **김 완 기**

열정으로 씨앗 뿌린 아름다운 나날

—김철민 교장님 정년퇴임에 부쳐

풋풋한 동심의 향기를 나눠준 아동문학가로
따뜻한 정감을 이웃에 건네준 시인으로
그리고
이 땅의 미래를 가꾸며 불태운 40여 년 세월

동심 가득한 진솔한 삶
촛불처럼 내 한 몸 태운 삶
정성으로 깊은 샘 길어올리며
가는 곳마다 교단을 빛낸 참 스승

고이 가꾼 씨앗들이
다시 예쁜 싹 틔우면서
하늘의 둥근해가 뿌려주는 햇살처럼
큰 나무로 뻗은 가지에 새들이 찾아들고

어깨동무 현상동화, 서울신문 신춘문예 동시 당선. 한정동아동문학상, 김영일아동문학상, 대한민국동요대상, 한국PEN문학상 등 수상. 서울국어교육회장, 한국글짓기지도회장, 한국동요동인회장 등 역임. 동시집 《하늘이 단지속에》 등, 동화집 《꽃마차 공주님》 등 다수. 현재 한국문인협회, 국제펜클럽한국본부 이사, 한국아동문학회장

그 환한 웃음
그 맑은 이야기
그 가슴속 가르침

열정으로 씨앗 뿌린 아름다운 나날
이제 교단을 떠나도
꽃피는 동산 텃밭 마다에
당신을 닮은 열매들이 가득하리라 믿소.

■ 김 재 용

하늘이 내린 축복이로세

산골짜기 다람쥐 아기 다람쥐
동요를 부르면서 자라난 아이
아버지 김영일 한국아동문학회 회장을 닮아
명예 문학박사로 한국아동문학회 부회장으로
국제펜클럽 한국본부 이사와 한국문인협회 상벌위원회 위원으로
한국동요음악협회 자문위원과 김영일아동문학상 운영위원장으로
동시집 《고향길》 · 《소꼽 친구들》 · 《얼굴 웃음》 등에서
동심의 해맑은 밝음으로 어린이와 동심을 사랑하는 이들에게
사랑의 꽃씨를 뿌려 가꾸셨죠.
어려서부터 스승의 길을 꿈꿔 오시더니 일선 교단에서는
글쓰기 지도에 남다른 애정으로 제자들을 가르치셨고
경남 통영도산중학교에서는 교장으로 정열을 불살라
경남지역의 명문 중학교로 우뚝 세우셨으니 그 전통
영원토록 기리 이어 가리라.
문단 중진으로 맡은 일도 많고

한국아동문인협회 이사 및 한국기독교문인협회 아동분과 위원장. 새벗문학회 회장 및 새벗문학상 심사위원장. 한국아동문학인협회 · 목포예총 · 목포문학관 자문위원. 월간 《아동문예》 이달의 동시 · 동시인 매달 연재 15년 평론과 해설. 전남목포연산초등 · 전남목포청호초등 개교 교장, 목포하당초등 교장으로 퇴임

문단 중진으로 좋은 작품도 많이 쓰고
중등 교육자로 좋은 제자도 많고
중등 교육자로 명문학교를 가꾸셨으니
타고난 재주 하늘이 내린 축복이로세.

■ 김하나

징검다리

―김철민 경남 도산중학교 교장의 정년 퇴임에 부쳐

그는 징검다리가 된
교육자요 아동문학가요 시인이었다
어딜 가나
튼튼한 징검다리

학교에서는 교장으로서
교육청에서는 장학사로서
선생님들과 학생들 사이에 놓인
커다란 징검다리
그 징검다리 밑으로
흐르는 물줄기
그 징검다리 위로
흐르는 흰구름
그 징검다리 위로
선생님들이 오가고

1969년 동아일보 신춘문예 동시 당선. 한국아동문학 작가상, 대구문학상, 김영일아동문학상, 대구예술상(문학) 등 수상. 동시집 《부엉이 바퀴》 외 10권, 동화집 《최가 고집 화이팅》. 영남아동문학회 회장

학생들이 오갔다
학교는 날마다 푸르렀고
학생들은 날마다 즐거웠다
선생님들은 날마다 보람을 느꼈다.
이제 그는 새로운 징검다리가 되기 위해
신발끈을 조여 매는 시간이 온 것

그의 아버님이신
한국아동문학의 선각자이신
돌아가신 김영일 선생님은 영원한 한국아동문학회 회장
유명한 동요 〈다람쥐〉는 오늘도 과천 서울대공원에서
도토리를 줍고 있다

어릴때 그는 〈다람쥐〉 노래를 부르면서
아버님의 뒤를 잇는
징검다리가 되는 꿈을 키웠다
돌아가신 아버님과 살아 있는 아동문학가 사이에
새로운 징검다리가 되는 꿈
드디어 징검다리가 된 김영일 아동문학상

하늘에서는 그의 아버님이 기뻐하시고
땅에서는 따르던 후배들이 손뼉을 쳤다
그는 이제 명예로운 교직 생활의 정년 퇴임을 하면서
더 큰 징검다리가 되기 위해
다시 신발끈을 조여 매고 팔을 걷어 붙인다.

■ **문삼석**

두 손

두 손,
따로따로 부르쥐면 주먹이 되지만,
서로서로 맞잡으면 악수가 됩니다.

두 손,
부릅뜨고 가리키면 비난이 되지만,
눈 감고 맞잡으면 기도가 됩니다.

펴 들고 내밀면 용서가 되고,
내민 손 붙들면 포용이 되는
두 손.

두 손에
마음을 담으면 평화가 찾아들고,
눈물을 담으면 사랑이 돋습니다.

1941년 전남 구례 출생. 1963년 조선일보 신춘문예 당선. 계몽사아동문학상, 소천아동문학상, 대한민국문학상, 윤석중문학상 등 수상 다수. 동시집 《산골물》 《이슬》 《우산 속》 《바람과 빈 병》 등 출판 다수. 현재 계몽아동문학회장, 국제펜한국본부 부이사장

■ 박 성 철

김철민 교장 선생님 정년퇴임을 기리며

축하 드립니다. 김철민 교장님!
40여 년의 기나긴 세월 나라의 큰 교육 동량으로서
2세 교육에 일생을 바치셨으니
님의 생애는 고귀하고 갸륵하셨습니다.
민족의 고난시절부터 부흥의 21세기 되도록
님은 수많은 인재를 길러 내어
교육입국 조국번영에 이바지하셨네.

또한 님은 문예인으로서
선친 김영일 님을 이은 문학 재능은
아동문학가로, 시인으로서,
민족 전통의 정감적 서정시를 빚어내며
학생은 물론 국민정서 함양에 이바지를 하셨으니,
님의 문학적 업적은 큰 산맥 되어
'김영일아동문학상' 을 제정 운영하여

시인, Litt.D.(문학박사). 전 경북전문대 교수 · hWAAC 이사. 옥조근정훈장 수훈. 경북문학상, 경희문학상, 황희문화예술상, 행촌문화상, Poet Laureate 인증, Epipodo문학상 등 수상. 시집 《향연》 《군조》 《억새풀산조》 《불협화음3중주》 《영역시집》 외 다수. 한국문협 · 국제펜클럽 · 한국시인협회 · 한국문학비평가협회 회원

부친의 문학정신과 업적을 이어 기리며
한국아동문학 발전을 견인하고 계시니
님의 대를 이은 문학정신의 승리였어라.

아 아 세월이 흘러 어느덧
교육자로서 정년을 맞이하셨으니
님의 고군분투 피땀 어린 교육일생의 결실은
기라성 같은 제자들을 큰 일꾼으로 길러 내어
지역과 나라와 세계를 이끌게 하셨으니
이제는 허리 펴고 땀 닦으시며
조국 강산의 푸른 하늘과 상서로운 구름을 처다 보며
여유롭게 여생을 경영하시면서
겨레의 큰 스승으로 세상을 살피소서,

한편으로는, 님의 문학정신의 열정을
더욱 치열한 창작활동으로 이어가시며
감동과 지혜 가득한 주옥같은 작품들과
큰 교훈의 문장으로 이 시대와 역사에 빛나는 업적 쌓으소서.
님의 사랑하는 가족 모두와 함께 건강하시고 장수하시면서
길이 축복받은 삶을 이어 가시길 기원합니다.
님의 정년퇴임을 삼가 봉축 드립니다.

■ **백 한 이**

사도師道

—시인 김철민 교장선생님 정년에 부쳐

사도의 길이 무엇이길래…
밤 벚꽃놀이를 하면 안 된다.
나이트클럽에서 춤 추어도 안 된다.
대동강 물 팔아서는 더욱 안 되고
분하고 감정 난 주먹질은 더 더욱
사랑스런 열매가 충실하게 자라도록
가슴앓이 회초리도 감정 끼어들면 안 된다.

안 된다 아니 돼 무엇 때문에
나의 스승님은 아무것도 들지 않나 봐
나의 스승님은 아무거나 입으시나 봐
밤하늘 유난히도 빛나는 망루 십자가
금빛 찬란한 법당에 정좌한 부처보다
나의 스승님은 전능하고 높으시다.
스승님과 선생님 시차를 깨치기 전에는…

계관시인, 행촌문학전집, 세계문화예술아카데미 회장, 고려달빛 발행인

*스승의 그림자도 밟아서는 아니 된다!

사도의 길은 그렇게도 힘들고 험하여 아무나 갈 수 없다는 뜻의 등배에는 누구나 함부로 범할 수 없는 절대의 존경과 존엄성의 인격체임을 아무도 부정할 수 없다. 그럼에도 오늘의 이상적인 민주교육은 제도와 운영의 묘가 사람 감정에 치우쳐 계속 홍역을 앓고 있다. 이는 육체적 산업문명의 무한 경쟁 속에 인성의 정신문화 말살 위기를 필자는 느끼고 있다.

이러한 세태에 김철민 시인은 사도의 길을 보람과 즐거움으로 교장으로서 정년퇴임하게 된 것은 지극한 효심으로 부친이 걸어오신 창작의 뜻을 올바로 받은 신의 가호라 하면 필자의 지나친 생각일까? 비록 교단을 떠난다고 하나 그것은 형식에 불가할 뿐 사도의 길이 끝이 있겠습니까? 하여 김철민 시인의 정년퇴임을 진심으로 축하하며 교육자의 지성과 창작인의 영감으로 왕성한 활동을 기대하며, 자신과 가정, 사회와 온 세상 인류복지를 지향하는 대업을 이루기를 간절히 기원합니다.

■ 서 일 옥

새길 열어 가는 날에 축배를 들고

푸른 창공으로 웅비하는 독수리같이
더 멀리 보기위해 더 높이 날기 위해
희망과 꿈 가득 싣고 깃발 하나 올리는 날.
지난 날 흔적들 하나 둘 더듬으니
예지로 빛나는 시간들로 환하네
경남의 교육텃밭에 숲이 되어 무성 하네.
문학의 열정들이 초석으로 다져져
동시의 꽃이 되고 노래의 별이 되어
선친의 뒷그림자를 반추하며 걸어 왔네.
묵묵히 이어나갈 고귀한 글밭에서
감동 주는 느낌표로 청렬한 지성으로
영원을 다짐해 가는 오늘 축배 드는 날.

1990년 《경남신문》 신춘문예 당선. 한국시조시인협회상, 성파시조 · 경남시조문학상, 마산시문화상 수상. 시집 《영화스케치》 외. 현재 경남시조시인협회 회장, 경상남도 함안교육청 교육과장 지냄. 현재 창원 남양초등학교 교장

■ 오하영

김철민 교장 선생님

—정년퇴임을 축하드리며

탄탄한 몸매 속에는
무엇이 들어 있을까
수만개 동심덩어리
또르르 뭉쳐서 우람

알찬 체력 뒤편에는
착한 마음 차곡차곡
불쑥불쑥 활짝활짝
여기저기 가득가득

부친님께 내려 받고
사십평생 흘린 땀이
옷감짜듯 촘촘얽혀
한국문단 휘날린다

동심 속의 40년 세월
빛난 자취 동서남북
진한 향기 천리만리
온 누리가 출렁출렁

동화, 동시, 사진작가, 마술가, 웃음치료사, 동요작사가. 한국아동문학충북지회장, 국제펜클럽 충북지역회장

■ 우 재 정

검단산

검단산에 들어서면
아버지의 품이 있습니다

거대한 능선 따라 흐르는 음률
기후조氣候鳥들이 날고
바람 따라 흐르는 아지랑이 붓끝 되어
강를 그립니다

650m 고지 정상에 서서
'아빠' 하고 소리치면
명상하는 아버지의 대답 대신
검단산 메아리가 응답합니다

오늘도
해가 뜨고 달이 뜨는 산자락에서 아버지를 그립니다

월간 《문학공간》 등단, 문학공간상 · 동백예술문학상 · 하남문학상 · 경기도문학상 · 제6회하남시문화상 수상. 시집 《그리움의 여백》 《하늘바라기》 《아버지의 뜰》. 하남시문인협회 지부장, 한국문인협회 · 국제펜클럽 한국본부 회원, 한국시낭송가협회 · 한국공간시인협회 이사. 문학공간 중앙위원. 운현문학 부회장, 한국작가 중앙위원, 세계예술문화아카데미 회원, 대한민국문화예술인사편찬위원회정책위원회 위원

바람에 기폭처럼 뻗쳐오르던 내 보람을 펄럭이며
아버지의 품에 그리움을 심습니다

검단은 조용히 흐르는 강물이기를
산새처럼 훨훨 나는 비상이기를
채색 등燈으로 수 놓아가는 선한 구름이기를
검단은 아버지의 말씀으로 들려줍니다

시인의 귀만이 귀동냥 할 수 있는
아버지의 말씀을

■ 유자효

내가 좋아하는 것

—김철민 교장 정년에 부침

"착한 아기 잠 잘자는 베개 머리에…"

눈 내리는 밤의 고요
호롱불 아래의 평화
사랑하는 사람들의 낮은 목소리

어머니와 함께 살던 가난의 나라
눈물도 많았지만
이웃도 많았던 따뜻한 나라

라디오에서 들리던 옛날 성우의 쉰 목소리
슈베르트의 아베마리아

정지용문학상 · 유심작품상 · 한국문학상 · 편운문학상 등 수상. 시집 《전철을 타고 히말라야를 넘다》《여행의 끝》《성자가 된 개》 등, 산문집 《나는 희망을 보았다》《다시 볼 수 없어 더욱 그립다》 등 출간. 한국펜 부이사장, 지용회장, 시외시학회장

■ 유종슬

사랑의 전도사 큰 스승으로

—교장 김철민 스승의 정년을 기리며

오가는 이 밟을까
알아주는 이 없다 해도
모래밭 속
유리 조각까지
주어내는 걸
여명을 밝히는
해님이 환한 얼굴로
웃었습니다.

이런
해님을 닮고자
아버님의
나라 사랑
아동문학 창달을 위해
김영일 아동문학상
연연이 이어

충남 청양 출생. 호 靑坡. 《월간문학》 신인상 수상. 천등아동문학본상, 일붕문학본상, 대통령상, 대교눈높이 교육자상 등 수상. 한국아동문학회, 한국아동문학연구회, 한국동요협의회, 한국동요작사작곡가협회, 한국문인협회, 국제펜클럽 회원 등. 동요 〈숲 속을 걸어요〉 작사가. 예독원 원장. 스승바르게 부르기, 태교 · 인성교육 및 삼진아웃 운동가

아버님 얼을 이어가는
자랑스러운 아들로
온 누리에
나눠주어
사랑을 키워갑니다.

대한의 희망 꽃들인
제자들 위해
앞장서서 솔선수범
님의 큰 뜻
가슴에 새기고
세상에 나아가
더 넓게
더 크게
펼쳐 나갈 것입니다.

정년은
끝남이 아니라
사회 속 새순으로
다시 태어남이어라

숲 속을 지나며
돌돌돌
도랑물 노래에서
너른 들을 적시며
세상을 보듬어주는 강물이 되는 것

님의 단련된 체력과 뜨거운 사랑은
더 높이
더 넓게
더 깊게
더 밝은 빛으로
감사와 기쁨과 겸손으로
하나님의 충만한 은총 속에
널리 널리 더 멀리
영원한 사랑전도사로
어둠을 밝히는 횃불로
큰 스승으로
행복의 꽃을 피우기를
축하의 꽃다발 속에
한 아름 담아드립니다.

■ **윤 사 월**

미륵산

당신은 미륵산 닮아
백 세 청춘 누리리라
떡 벌어진 어깨하며
그 용모가 미륵산 같다.

전국에서 모인
2009년 통영 여름세미나
미륵산 빙- 돌아
남해 미경과 관광명소
자상하게 안내하신 온화한 성품
그 유머와 달변의 현장.

한국 아동문학사에 길이 빛나는
아버님 김영일 개척 선구자
아드님 김철민 뒤를 이어

《아동문학》에 동화, 《한국시》에 시가 당선되어 작품활동을 시작. 한국시 대상, 한국 아동문화 대상 수상. 동화집 《해와 달과 별》 《반야심경을 물고간 뱁새》, 시집 《빈하늘과 강물소리》 외 다수. 현재 고창 경수사 주지

오, 장하도다 거룩하도다

당신의 업적 하늘의 축복 받아
미륵산처럼
이 땅에 우뚝 솟으리라
그리고 영원불멸 하리라.

■ 윤 이 현

훨 훨 날아오르소서

— 김철민 교장 정년퇴임을 축하하며

옹골찬 꿈을 안고
우람하게 자라는
이 나라의 동량들을 위해
教育聖業에 渾身을 다 하신
四十 餘 星霜!

오늘
그 무거운 짐을 내려놓으심에
우리 모두는
깊은 감사와 경의를 보냅니다.

이제
새롭게 열리는 은빛 화려한
제 2의 人生 旅程에서
그동안

전주사범, 전주대학교, 원광대학교교육대학원 졸업. 전주양지초등학교에서 정년퇴임. 전북아동문학회장, 한국미래문화연구원장, 한국아동문학회부회장 역임. 한국아동문학작가상, 한국동시문학상, 전북문학상 등 수상. 동시집 《야옹이는 신났다》 외 8권 등 저서 다수. 한국문인협회 이사, 한국아동문학회 지도위원

채 펴지 못한 이야기
가슴 속에 가꾸어 온 소중한 이야기들을
더 멋지게
더 아름답게
더 자랑스럽게 펼치소서.

저 푸른 하늘로
훨훨 날아오르소서
훠얼 훨 날아오르소서.

■ 이 길 원

찬란한 노을

살아가는 동안 누구에게나
주어진 일이 없겠느냐만
이 나라 젊은이에게 꿈을 주는 교단에서
한 생애를 보낸 그대
얼마나 큰 축복인가
아버지 김영일 시인의 유지 받들며
어린이에게 시심을 심어 온 아동문학가로
문단의 중진으로
한 생애 부지런히 살아 온
문학박사 김철민
이제 강단講壇을 떠나는데

하루 일을 마치고 집으로 드는
어느 가장의 지친 발길처럼
조금은 쓸쓸한

시인. 충북 청주 출신. 월간 《시문학》 등단, 월간 《주부생활》 편집부장 역임, 유신 후기 필화로 퇴사. 천상병 시상 · 윤동주 문학상 · 대한민국 문화예술상 수상. 저서 《해이리 시편》 외, 영역시집 《Poems of Lee Gil-Won》 외, 불역시집 《La riviere du cropuscule》 출간. 국제 PEN 이사. 한국 PEN 이사장. 문학의집 서울이사. 《PEN 문학》 발행인, 《미네르바》 《문학과 창작》 편집 고문

아니
구석구석 세상을 비추던 태양이
서편 하늘 붉게 물들이며 넘는
찬란한 노을 같은
그대 뒷모습
정녕 아름답구나.

그대가 남긴 음성
후학의 가슴에 오래도록 꿈틀대며
때마다 숨결로 되새김 되고
지나온 발자취는 그리움 되어
추억의 잔상으로 남을 텐데

이제
바람에 일렁이는 갈대 숲 그늘 어디선가
푸드덕 물새 나는 저녁 어스름
강물 적시며 내리는 노을처럼
조금은 기쁜 듯
조금은 슬픈 듯
그리

■ 이 남 수

마영麻營 김철민 교장 선생님

—정년 퇴임에 부쳐

파란 물 출렁이는
동양의 나포리라
이름난 통영바다
그리움이 출렁인다.
김철민金哲民
교장 선생님
교육 얼이
출렁인다.

산처럼 바다처럼
크고 넓은 마영 선생
그대 얼이 출렁이네.
통영땅의 지키미여!
한산섬
달 밝은 밤에

전남 나주 출생. 조선대학교 및 동 대학원(석사). 《월간문학》(동시) 《시조문학》(시조). 한국아동문학작가상 · 노산시조문학상 · 광주문학상 · 김영일아동문학상 등 수상. 저서 《꽃비 내리는 별밭》 《지구 사랑 꿈나라》(동시 동요집)외 7권.한국문협 · 국제펜 한국회원. 국민훈장 석류상(대한민국), 국가유공자(대한민국)

김철민을
잊으랴.

사십 년 교직생활
정년을 맞았으니
유명 교장 명성 함께
더욱 빛날 업적이여
애써 온
교육의 열매
꽃은 항상
피리라.

■ 이상현

그의 길은 아직 끝나지 않았다

마영麻營, 그는
두 길을 쉬임 없이 걸어 왔다

꽃바람 부는 문학의 길
꿈 꾸는 교육의 길

두 길을 뚜뻑뚜뻑 밤낮 없이 걸어왔다

이제, 40여 년을 걸어온 길 하나는
축하를 받으며 쉬어야 할 곳에 이르렀다.

그의 가르침은 곳곳에 빛으로 남아
오래오래 떠오를 것이다.

하지만, 그의 길 하나는

1962년 경향신문 신춘문예 동시 당선, 1979년 《현대시학》 시 추천완료. 소천아동문학상, 세종아동문학상, 한국문학상, PEN문학상, 김영일아동문학상 등 수상. 한국아동문학회 회장 역임. 현재 한국문인협회 이사, 국제 PEN클럽 한국본부 이사

아직 끝나지 않았다.

문학의 길
끝없는 그의 길에 더 큰 빛 있으라!

■ 이승철

祝 詩

文章赫世宣揚業 문 장 혁 세 선 양 업	세상에 빛나는 문장을 업으로 선양하여
父子業績萬世輝 부 자 업 적 만 세 휘	부자가 남긴 업적 만세에 빛나도다.
泰山積積貴節詩 태 산 적 적 귀 절 시	태산같이 쌓이고 쌓인 고귀한 시
流水白波得聲瓏 유 수 백 파 득 성 롱	흰 물결 파도소리에 구슬같이 들리네
一生遺業後學敎 일 생 유 업 후 학 교	일생 동안 학생을 가르치는 업으로 살면서
人生滿興深醉樂 인 생 만 흥 심 취 낙	그 업이 인생 즐거움으로 가득하였도다.
億法名譽萬代到 억 겁 명 예 만 대 도	억겁이 지나고 만대가 지나도 그 이름은
永遠不滅稱誦憶 영 원 불 멸 칭 송 억	영원불멸토록 칭송이 자자하게 남으리다.

시인, 수필가, 사진작가, 향토사학자. 경남 합천 출생. 거제수필문학회 · 경남수필문학회 회장 역임. 경남문화상, 통일안보대상 등과 72개 감사공로패 수상. 저서 《歷史의 漢詩集》 《傳統婚禮》 《마음을 바꾸면 세상이 달라진다》 《환상의 섬 거제도》 《한려수도 칠백리》 《弁辰瀆盧國論文集》 《거제도 민요집》 《巨濟市誌》 등 다수

■ 이 양 우

비허脾虛

나는 어느 날 꿈을 꾸었지
미지라는 세계에 도달한 꿈
이상한 세상의 끝으로 보이는 어둠
거긴 내가 살아야 한다는 명제가 붙어 있었지

나를 맡을 준비가 되어 있는 곳
죄 많은 존재들이 숨을 헐떡이고
가시관을 쓴 신의 아들이 눈물을 흘리고
그의 뒤를 따르는 자들이 눈물을 흘리고

세상은 암흑으로 뒤덮여서
깜깜한 속세를 뒤집어 놓은 비허(脾虛)
죽음으로 둘러쳐진 미로
그 길모퉁이에 막다르고 있었지

1941년 충남 보령 출생. 1965년 《시문학》(김현승 이형기 추천), 1974년 《풀과별》(신석정 이동주 천료). 현재 한국현대시협 중앙위원, 한국문협 사료발굴위원, 국제펜클럽 한국본부 이사, 사)한국육필문예보존회 회장, 계간 《文藝春秋》 대표, 동인지 《詩人部落》 동인, 저서 첫시집 《뒤로 그림자를 떨구고 가는 계절》 외 15권, 《정곡 이양우문학대전집》(상 · 하권, 시, 소설, 산문1 5,000편 수록 및 저서 다수)

■ 이 영 호

충무 친구 철민에게

—정년퇴임을 축하하며

경남 충무시가 지금 통영시
충무는 옥포대첩 성웅 이순신장군의 성장지
탄신지는 20리길 거제 둔덕

장승포에 살던 때가 지금도 그립다.
20여년 살면서
자주 자주 드나들던 충무 통영
통영에는 타향 친구 시인 철민이가 산다.
객지 벗은 열 살 차差도 친구라니
같은 교사, 글쓰기를 좋아했던 우리들은 친구

〈구두 발자국〉 그 노래 부를 때면
철민의 모습이 자꾸만 떠오른다.
그 노래 지으신 김영일 선생님이 오늘도 그립다.
살아 생전에 존경했던

경북 봉화 출생. 서울문리사범대 · 성균관대 국문과 졸업. 세계시인대회 명예문학박사. 거제중 · 고 정년퇴임. 한국생활문학회장 역임. 시집 《바람》 《바다》 《동백연가》, 산문집 《길손의 길》 등. 중국연변과학기술대 조선어과 초빙교수. 생활문학사 대표.

그 선생님은 철민의 아버님

서울 종로 3가 뒷골목 삼미三味집 식당
토요일 오후면 언제나
이원수, 김영일, 장수철 문인들이
거나하게 막걸리를 마시던 집
이제는 그 집도 사라졌다. 벌써

통영 친구 철민이가 정년퇴임 한단다
누군들 쌓이는 세월의 연륜
우리들은 또 다른 세월 속에
또 다른 할 일들을 찾아
가야한다. 살아야 한다.
그리고, 또 열심히 일해야 한다.

철민에게 오늘은
퇴임축하의 글을 띄운다
'축하합니다'
그리고 안녕을…….

■ 이 정 자

시의 바다에서

—김철민 교장 선생님의 명예로운 퇴임을 축하드리며

그해 여름
역사문학기행에서 만난
옥류정 수련보다
하회마을 흙담벽에 피어난 능소화보다
소년처럼 해맑은 당신의 미소는 아름다웠습니다

교육자이시면서
시인이시고
아동문학의 대가이신
석촌 김영일 선생의 아드님으로서
당신의 열정은
통영 밤하늘의 별처럼 빛났습니다.

이제 해뜨는 아침숲에 깃드는 뮤즈처럼 오세요.
바다는 잔잔할 때가 좋지만

충주 출생. 충북대학교 불문과 졸업. 첫 시집 《능소화 감옥》으로 작품활동. 시집 《능소화 감옥》 《아름다운 것은 길을 낸다》. 충주문협 감사, 중원문학 주간. 한국시인협회, 한국문인협회, 국제펜클럽 회원

그 어딘가에 폭풍이 숨겨져 있어 매혹적이듯
유정히 흐르는 물결 위에
당신의 시름을 내려 놓으십시오.

나이를 더해도
詩의 불은 꺼지지 않기를
만리 설원 함께 가며
그 온기로
한세상 아름답게 살다가기를

눈길을 걸으며
당신을 생각했습니다,
아니 기도했습니다.

■ 이 준 구

하늘이 알고 땅이 아는 父子間의 사랑

—金哲民 校長 퇴임에 즈음하여

하마터면
저렇게도 닮을 수 있을까?
크게 소리를 지를 뻔 했다

「아동문학」의
징검다리에서 만나게 된
아버지 金英一 선배님
아들 金哲民 후배님

내 칠순 넘어까지
人生을 함께하고
걸어온 「아동문학」의
징검다리에서 만났기 때문이다.

먼 지난날 金英一님

교육박사, 시인, 아동문학가. 한국인간학회 회장, 전 홍익대학교 교수. 한국아동문학회 고문, 한국교총 사무총장 및 부회장 역임

가까이 오늘의 金哲民님
두 부자는 늘 가까이에서
날 '스스로 스승이 되자고' 했다

「한국아동문학」하면
제일 먼저 내세우는 「세미나」가
서울 인사동 골목 「안루집」에서
金英一선배와 李俊球
둘이 마주 앉아서 창안해낸 것이다.

첫 主題발표(문학교육의 당면과제)
金英一선배의 간곡한 희망에 의해
李俊球가 1971년 8월 21~22일
「청평호반의집」에서 개최되었고

본 세미나는 한번도
빠지지 않고 「여름」마다 개최되어
2009년 제39회(2009. 8. 14~16)세미나는
경남 통영 청소년 수련관에서
「동요문학과 동요음악의 새로운 활성의 방안」의
主題로 金哲民詩人이

발표하는 영광을 차지했다.

첫 主題 발표자 李俊球詩人은
첫 발표한 世代를 경과한 「제31회」
2001. 8. 18~20 제주민속관광공단에서
主題 「아동문학의 내면성과 그 논리」로
발표했다.

제1회 제31회를 발표한 李俊球 詩人은
제41회(2011년)에 「人生米壽를 대비하여 걸어온 人生의 발자취」
로 초청 강사 자격으로 참석하기로
희망하고 있다.

본 세미나가
한국 아동문학의 발전의
공든탑을 쌓기까지
뒷받침 해 둔 故人들만 해도
金東里(소설가), 최태호(아동문학가),
김신철, 박화목, 송명호,
김요섭 씨 등의 명복을 빌고 빈다.

이제
교육에 크게 이바지한
그 높은 공적을
몽땅 「아동문학」에 다
쏟은 金哲民詩人에게

하늘 나라에
먼저 가신 김영일 아버지의
「아동문학」 꽃구름이
스르르 돌면서

하늘과
땅이
서로 마주보면서
아동문학의 세계를
더 높이
넓혀 갈 것으로
본다.

■ 이 처 기

영예로운 정년을 祝賀합니다

체육인으로서는 한국의 동량을
교육계의 리드로서는 훌륭한 제자를

아동문학가로서는
어린이들에게
아름다운 마음을
닦게 하였습니다.

김철민 님의 제2의 출발을 기대하며

남해 출생. 부산사대 미술과 졸업. 《시조문학》 천료. 시민불교문화상 수상. 전 창원 반송여중 교장. 시집 《평양면옥》 《화진포 연가》 《장엄한 절정》 등. 한국문협 중앙위원, 한국시조시인협회 중앙위원, 경남문학관 감사, 경남시조시인협회 이사, 포에지 창원 회장, 남해문학회 가락문학회 고문

■ 이 호 성

갈매기

갈매기가
무리지어 놀다간 발자국
모래밭에 빼곡이 적어 놓았다.

동시일까?
동화일까?
일기일까?

날마다
바다 위를 날며
아침,저녁노을 타고 타고
고깃배들과는 숨바꼭질하며
해님,달님,별님들과는 함께 어울린다.

지금은 알 수 없지만
자주 찾아오다 보면
발자국 글들을 읽을 수 있을 것만 같다.

《한국아동문학연구》 신인상 받음. 강원아동문학, 한국아동문학창작상, 관동문학상 수상. 동시집 《나뭇잎들이 다른 것처럼》 외 5권. 한국문인협회, 국제펜클럽 한국본부, 솔바람 회원. 초등학교 교장으로 정년퇴임

■ 임 동 후

이스라엘

하느님께 죄를 지은 이스라엘이
나라 없이 세상을 돌아다니며
온갖 설움을 받다 못해 마침내
6백만 명이 떼죽음을 당한 후
2천년 만에 나라를 되찾았다.

무엇이 이들을 다시 일으켰을까
교육의 힘이었다. 어머니였다.
3개 국어를 하는 이스라엘 어머니
틈틈이 역사와 자긍심을 가르친
피눈물 나는 교육의 힘이었다.

선친님의 고귀한 뜻을 받들어
한 평생 옆을 돌아보지 않고
오로지 교육에만 청춘을 불사르신
김철민 선생님 성공하셨습니다.
당신이 이 시대의 이스라엘입니다.

경남 상주 출생. 영남대학 행정과 졸업. 《자유문학》 청소년시, 희곡 부문 등단. 전쟁시집 《붉은 아오자이》, 동시집 《앵두꽃이 벌에 쏘여》, 청소년시집 《독도행 고속버스》. 현재 자유문학회 청소년문학분과 위원장, 한국문인협회 이사

■ 임성구

어떤 수첩

정년을 며칠 앞둔 어느 교직자의 서랍을 정리하다
문득 오래된 수첩 하나를 발견하였다
겉표지 상단, 금박으로 새겨진 '교무수첩' 하단엔
그날의 각오와 같은 주인의 문패가 선명하게 걸려 있었다
주인이 잠시 집을 비운 사이, 조심스레 대문을 열어보았다
안방, 사랑채, 부엌, 외양간, 그리고 뒷간까지 둘러보았을 때
백자 문양처럼 푸른 글씨들이 세월의 수액을 빨아 먹고 있었다
저만치 서 있는 아득한 기억을 하나, 둘 불러 모아
그날의 아침조례를 시작하는 페이지
먼지가 풀풀 나는 뜨락에서 감꽃을 줍고
공기놀이하다 불려 온 순이, 소꿉놀이 하다 달려 온 영희
동생을 들쳐 업고 달려온 말숙이
끝자, 말자, 순자 등 가시내들 이름을 추억하는 페이지
옷소매에 누런 개똥참외를 알알이 단 영철이
검정고무신이 상할까봐 맨발로 허겁지겁 달려 온 현철이

경남 창원 출생, 1994년 《현대시조》 신인상으로 등단. 경남시조문학상 수상. 시집 《오랜 시간 골목에 서 있었다》(동학사). 경상남도문인협회 사무국장

개구쟁이 이름들이 주렁주렁 박꽃처럼 환하게 웃고 있는 페이지.

당신의 첫 출근길
하늘과 땅과 햇빛과 바람에게 강한 다짐을 풀어 놓고
풀꽃들에게 수많은 편지를 썼을 것이다
지금쯤 그 풀꽃들은 사랑의 회초리를 기억하며
아름다운 꽃을 피우고 있을 것이다
그날 당신께서 꾸욱꾹 눌러 쓴 검정 글씨가
푸른 백자 문양으로 번져가는 오늘
당신은 그날의 아이와 같이 티 없이 맑고 환한
보랏빛 답신을 총총 띄우고 있다
그 종소리가 그리워지는 해질녘에…

■ 장현기

성모상 앞에서-1

사람은 길을 걷고 있는 것이다.
머얼고 머언-
끝없는 길을 걷고 있는 것이다.

하느님 나라로의 사랑의 길이나
극락세계로의 자비의 길이나
인의예지의 인간 본연 추구의 길이나

우리들 모두는-
전생과 현생…
그리고 내생의 길에서

스치고 만나고 헤어짐의
상세의 인연으로
만나서 더부러 뒤엉켜서

아동문학가, 시인. 인천문화상, 한국아동문학작가상, 경기도문화상, 김영일아동문학상 수상. 시집 《기도하는 순간들》 외 13권. 한국아동문학회 자문위원장, 국제펜클럽 인천지역 위원회장 역임. 서해아동문학회, 갯벌문학회 명예회장

살아가는 길 위에서
배려하고 나누며 사랑하면서

머얼고 머언-
끝없는 길을
쉬임 없이 걸어 갈때에

우리의 삶을
얼마만큼 성심으로 살았는가를
묵상을 해 보는 것이다.

*詩人이며 兒童文學家이고 教育者인 麻營 金哲民님의 道山中學校 校長의 名譽로운 停年退任消息을 듣고 깊은 敬賀를 보내며 앞으로 人生黃昏길에 밝고 맑고 아름다운 平和와 康寧이 함께하기를 비는 祝賀의 글을 보낸다.(경인년 초겨울에)

■ **정 영 기**

선생님의 선생님

전라도 화순하고도 도곡면
산새도 울지 않는 아주 작은 시골마을
깨복쟁이 어린 시절엔 골목을 누비며
'방울새', '아기다람쥐' 노래를 부르며 자랐다.

봄이면 진달래피고
겨울이면 하얀 눈 소복한 시골마을
백발성성한 늘그막엔
'꼬까설', '가자 산으로 바다로' 를 부르며 뒷산을 오른다.

선생님의 선생님이 계셨기에
전국방방곡곡 동심의 노래가
이토록 아름다운 세상을 만들었나보다.

1985년 《기독교교육》 동화 당선, 1989년 《월간문학》 동화당선, 1990년 《월간아동문학》 소년소설 당선, 2006년 《문예시대》 시 당선. 전남문학상, 한국아동문학작가상, 한국아동문화 대상 등 수상. 동화집 《쌍무재 뜨는 마을》 등 《지구를 떠나는 사람들》(환경 소년소설) 《조가비의 마지막 사랑》(치유동화집) 《어린이 글짓기 교실》(교재) 국제펜클럽한국본부, 한국문인협회 회원. 한국아동문학회 전남지회장

■ 조 한 조

紅顔의 젊은이로 늙어 가련다.

"歲月은 流水와 같다" 했나
흘러가고 나면
다시 돌아오지 않는다
流水도 그렇고
歲月도 그렇고

물은
산골 계곡에서 시작하여
흘러 흘러 바다에 닿고
사람은
아기로 태어나 세월에 실려
굽이 굽이 백발에 닿고

그동안 무엇을 했는가
무엇을 하며 어떻게 살았는가

1997년 초등교장 정년퇴임. 한국연극협회(극작, 연출), 한국문인협회(시), 한국아동문학연구회, 풀꽃문학회(동극분과 위원장), 한국동요음악연구회(작곡) 회원

교직생활 40년
1971년부터
2011년까지

코흘리개 개구장이
길들이며 살아온 세월
보람되고 즐거움도 많았구려
외롭고 허전함도 많았구려
정말 정말 꿈과 같이
흘러 흘러 갔구려

교실에선 꿈을 심어
물 주어 가꾸고
균형진 몸매와 건강한 체력은
운동장에서 딩굴며 다듬고

그레파스 수채화
독창하고 합창하며
詩 쓰고 글지어

신문 만들고 책 만들던 세월이
흘러 흘러
教職生活 停年을 맞았네요

回甲을 지내고
停年을 맞아도
나는야사 아직도
紅顔의 젊은이

사랑하는 아기들아
사랑하는 제자들아

紅顔의 젊은이로 늙어가려는
영원한 교장 金哲民
그 모습 오래 오래
지켜 봐 주렴.

■ **진 경 자**

축하드립니다

기나긴 여정
후세들의 교육 발전을 위해
한 몸 바치시어
고귀한 정년퇴임의 영광을 맞으셨으니

길이 빛날
초롱한 눈망울들
그 가슴속에 님의 향기 가득 심어 놓으셨으니
그 삶 영롱한 보석이어라

또한
아침이슬 같은
선친의 문학정신과 업적을 기리시어
'김영일아동문학상' 을 제정 운영하시니
그 아름다운 효심과 대를 이은 문학정신 또한

시인, 한국문인협회 회원, 영주문인협회 간사

큰 강물 되어 영원하리

이제는
한시름 접으셨으니
보배로운 발 걸음걸음마다
여유롭고 평화로운 삶의 흔적이 묻어 있는
더욱 치열한 문학정신과
주옥같은 창작활동을 기대해 봅니다
부디
건강 유의하시길…….

■ **차경섭**

아리랑

一.
후세의 주인이 될 이세 교육 전념하고
마음을 다스린 자 깨달으니 현명건만
탈을 쓴 인간 껍데기 칠면조를 꼭 닮았고

二.
지금은 문화예술 꽃피우는 시대련만
소주병 쓸어안고 졸고 있는 로숙자여
악연의 먹이사슬에 폐가망신한 자 있고

三.
인사동 골동품엔 장인정신 서렸건만
권력과 뭉칫돈에 지성인도 부패했고
부귀와 영화를 누린 생육신도 저승같더라

아호 : 玉泉, 본명 : 車敬燮. 《문예사조》 동시 추천 신인상, 《시조문학》 시조시 천료. 저서 《아리랑 시조집》 외 18권, 일역 시조집 1권. 한국문인협회 · 국제펜클럽 한국본부 회원. 월간 《문학저널》 편집위원

四.

명석한 두뇌에도 끼니 걱정한 자 있고
아방궁 마천루에 산다 해도 황천가니
마음과 행실이 바른 인성교육 절실건만

五.

여인의 관능미에 너나없이 한눈팔고
근엄한 학자래도 지전 앞에 양심 파니
펜대는 작을지라도 장검보다 강하여라

■ **철 수**

참 스승으로 노피곰* 떠 올라라

—한국아동문단의 큰 별 麻鶯 金哲民 교장 정년퇴임에 부쳐

죽는 날까지 하늘을 우러러 한 점 부끄럼이 없기를 잎새에 이는 바람에도 당신은 괴로워했다. 별을 노래하는 마음으로 당신은 모든 것을 사랑했다. 그리고 당신한테 주어진 길을 걸어갔다. 어제도 오늘도 그리고 내일도…….

죽는 날까지 하늘을 우러러
교육자로서
한 점 부끄럼이 없기를
물 같은 너그러움과
파도보다 높은 세파世波 한가운데를 짚으며
당신은 청정淸淨한 물이 되었다.

분주했던 40여 년 교육생활
세찬 풍파風波 매섭게 흔들고
억센 탁류濁流 사방에서 유혹해도
뽑히지 않을 하늘높이 치솟은 등대되어
어제도 오늘도 그리고 내일도

본명 : 金哲守. 문학평론가, 동심문학가. 경남 고성 섶밭마을(薪田里) 출생. 동국대, 창원대 대학원에서 공부함(문학박사). 경남신문 신춘문예(동화), 《아동문예》(동화), 《시와시인》(詩 평론), 《문학공간》(동심문학 평론) 당선. 저서 《아동문학의 이해와 교수학습》(대학교재), 초등학교 글짓기 지도서 및 초등학교 환경교과서 5, 6학년 2권 집필, 창작동화 《초록날개 아이들》 외 2권 등. 한국아동문학회 경남지회장

세상을 밝히는 당신.

순수한 가슴 안고서
시인으로
아동문학가로
해맑은 바람, 밝은 빛
모두 모두 지니고 이었던
언제나 내게 소중한 당신.

다시 태어나도
이 길을 걸으리라는 당신,
올곧게 걸어온 그 외길을
사랑으로 헤아리고 승화시켜
이제는 넉넉한 한국문단의 일월日月로
우뚝 솟아 머리곰* 비추는 당신이어라.

*노피곰 : 높이높이
*머리곰 : 멀리멀리

■ **최 향 숙**

정년퇴임을 축하하며

할 일이 많았습니다.
자신 있게 이루어 나가십니다.
성실하게 인내하시는 그대는
–뜬구름 잡는 것이 아니었습니다.
현실이었습니다.
능률적 삶의 현장이었습니다.

문학 또 한 사람 속에 있는 절규요
꽃이요
행복의 씨알이었습니다.
당신은 교직 생활도 인연도
범사에 자상하고 다감한
성품으로 동지同志를 껴안습니다.

내내 꽃을 피웁니다.

1973년 《부산아동문학》, 1988년 《월간문학》, 1991년 《현대시》 등단. 한국아동문학상 외 5개 부문 수상. 부산여류문인협회장, 한국동요작사작곡가협회장 역임. 1983년 《집 보는 햇살》 동시집 이후 8권 시집 발간. 한국아동문학회 부회장

널리 베푸시며
덕을 쌓아
어두운 세상 길 밝히시는
화합의 문으로 가는
빛을 일구고 있습니다.

■ **허 호 석**

사랑의 텃밭을 가꾼 정성

남다른 택함이요, 천직의 뜻이 있음이니
40여 성상 의연한 한 그루 소나무로
비바람 눈보라에도 청청한 님이였네

단아한 듯 큰 그릇이라
남다른 천성은 곧은 지성으로
스치는 옷깃마다 풋풋한 향기를 남기었나이다

참 되거라 잘 되거라
한 평생 뿌린 씨앗
사랑의 텃밭을 가꾼 정성
보람은 축복으로 꽃피리니
거두시는 결실 넉넉하리로다

가꾸신 푸르름 청산을 이루시어
남긴 뜻, 남은 소망 늘 푸르소서
정정하소서

서울문리 사범대학 졸업. 《아동문예》《월간문학》 시 당선. 한국아동문학작가상, 계몽아동문학상, 한국동시문학상, 전국문학상, 전북예술상 수상. 전북아동문학회장, 진안예총회장 역임. 동시집 《하얀비》 외 5권, 기타 《위인전기》 등 9권(모두 15권 총간)

축하글

강영희 강휘생 고향심 권석순 김동진 김영수
김영채 김영훈 김용섭 김용재 김철수 김현우
노여심 박갑순 송재윤 오재련 오하룡 옥미조
윤지영 이군현 이복자 이창규 조임생 최미숙
하유림 홍성훈

■ 강 영 희

정년퇴임을 새로운 출발의 계기로

김철민 시인님!

교단에서 40여 년간 봉직하시다 정년퇴임을 하시게 되었다니 우선 그 빛나는 업적을 쌓으심에 축하를 드립니다.

남쪽 나라에서 전해져 오는 봄소식처럼 정년퇴임을 하게 되셨다는 소식을 전해 듣고 다시 한번 세월이 유소와 같다는 생각을 했습니다. 항상 정력이 넘치고 매사에 의욕이 강하시던 김시인이었기에 더 실감이 나지 않고 믿기지 않을 정도였습니다.

마치 개척자처럼 그곳 항구 도시 통영에 닻을 내리고 교단을 가꾸어 가던 모습이 선하게 떠오릅니다만 누구나 세월에는 당할 수가 없나 봅니다.

저는, 우리 인생의 삶은 끝없이 항해해 가는 배와 같다는 생각이 듭니다. 좀 더 차원이 높고 보람된 것을 추구하면서 끊임없이 항해해 가다가 때로는 풍랑을 헤쳐 나아가야 하고, 때로는 암초의 위험도 슬기롭게 피해 가면서

일본 교토에서 출생하여 경북 울진에서 자람. 《아동문학평론》 및 《월간문학》 신인상 당선. 새벗문학상, 영남아동문학상, 한국아동문학 작가상 수상. 영남아동문학회장, 한국아동문학 부회장 역임. 저서 《해님이 숨겨둔 보석》 외 다수

꾸준히 어디를 향해 나아가야 할 존재와 같다는 생각이 듭니다.

이러한 존재로서도 김시인은 남다른 성공을 거두었다고 저는 보고 있습니다. 역사가 스며있고 아름답고 아담한 항구 도시에서 나름대로 교단을 가꾸고 꽃을 피웠으니 장하다 하지 않을 수 없습니다.

옛날 같으면 환갑을 지낸 연세가 되면 긴 담뱃대를 물고 맥없는 오닌 행세를 해야 되었지만 아시다시피 이제는 세태가 변모하여 환갑을 맞은 분들을 청년이라고들 일컬어지게 되었으니 이는 희망적인 세습을 낳게 되었습니다. 이미 이러한 과정을 거쳐 온 저로서는 지금의 김시인이 한없이 부럽기까지 합니다. 퇴임한 지가 10년이 가까워 오지만 어물대다가 보람된 일 한번 제대로 못해보고 훌쩍 쓸모가 없는 존재가 되고 보니 김시인과 같은 위치에 계시는 분들은 아예 이러한 전철을 밟지 않기를 바랄 뿐입니다.

저가 굳이 정년퇴임을 맞으시는 김시인에게 이런 말씀을 드리는 것은 퇴임 후에 맞게 되는 시간과 공간이 또 한번 주어지는 기회라는 것을 잊지 말아 주었으면 하는 뜻에서입니다.

우리가 직장 생활을 할 때에는 어쩔 수 없이 직장에 대한 책임이나 의무감을 앞세우고 살아 왔지만, 자신의 진정한 자유분방한 생활은 퇴직한 후에 얻어지는 시간들이라는 것을 말씀드리고 싶습니다.

아직도 어디에 가서도 남 못지않은 활동을 할 수 있는 힘과 능력을 겸비하고 있는 처지이시니까 퇴임과 동시에 보람을 불러올 수 있는 계획과 설계를 잘 하시고 차근차근 실천해 보시라는 말씀을 드리고 싶습니다.

아마 입출항을 앞 둔 그곳 통영항의 선박들은 늘 분발하라는 듯 뱃고동 소리를 내면서 다가오기도 하고 일깨워 주리라 믿습니다. 지니고 있는 그 왕성한 활력소를 보람된 일들을 위해 또는 진취적인 창조와 개척을 향해 다시 불태워 보시기를 바랍니다. 정년퇴임을 새로운 도약의 계기로 삼아 후회 없는 인생을 가꾸어 가시기를 바랍니다.

■ **강 휘 생**

김철민 교장선생님께

세월이 유수와 같다더니, 정말 그런가 봅니다. 도산중학교 교장 선생님으로 부임하셨다는 소식 들은 지가 바로 엊그제 같은데, 이제 정년퇴임이라니요. 세월이 너무 빠르게 지나간 것 같아 아쉽습니다.

김 교장. 그 동안 참 수고 많으셨습니다. '선생님' 이라는 자리는 그 어느 자리보다도 어렵고 힘든 자리입니다. 그 책임 또한 막중하지요. 나라의 미래를 짊어질 어린 새싹들을 가르치는 자리가 아닙니까.

김 교장은, 그러나 그 책임을 충실히 다 잘 감당하셨습니다. '선생님' 자리를 40여 년간 지켜왔다는 이 사실이 그걸 말해주고 있습니다. 40년이면 강산이 4번이나 변하는 긴 세월이지요. 그 긴 세월을 김 교장은 근면성실로 오직 이 나라 교육발전에 헌신했습니다.

나라에서도 김 교장에게 그 노고를 치하했습니다. 제25회 스승의 날에 '국무총리 상' 을 수상했으니, 이는 큰 영광이 아닐 수 없지요.

1972년 《아동문학》 동화 당선. 한국아동문학창작상, 김영일아동문학상, 한국아동문학작가상 등 수상. 동화집 《해를 그리는 누나》 《엄마 이발사》 《전학 온 아이》 《그거 내가 그랬어》 등, 동시집 《여자친구》 《예뻐지려고》. 한국문인협회 · 국제펜클럽 회원. 한국아동문학연구회 부회장, 한국아동문학회 부회장

김 교장, 축하드립니다. 정년퇴임을 진심으로 축하드립니다.

나는 김 교장을 '교육자' 로서뿐만 아니고, '아동문학가' , '시인' 으로서도 성공한 사람이라고 누구에게나 말하고 싶습니다. 김 교장은 등단 이후 누구보다도 열심히 작품 활동을 해 왔습니다. 동시집 《소꿉친구랑 얼굴 웃음》, 시집 《언제나 내게 소중한 당신》 등 많은 저서를 냈지요.

김 교장이 노랫말을 쓴 '통일의 그 날' 은 초등학교 5학년 음악교과서에 실려 아이들이 즐겁게 부르고 있습니다. 참 기쁜 일이지요. 그리고 《국제시인사전》에 김 교장 이름이 등재된 걸 보고 내가 얼마나 기뻐했는지, 김 교장은 잘 모르실 거요.

김 교장, 한 가지 부탁이 있소. 56년의 역사를 자랑하는 '한국아동문학회' 를 창설한 아버지(고 김영일 선생)의 문학 정신을 기리고자 김 교장이 "김영일 아동문학상"을 제정했을 때 많은 아동문학 가들이 큰 찬사를 보냈소. 그리고 "김영일 아동문학상" 운영 10여 년 동안 김 교장은 이 나라 문학 및 예술증진에 큰 공헌을 했소.

김 교장. "김영일 아동문학상" 운영위원장 자리를 오래오래 맡아 주시요. 이 땅의 모든 아동문학가들이 내 뜻과 같으리라 믿소. 하늘에 계신 부친께서도 "네 아들아. 잘 하고 있도다." 기뻐하시고 도와주시리라 믿소.

김 교장. 이야기가 두서없이 길어진 것 같습니다. 교장 선생님 정년퇴임을, 문우의 한 사람으로 다시 한번 더 진심으로 축하드립니다.

앞으로는 아동문학가, 시인의 자리에서 더 더욱 빛을 내리라 기대해 봅니다. 한국문인협회 상벌위원, 한국아동문학회 부회장, 한국아동문학연구회 경남지회장 등 문단의 많은 직책에서도 뛰어난 능력을 유감없이 발휘해 주리라 믿습니다.

김 교장. 건강하시고, 하시는 일마다 다 큰 영광 있으시기를 빕니다.

—2010년 겨울. 강휘생 드림

■ **고향심**

친정오라버니 같은 김철민 선생님

동시작가이며 시인이신 김철민 선생님을 처음 뵌 지도 벌써 15년이 넘었습니다. 늘 보아온 선생님의 모습은 체육교사로서 건강한 체구와 투박한 경상도 사투리 그리고 작은 것이라도 나누기를 즐겨하는 친절한 사람이라는 것입니다.

또한 부친이신 고 김영일 작가의 뒤를 이어 문단에서 열심히 활동하며 5월 부친의 기일을 맞아 김영일아동문학상을 제정하여 2010년도엔 벌써 11회째로 많은 작가들께 상을 주어 격려하였습니다. 시상식장에 거의 빠지지 않고 참석한 필자가 지켜보는 가족들의 화목은 본받을 만한 자랑거리이며, 자리에 함께한 사람들에게 통영에서 손수 만들고 준비해 온 다과를 베풀며 축하의 자리를 마련하는 마음 씀씀이가 인간미 넘치는 그 아버지의 그 자녀들. 이 시대에 보기 드문 지극한 효성이라는 생각이 든답니다.

여흥의 자리에선 언제나 즐겨 부르는 아버지의 동요, '방울새'와 '다람

1995년 아동문학연구회 동시 신인상, 2005년 《문학과 어린이》 동화 당선. 발표 동화와 동시 다수. 한국문인협회, 아동문학회, 아동문학연구회, 동요음악회, 풀꽃아동문학회, 백마문예 등에서 문단활동. 현재 한국문협 은평지부 사무국장으로 일하고 있음.

쥐' 를 부를 때면 박자와 음정을 맞추지 못하는 덩치 큰 천진스런 소년의 모습에, 모두들 박장대소拍掌大笑하며 노래를 잘한 사람보다 더 즐거운 자리를 만들곤 하지요. 유행가를 잘 부르지 못하는 김철민 선생님은 아버지의 동요가 없었다면 아마도 내가 생각하는 원초적인 음악이라는 장르가 무용지물無用之物이 되지 않았을까? 하는 우스운 생각을 해봅니다. 투박하고 좀 거친 듯한 말솜씨와 무거운 몸에 비해 꼼꼼한 성격과 달필은 선생님의 따뜻한 마음씨를 엿보이기에 충분하다는 생각이며, 매사에 적극적인 사고와 성실함으로 참된 교육자요, 건강한 체육인, 선진 문화예술인이라 여겨집니다.

외모로 보기에는 아직 4,50대 나이에 들지 않았나 싶은데 벌써 정년의 나이. 교직에서 물러나야 할 시기라고 하시니 아쉽기도 하지만 축하할 일인 것 같습니다. 만약 인생을 나무에 비유한다면 선생님은 지금 열매가 익어가는 황금의 시간이 아닐까요. 40여 년간 교직생활에서 비바람과 눈보라 더러는 뜨거운 햇볕을 받아가며 꽃을 피우고 열매를 맺어 이제 빨갛게 혹은 노랗게 익어가는, 하여 누구나 보면 기쁘고 가슴 벅찬 황금열매를 매달았습니다. 그동안 수고 많으셨습니다.

앞으로 통영으로 여행가면 더 멋진 안내자가 되어 주세요. 살고 계신 고장인 통영은. 동양의 나폴리요 세계 5대 미항이라는 자랑에 침이 마르지 않은 애향심은 가히 통영사랑 전도사라 해도 옳을 것입니다. 지인들에게 언제라도 통영에 오면 전화하라고 광고를 하시잖아요.

"니, 통영 또 안 오나? 통영에 오면 내가 정말 멋진 곳 안내해 주마." 하시며 통영여행을 주선하셨죠. 몇 년 전 새해 첫날의 추억이 떠오릅니다. 뼛속까지 냉기가 스며드는 한겨울, 그것도 첫새벽에 사모님과 함께 해맞이여행 안내자로 나오셨던 기억이 생생합니다. 친정오라버니 같고 학교선배 같은 김철민 작가 선배님, 늘 건강한 모습으로 그곳에 계시면서 통영의 역사와 함께 하시며 글쓰기에 매진하여 문학예술에 이바지하는 훌륭한 인사가 되어주십시오.

이제 다시 시작이라는 제2의 인생을 맞아, 더 멋지고 아름답게 펼쳐지는 선생님의 앞날에 무궁한 영광과 축복이 있기를 빕니다. 더불어 신년 1월에 있을 한국문협 임원선거에서도 아동문학분과위원장으로 당선되시기를 기원합니다.

—역촌동에서 문단 후배 고향심 올립니다.

■ **권석순**

다섯 번의 만남

나는 김철민 선생님과 34년 전에 만났다. 그때부터 우리는 다섯 번 만났다. 우리의 주 화제는 김영일 회장님이셨다. 그것은 내가 〈김영일 아동문학 연구〉로 박사학위를 받았기 때문만도 아니다. 한 마디로 김철민 선생님은 효자였기 때문이다. 그가 얼마나 자신의 아버지인 김영일 회장님을 사랑하는지, 그 진정성을 그와 만날 때마다 나는 느낄 수 있었다.

첫 번째의 만남은 1977년 7월 30일이었다. 나는 강화도에서 열리는 제7회 한국아동문학 세미나에 참석했다. 그 당시 김철민 선생님은 김영일 회장님의 건강을 염려해서 따라온 그분의 둘째아들에 불과했다. 그는 세미나에 참석한 사람 중 아동문학가가 아닌 단 한 사람이었지만, 둥글둥글한 그의 첫 인상만큼이나 서스럼없이 회원들과 잘 어울렸다. 내 기억으론, 김철민 선생님이 나에게 다가와서 처음 꺼낸 얘기도 내가 김영일 회장님께 보내드린 목도리에 관한 것이었다. 털실로 직접 짜서 선물했던 나를 고마워하던

아동문학가, 평론가, 문학박사. 1976년 강원일보 신춘문예, 1986년 《월간문학》 신인상 등단. 김영일아동문학상, 한국아동문학작가상 외 수상. 저서 《감꽃 목걸이》 외. 현재 동해문인협회장, 강원대학교 출강

그의 모습에서, 나는 이미 그가 효자인 것을 읽고 있었다.

두 번째의 만남은 2003년 12월 9일 강릉에서였다. 첫 만남 후, 26년 만이었다. 나는 스물다섯 살의 시골 선생에서 어느 새 중년 여인이 되어 있었고, 늦깎이 대학원생이 되어 있었다. 합천중학교 체육교사였던 김철민 선생님은 거제교육청 장학사가 되어 있었다. 김철민 선생님은 고등학생들을 인솔하여 강릉을 지나는 길에, '김영일 동시 연구' 라는 제목으로 석사학위 논문을 준비 중인 내게 도움을 주기 위해 잠깐 시간을 내 준 것이었다. 그러고 보니, 그때도 우린 그 짧은 시간 동안 김영일 회장님의 얘기를 많이 한 것 같다. 가장 기억에 남는 얘기는 그가 교사가 된 이유였는데, 그것은 사범대학교에 진학하기를 바라는 부모님의 뜻을 따랐기 때문이란다. 그리고 그는 김영일 회장님이 더 오래 사실 수 있도록 신경을 써 드리지 못한 점이 가장 후회스럽다고 했는데, 그 얘기 중에서도 그의 효심이 묻어났다.

세 번째의 만남은 2007년 5월 12일, 내가 제8회 김영일아동문학상을 받을 때였다. 4년 만의 만남이었다. 서울의 대한출판문화회관 강당에 들어서면서, 등허리에 땀이 흠뻑 젖어 있는 김철민 선생님을 만났다. 행사 준비를 위해 애쓰는 모습을 보는 순간, 수상자로서 죄송한 마음이 앞섰다. 김철민 선생님의 효심이 바탕이 되어 제정된 김영일아동문학상이 성대하게 거행되면서, 나는 하늘나라에 계시는 김영일 회장님이 자못 부러웠다. 그리고 그리웠다.

네 번째의 만남은 2007년 8월 4일 동학산장에서였다. 그곳에서 제37회 아동문학 세미나가 열렸기 때문이다. 한국아동문학회 행사에 잘 참석하지 못했던 미안한 마음으로 행사장에 들어섰을 때, 김철민 선생님은 사회를 보고 있었다. 그러나 다음날, 동해에서 열리는 '수평선 축제' 행사 때문에 나는 아침 일찍 동학산장을 나서야 했다. 비가 추적추적 내리는 아침에 자가용으로 나를 터미널까지 바래다주는 김철민 선생님과 또 김영일 회장님 얘기를 나누었다. 그 당시 나는 '김영일 아동문학 연구'를 박사학위 논문 제목으로 정하고 발표할 준비를 서두르고 있을 때였다.

다섯 번째의 만남은 2008년 8월 11일, 통영에서였다. 동해문인협회 문학기행지가 통영이었기 때문이다. 그때 김철민 선생님은 기꺼이 안내를 맡아 주셨다. 통영의 명소를 알뜰살뜰 안내해 준 덕에 지금도 동해문협 회원들은 김철민 선생님을 고마워하고 있다. 뿐만 아니라 그가 김영일 회장님의 아들이라는 사실을 알게 된 회원들은, 동해로 돌아오는 찻간을 동요로 채우면서 해맑게 웃을 수 있었다.

나와 김철민 선생님과의 만남을 다섯 번의 이어주었던 김영일 회장님. 그분의 천진한 모습을 쏙 빼 닮은 김철민 선생님이 이제 교단을 떠난단다. 영광스럽게도 정년을 맞아……. 이제는 정년이 없는 '문학'에 정열을 쏟을 테지. 김영일 회장님의 자랑스러운 아들로, 김영일 회장님의 뒤를 이어 이 땅에 아동문학을 꽃피우려 큰 걸음 내 딛겠지……. 그는 효자니까.

■ 김동진

혼신을 바친 교육인생 40년

아동문학가이며 도산중학교 교장이신 김철민 선생님의 정년퇴임 기념문집발간을 축하드립니다. 그 혼신을 바친 교육인생 40년을 마감하면서 각계의 저명인사들로부터 글을 받아 문집을 낸다니 의미가 남달라 보입니다.

내가 아는 김철민 선생님은 아직 건강은 청년 못지않고, 열정 또한 누구에게 뒤지지 않습니다. 국가가 정한 교육정년은 마감하지만 자신이 정하는 인생의 정년은 이제부터가 시작입니다. 늘 해왔던 연속적인 일을 벗어나 보면 어제 보던 구름도 어제 만나던 사람도 새롭게 보일 것입니다.

특히 선생님은 시인이며 아동문학가이므로 더 깊은 사유를 통한 작품활동에도 매진할 수 있으리라 여겨집니다. 또한 부친인 아동문학가 김영일 선생의 유업을 받드는 일도 열심히 해 왔습니다. 김영일 아동문학상을 제정하여 시행해 오는 한편, 선생이 남긴 작품들도 잘 보관하여 그 문학적 업적을 기리는 일에도 적극 나서고 있습니다. 김영일 선생의 동시들은 통영이 낳은

연세대 경제학과 졸업. 제15회 행정고시 합격. 재무부 국제관세과장, 외자관리과장, 스위스제네바 대표부 재무관, 경남경제정책보좌관, 통영4대, 7대 민성시장(현). 국무총리, 대통령 표창. 저서 《다시 출항의 돛을 올리고》

세계적인 음악가인 윤이상 선생의 곡으로 작곡되었기에 언젠가 다른 빛깔의 옷을 입고 세상에 드러날 것입니다.

지금도 김철민 선생님은 통영의 곳곳을 찾아다니며 자신의 시들을 전파하는 일을 게을리 하지 않습니다. 그런 정신이 문화도시 통영을 변화시키는 원동력이라 생각합니다. 변함없는 열정으로 청년 김철민의 삶을 가꿔가시기를 기원합니다. 다시 한 번 김철민 선생님의 정년퇴임을 축하드리고, 늘 건강이 함께 하기를 빕니다.

■ 김 영 수

백마강에 띄운 편지

— 김영일 선생님을 기리며

1. 첫 만남

국립대전사범학교에 입학한 나는 초등교사가 되기 위한 수업을 받았다. 그 당시 사범학생에겐 무용시간이 있었다. 맨 처음 배우는 동작이 외국곡에 붙인 '나가자 동무들아/ 어깨를 걸고/ 시내 건너/…' 를 부르며 팔을 옆으로 위 아래로 즐겁게 흔들며 뛰고 닫는 동작이였다. 이 노래가 끝나면 '방울새' 노래다. 김영일 선생님이 짓고 김성태 선생님이 곡을 지은 〈방울새〉다.

시골집 울타리 따라 조그만 방울 같은 진밤색 새들이 떼지어 날아다니는 모습은 참 예쁘고 귀여웠다. 그래서 어린이들도 즐겨 부르며 교사가 된 뒤에도 나는 열심히 무용과 함께 가르쳤다.

방울새야 방울새야

《아동문예》, 《한국시》로 등단. 한국아동문학 작가상 수상. 동시집 《해님의 전화》 《아기새와 꽃바람》, 시조집 《그리움이 꽃피는 뜨락》 외 다수. 한국아동문학회, 한국문인협회, 한국아동문학작가회, 한국펜클럽 회원. 대전시조시인협회장

쪼로롱 방울새야
간밤에 고방울
어디서 사왔나
쪼로롱 고방울
어디서 사왔니

방울새야 방울새야
쪼로롱 방울새야
너 갈제 고방울
나 주고 가렴
쪼로롱 고방울
나 주고 가렴…

위 노래 말고도 '가을, 고드름, 꼬아리, 나팔 불어요, 노랑꽃 하나, 눈, 다람쥐, 대한의 아들, 비누풍선, 썰매타기, 아기방울, 위문편지…' 등 많은 선생님의 글을 읽고 쓰며 풍금을 치면서 가르치면서 선생님의 글과의 첫 만남은 어린이의 글을 노래로 가르치면서 글과의 만남이 이루어지고 선생님을 동경하며 언제쯤 만날까 하고 기다렸으며 공교롭게 내 이름과 끝자 한자가 달라 더욱 선생님의 작품을 찾아 읽고 노래도 부르며 가르치기도 했다. 특유의 겹친 말들이 씌여 읽기 쉽고 동심적 요소가 많은 것도 이유였을 것이다.

나와 선생님과의 첫 만남은 작품이었고 이 글을 쓰는 지금도 '방울새' 와 '다람쥐' 를 캇노래로 부르며 쓴다.

2. 백마강에 띄운 편지

1970년대 우리 충남아동문학회가 발촉되면서 적극적인 활동에 들어간다. 당시 한상수, 구진서, 김영수, 정만영, 유종슬 등 많은 글짓기 지도교사와 아동문학 애호가가 모여 갖가지 행사를 가지며 세미나와 강연회 시화전을 가졌는데 세미나 때마다 서울에서 선배 문인을 초청했다. 당시 사무국장을 맡은 나는 첫생면으로 김영일 선생님을 대면할 기회가 주어졌다. 옛 백제의 도읍지 부여 세미나에 김영일 선생님을 모시기로 했기 때문이다. 그때만해도 유일한 교통수단은 논산역에서 버스로 가거나 아니면 서울에서 버스로 공주를 거쳐 오는 방법이다. 우리는 부여 시내에서 세미나를 마치고 현장 견학으로 당시 충청남도 도청에 근무하던 고 이덕영 시인의 안내로 부소산을 오르기로 했다. 오르기 전 부소산 기슭에 아담하게 지은 이석호 문화원장 댁을 방문하기로 했다. 그 분은 백제역사 유물을 연구하며 일본인과도 교류가 많아 선생님께서도 퍽 좋아하셨다.

우리는 모처럼 만나 뵙고 일본식 녹차 대접을 받으며 설명을 들었다. 특히 향기로운 녹차 향기와 곁들여 내놓은 일본 과자의 별미를 처음 느꼈다. 고유의 일본식 다과대접을 받았다. 특히 이석호 원장님은 와당(백제와당)과 수석을 많이 몽아 놓으셨고 한 점 한 점 자세한 설명에 우리는 심취되었다.

우리 동심이 가득한 아동문학가의 만남에 이석호 원장도 흐뭇하고 즐거운 마음으로 우리들에겐 백제 와당의 탁본을 몇 점씩 나누어 주셨고 내가 기억하기론 언제나 들고 다니시던 검은색 손가방(오리가방)에 자기가 아끼던 수석인가 와당 한 점을 선물 한 것으로 알고 있다. 문밖을 나와 산새소리 솔바람소리 가득한 영일대를 거쳐 백화점으로, 백화점을 거쳐 삼천궁녀가 꽃잎처럼 몸을 던졌다는 낙화암에서 은빛 백마강을 바라보시며 옛 고향이야기를 들려주셨다. 고행의 편지를 백마강에 띄우는 선생님의 모습은 동심으로 돌아가셨고 얼굴엔 웃음 가득하셨다. 때마침 맑은 물에 새하얀 구름도 편지처럼 물따라 흐르는 듯했다. 잠시 옛생각을 접고 고관사에 들러 방울방울 모아진 파릇한 고란초가 물에 비친 샘물 한 모금을 나누며 아동문학과 서동요를 생각하며 우리 충남아동문학회의 세미나를 빛내주신 선생님의 강의와 그날의 추억은 잊을 수 없다. 나는 도중연님 박화목님 그리고 전국의 아동문학가와의 만남이 잦아지고 우리 충남은 당시 동화작가가 많았다. 한상수, 구진서, 정만영, 김영훈, 소중애, 김정헌 등 많았으나 동시쪽이 약한 편이었다. 김영일 박화목 선생님과 인연이 되어 세미나를 마친 뒤 권영관, 김홍수, 김영수, 유종슬, 송근영, 구재기 등 많은 동시인이 등단되고 나도 회장도 되고 전국 임원도 되면서 한국아동문학세미나에서 전국의 문인들은 만나게 되고 우리 충남대전에 거주하는 회원들도 많이 참가하고 작품발표 세미나 주제발표 등도 하며 유성온천을 중심으로 계룡산 동학사에서 전국세미나도 자주 가지게 됨은 오직 김영일 선생님이 대전 작가들과 만남과 그 뒤에 박화목 회장과의 깊은 인연이 맺어진 것으로 안다. 아마 지금도 낙화암 바위에 앉아 백마강을 맑은 날에 바라보면 그때 띄운 김영일 선생님의 모습이 떠오를 것만 같다.

3. 다시 만난 선생님

선생님을 잊고 교단과 전문직으로 바쁜 나날에 전국 세미나에서 다시 선생님을 만나게 된 것이다. 바로 김철민 선생님 많은 작품을 복사하거나 코팅해서 나누어 주고 김영일 선생님의 아들이라는데 다시 호감을 가지고 만났다. 스카우트 훈련교수로 있는 내가 통영에 스카우트 가족들이 많고 거제도에 옥미조 시인과 이영호 거제고등학교 교사이며 시인이신 생활문학 발행인이신 분으로 60년대 《벽아》라는 동인지로 나와 인연이 되어 그곳에 살고 계신 김철민 선생님과도 더욱 관심이 있는 것 같다. 만나면 따스하게 손 잡고 다정하게 다하는 모습이 선생님을 뵙는 것 같기도 했다. 나와 함께 아동문학 작가상도 받고 함께 걷고 있다. 아버님의 뜻을 기리기 위해 문학상도 만들고 창작활동도 열심히 하고 있다. 나와 글자 한 자 다른 이름 김영일, 김영수. 어쩌면 지금도 방울새야 방울새야 쪼로롱 방울새야 나는 방울새가 되어 간방에 고방울 어디서 사왔는지 그 시의 생각 그곳의 이미지 무엇을 어떻게 표현해야 하는지 방울새처럼 숲 사이 풀섶을 헤집고 다니고 있는지 모르겠다.

김철민 선생님을 만나면 방울새가 대답하지 아니한 그 말씀을 전해 줄 것만 같다. 나는 부럽다. 아버지의 뜻을 이어 아동문학의 터를 튼튼히 다지는 선생님의 앞날에 많은 노래가 불리워 지길 바라며 김영일 선생님과 김철민 선생님의 얼굴을 하나로 합쳐 보며 그 곳에 내 이름 석자도 넣어 보고 있다.

참 부끄럽디. 선생님처럼 훌륭한 작품이 아직까지 써지지 않기 때문이다. 통영의 바닷물에 김영일 선장님의 노래가 울려 퍼지길 빈다.

■ **김 영 채**

열정적인 삶으로 행복을 가꾸는 사람

세상을 사는 동안 행복과 불행, 즐거움과 고달픔을 수없이 느끼며 살아가지만, 아침에 눈뜨면 나를 필요로 하는 곳이 있고, 내가 할 일이 있다는 사실만큼 우리를 기쁘게 하는 일은 없을 것이다. 그러나 우리는 평소 직장이나 자신의 일에 대한 소중함을 모르고 산다. 마치 우리 주변에 항상 존재하는 공기처럼….

직장생활이란 끝이 있기 마련이어서, 누구에게나 그만두어야 하는 때가 있다. 이번 학기를 마지막으로 정년퇴임을 앞둔 김철민 교장선생님. 그는 어쩌면 아동문학가나 시인 김철민 선생님으로 더 알려져 있는지도 모른다.

평소 그를 떠올릴 때면 이분이야말로 참 '복 많은 분' 이라는 생각이 든다. 영광스런 정년퇴임에 이르기까지 제자를 가르치는 교직자로서의 보람에다, 아동문학가로서 활동하는 즐거움까지 더한 분이 아닌가? 두 가지 인생사는 재미를 마음껏 누려왔으니, 이 얼마나 행복한 삶인가? 그보다 더 부

경남대학교 교육대학원 교육학 석사. 학생교육원 교육연구사, 경남교육청 장학사, 진영제일고등학교 교장, 경남교육청 평생직업교육과 과장. 현, 경상남도통영교육지원청 교육장

러운 사실은 교직을 떠난 후에도 아동문학가나 시인으로서의 삶은 끝없이 이어질 수 있다는 점이다.

그는 1971년 중등 체육교사로 교직에 첫 발을 내디딘 후 약 40년의 긴 세월을 투철한 교직관과 사명감으로 2세 교육에 헌신해오면서, 학생 체육지도와 청소년단체 활동 및 문예활동 등 다방면에서 교육발전에 기여해 오신 분이다.

젊은 시절 약 20년에 걸쳐 전국소년체전 등 각종 체육대회에서 탁월한 지도 수많은 우수선수를 배출하여 경남체육발전에 공헌한 일은, 체육교사라는 그의 전공교과와 관련해볼 때, 어쩌면 크게 놀랄 일이 아닌지 모른다.

그러나 아동문학가, 시인으로서의 또 다른 삶을 살아온 체육교사 김철민의 인생에 대해서는, 감동과 존경의 마음을 감출 수 없었다. 어디에서 그런 감성과 순수함이 우러나며, 주옥같은 작품을 쏟아내는 창작의 열정은 어디에서 샘솟는지….

들은 바에 의하면, 아동문학에 대한 그의 재능은 아동문학가이자 부친이신 김영일 선생님의 영향이라 생각된다. 타고난 재능에 열정을 더해 1990년부터 우수한 작품들을 발표하여 왔고, 한국아동문학작가상 및 창작상, 영남 · 경남아동문학 우수작품상, 21세기한국문학회 본상, 세계 계관시인 통일 본상 등의 다양한 수상의 영광을 차지하기도 차지하였다.

특히 1998년 IMF 당시 "아빠 힘내세요"를 작사하여 전국 시 · 도교육청에 배포함으로써 가족해체의 위기 극복에 앞장섰고, 동시집 《고향 길》을 비롯하여 《별과 등대》, 《꽃 편지》, 《쿠베르탱》 등의 저술활동에 힘쓰는 한편, 국제펜클럽 한국본부이사, 한국문인협회 상벌위원 및 한국아동문학회 부회장 등 문학단체 활동에도 남다른 열정을 쏟아왔다.

또 한번 주목할 일은 아동문학가로서의 재능을 교육활동에 접목하여 일구어낸 성과이다. 2006년 9월 도산중학교 교장으로 부임한 이래, 학생을 대상으로 한 동시 및 글짓기지도에 힘썼고, 교사 · 학생 · 학부모가 함께하는 편지쓰기 대회를 개최하여 문화 소외지역 농어촌학교에 잔잔한 감동을 불러일으켰다. 그 외에도 폐품을 활용한 시화전, 지역학부모대학 개설 등 교육공동체와 함께하는 교육활동을 의욕적으로 펼쳐 공교육에 대한 신뢰 회복에도 큰 성과를 거둔 바 있다.

교직자와 아동문학가라는 두 가지 소명에 충실한 결과로, 2008년 11월 한국교육삼락회총연합회의 한국사도대상, 2009년 3월 사단법인 남강문화재단의 남강교육상 수상이라는 영광을 안았고, 그 상금을 고스란히 불우이웃돕기에 쾌척하는 따뜻한 인간애를 발휘하여 그 감동을 배가시켰다.

아동문학가의 운명을 타고 나신 김철민 교장선생님. 할 일이 많아서 행복한 분, 퇴임이후에도 더욱 열정적으로 살아가실 분이다. 건강과 건필을 기원하며 앞날에 더 큰 행복과 영광 누리시기를 소망합니다.

■ **김 영 훈**

아동문학, 대를 이어 지켜온 김철민 교장의 뚝심

그 바로 그이, 김철민 교장 그는 한국의 나폴리라 일컫는 미항 통영에 가면 만날 수 있다. 어린이를 위한 동시와 성인을 위한 시를 함께 쓰는 시인으로서, 교육자로서 그리고 체육인으로서도 그곳 통영에 가면 익히 알려진 명사가 김철민 교장이다. 그를 보면 첫인상이 호쾌하다. 정말 사나이답고 시원시원하다. 또 부리부리한 눈망울에 단단한 체구가 누구든지 함부로 범접하지 못하게 하는 카리스마도 있다. 그러나 한 문학단체의 회원으로서 그리고 교육의 길을 묵묵히 같이 걸어온 교육자로서 또 아동문학을 하는 문우로서 그는 나에게 동질감을 느끼는 귀한 존재이다. 어떤 일에 집중하는 열정과 집념 때문이다.

사실 나는 그를 알기 전에 그의 부친인 석촌 김영일 선생님부터 문학의 대선배로 모신 사람이다. 동시 〈방울새〉와 〈다람쥐〉로 잘 알려진 석촌은 이 땅에 아동문학의 씨를 뿌리고 중흥시키신 장본인이시다. 많은 아동문학인

동화작가. 월간 《아동문예》를 통해 문단에 나옴. 해강아동문학상, 김영일아동문학상, 대전광역시문화상 외 수상. 한국아동문학회 부회장 · 대전충남아동문학회장 역임. 작품집 《꿈을 파는 가게》 외 13권. 현재 솔뫼마을에서 한국아동문학연구소를 차리고 일함. 공주교육대학교 강사

이 이 땅 위에서 얼굴을 내밀었지만 감히 석촌과 비견될 사람이 몇이나 있을까 하는 정도로 대단한 분이다. 게다가 위엄까지 지니셨던 석촌은 문학성으로나 권위로나 우리 아동 문단에서 추종을 불허한 분이셨다.

내가 '80년대 초, 동화를 쓰기 시작하면서 당시 한국아동문학회장이셨던 석촌 김영일 선생님을 특히 인상 깊게 뵌 것은 전라북도 남원 광한루에서 가졌던 제13회 한국아동문학세미나에서였다. 당시 우리 회원들은 석촌 선생님을 흠모하는 마음으로 따랐다. 그분의 둘째 아들이 김철민 교장이다. 어느새 그도 그동안 몸담았던 교단에서 도산중학교장을 마지막으로 정년을 할 만큼의 경륜과 나이가 되었다. 아무 탈 없이 교단에서 후진 양성에 평생을 보내고 영예롭게 정년을 하는 김철민 교장에게 진심으로 축하를 드린다.

나는 처음에 김철민 교장을 지면을 통해 자연스럽게 만났다. 그러다가 각종 모임에서도 자주 만났었는데 앞에서 말한 것처럼 그의 의협심, 그리고 한 가지 일에 몰두하는 집념과 열정에 반한 것이다. 얼마 후에는 김철민 교장이 선친에 대한 자부심이 대단한 걸 느꼈다. 그 후로도 나는 '당신' 의 아들로서 부끄럽지 않게 살아가려고 노력을 하는 그의 모습을 자주 볼 수 있었다. 그런 그의 모습이 참 좋아 보였다.

반면에 가만히 들여다보면, 그는 개인적으로 아주 세심하고 잔정이 많은 이다. 내가 통영에 들렀을 때 그걸 알았다. 지난해였다. 바로 제39회 한국아동문학세미가 통영에서 개최되었기 때문에 나는 김철민 교장과 1박2일 동안 함께 지냈다. 그는 자기를 희생하면서 정말 헌신적으로 문학 선후배를 위하여 몸을 바치고 있었다. 여름 폭염 속에서 구슬땀을 흘리면서도 세미나를 주관했고, 통영의 관광명소를 자세히 해설도 해 주었다. 그밖에도 숙소를 지정해 잠자리를 편하게 해주는 등 행사를 원만하게 치르려는 치밀함을 보여주고 있었다. 그러는 동안에도 그가 선친인 석촌에 대한 끈을 잡고 있으면서 강한 자부심을 가지고 있다는 걸 느낄 수 있었다.

그 후에 개인적으로 한번 더 김철민 교장을 통영에서 만날 수 있었다. 그가 근무하고 있는 학교를 방문했었다. 그가 교장으로 근무하고 있는 도산중학교는 통영 구도심에서 신시가지로 가다가 잠시 벗어나는 듯한 자리에 위치한 규모가 좀 작고 아담한 학교였다. 나는 학교를 돌아보면서 그의 체취가 학교 실내외에 진하게 반영되어 있었고, 특히 그의 문학 혼이 잘 배여 있었다는 걸 알 수 있었다. 그는 나를 동반하고 교내외를 순회 하며 교육자로서 교육 철학이 깃든 관점으로 학교 경영에 대하여 자상하게 설명해 주었다.

그의 자상함은 여기에 그치지 않았다. 퇴근하면서 나를 태우고 시내 관광을 시켜주었다. 도산중학교에서 출발한 후에 빼어난 관광코스를 지나면서 통영을 보여주는 점입가경 속으로 나를 인도했다. 그는 명소에 들를 때마다 차에서 내려 해설을 곁들여 주었다. 그의 설명은 빼어난 미항, 통영을 더욱 아름답게 했다. 그 중에서도 달아공원에서 바라보는 낙조는 나를 황홀하게 했다. 또한 해저터널과 통영대교의 풍경도 아주 대단했다. 김철민 교장은 하나하나 짚어가면서 통영을 푸짐하게 소개해 주었다. 박경리공원이나 청마 유치환 문학관은 소도시 통영을 더욱 품격 있는 도시로 승화시키고 있다는 사실도 그의 해설을 통해 알 수 있었다.

이제 정년을 하면서 더욱 한국아동문단을 위해 헌신하고 싶다고 말하는 김철민 교장이다. 우리 아동문학 장르가 분화 된 것이 다른 장르에 비해 좀 늦다. 게다가 문학의 예술성과 함께 버금갈 정도로 교시성에 치중하는 특수 문학이다 보니 혹자는 문학의 범주에서 약간은 아웃사이더일 수밖에 없다는 오해가 아직도 잔존하는 상태이다. 그러나 동심을 바탕으로 한 아동문학이 오히려 타 장르보다 더 정제되고 순수한 문학이라는, 그래서 인간의 정서 함양과 예술혼이 맑고 아름답게 자리를 잡아야 하는 값어치 있는 문학이라는 것을 아는 이는 다 안다. 아니 알아야 한다. 다만 주독자인 어린이가 아직은 발달단계에 있는 미성숙, 미분화 된 상태에서 지적, 신체적인 발달기이고, 그보다 인성을 형성하는 과정 중이라서 극단적인 사상이나 감정 이입을 해서는 안 된다는 것을 인지해야 한다.

나는 김철민 교장 그가 이제 정년을 하고 나서 선친인 석촌 선생의 그 순수하고 깨끗한 문학정신, 선비정신을 이어받아 이 땅의 아동문학 발전에 또 다른 초석을 세우리라 확신한다. 다시 말하지만 그는 늘 선친에 조금도 부끄럽지 않은 아동문학인이 될 것을 자주 피력했던 사람이다. 선친의 정신을 계승하기 위하여 김영일아동문학상을 제정하고 올해로 벌써 11회의 연륜을 쌓았을 뿐만 아니라 작곡가 윤이상씨가 곡을 붙인 김영일 노랫말들을 정리하여 김영일 문학을 정리한다는 측면에서 이를 보물로 간직하고 있는 아들이다.

어느 분야든 대를 이어 선친의 정신을 계승해 나간다는 것은 참으로 어려운 일이다. 특히 인간의 정서를 순화시키고 가치관을 갖으며 진선미를 추구하는 문학예술을 계승한다는 것은 쉽지 않다. 그런데 김철민 교장 그는 이 작업을 해내는 뚝심을 발휘하면서 선친의 이름을 빛내는 후손으로서 자리를 잡아가고 있다. 바라기는 김철민 교장이 생전에 주옥같은 작품을 빚어내어 정말 이 땅의 어린이는 물론 모든 이들에게 동시 〈방울새〉와 〈다람쥐〉를 넘어서는 정신적 문화유산을 이 땅에 남길 수 있기를 바란다. 정년을 다시 한 번 더 축하한다.

■ 김 용 섭

송공의 말씀

—존경하는 김철민 선배님께

사랑과 소망의 반석 위에 백 년 샘물을 길어올리며 묵묵히 걸어오신 사도師道의 길 40여 년-. 어린 청소년들에게 미래를 걸고 꿈과 희망을 심어주며 오로지 지극한 사랑과 열정으로 하루하루를 엮어온 지 어언 40여 년-.

다사다난한 삶의 뒤안길에서 온갖 영욕과 허영의 유혹을 물리치고 오직 한 길 사도의 바다에서 꿋꿋이 스승의 길을 걸어오신 선생님-. 묵은 밭을 일구듯 어린이들의 메마른 심성에 단비를 듬뿍 뿌려 참사랑을 심어 주시던 김철민 교장선생님-.

특히나 수십여 년을 하루 같이 이 나라의 아동문학과 학교의 문예 중흥을 위해 힘써 오신 그 열정은 하늘을 이루고 바다를 이루고도 남음이 있습니다. 학교의 뜨락에 놓여진 돌멩이 하나, 풀 한 포기에 이르기까지 선생님의 손길이, 눈길이 아니 미친 곳이 없고 씨를 뿌리는 열정으로 일관하신 그 흔적들은 훗날 분명 탐스럽고 큰 열매를 맺을 것입니다. 더욱이 1년을 하루

2002년 한국아동문학 작가상 수상. 동시집 《산여울 강여울》 《봄을 그리는 수채화》 《꼬마물떼새》 《해와 바람의 선물》, 동화집 《학소리의 아이들》, 소년소설 《벌거숭이 삼총사》 《창이의 미소》, 글짓기 지도서 《글나라 꿈동산》. 현재 한국문인협회, 국제펜클럽 회원, 한국아동문학회 부회장

같은 심성으로 따스한 손길로 베풀어 주신 교직원과 후배들에 대한 훈훈한 사랑과 자상한 배려는 잊지 못할 것입니다. 불우 학생에 대한 각별한 배려도 감동어린 여운으로 곳곳에 눈송이처럼 남아 있습니다.

지는 해를 바라보며 여러 추억들을 떠올리노라니, 세월의 긴 흐름 앞에 빛나는 경륜을 흔적으로만 남겨두고, 이렇게 유능하고 훌륭한 교육자를 더 오래 붙잡아두지 못하는 아쉬움과 섭섭함에 허전함을 가눌 길이 없습니다.

존경하는 교장선생님, 사랑하는 선배님,

언제나 어질고 인자한 인품으로 한평생을 교단에서 후진 양성을 위해 애써 오신 그 흔적은 이제 자라나는 제자들의 성장을 통해 나타날 것입니다. 이미 사회 곳곳에서 헌신하고 있는 인재들은 모두가 선배님의 자산이요, 명예이며, 영광입니다. 선배님께서 일궈 오신 교육자로서의 그 위대한 삶을 저희는 오래오래 기억할 것입니다.

교육계는 물론 한국 문단에 남겨 놓으신 그간의 위대한 공로와 업적을 어이 말로써 일일이 형언하오리까마는 선배님이 일구어 놓으신 흔적을 바탕으로 후배님들이 그 열정을 이어받아 이 나라는 더욱 크게 발전하여 세계 속의 대한민국으로 우뚝 서리라 믿습니다. 일선에서 묵묵히 사도의 길을 걷고 있는 교육계의 후배들과 좋은 작품을 창작하기 위해 고심하는 후배 작가들을 늘 지켜 봐 주시고, 생각이 날 적마다 연락과 격려를 주셔서 도타운 우리의 옛정이 변함없이 이어가도록 부탁을 드립니다.

더불어 선배님의 타고난 건강과 열정이 식지 않고 영원하길 기원하면서 이 나라의 후배 교직원들을 대신하여 그간의 발자취에 대하여 충심으로 경의와 송공의 뜻을 전하고자 합니다. 현직에 계실 동안 제대로 대접 못 해드린 것이 못내 섭섭하여 몇 자 적어 보았습니다.

추구하시는 일마다 행운이 함께 하시고, 선배님의 가는 길에 늘 하나님의 가호가 함께 하시길 기원합니다. 내내 건강하고 다복하십시오.

—2010년 겨울 불초후배 김용섭 드림

■ 김 용 재

정년퇴임을 축하합니다

40여 성상을 교직에 헌신하시다가 교직을 떠나시는 당신의 정년퇴임을 진심으로 축하합니다.

김철민 교장선생님,

당신은 이 나라 교육의 횃불이요, 한국아동문학사에 길이 남을 금빛 날개였습니다. 교육 일선에서 아이들을 직접 가르치신 교사에서부터 교육행정의 실무적인 역할을 했던 장학사와 학교경영의 꽃이라고 할 수 있는 교장에 이르기까지 다양한 일자리에서 열정을 쏟으신 참 교육자이셨습니다. 거기에다 아동문학가요 시인으로서 꿈 많은 청소년들에게 문학적인 서정과 낭만을 심어주셨으니 어찌 범인과 비교하오리까.

특히 당신은 한국아동문학회를 창립하시고, 아동문학계의 거목으로 활동하셨던 석촌 김영일 선생님의 아드님이 아니십니까? 그 어르신의 한국의 대표작 장편동화 《꿈을 낚는 아이들》의 삼형제로 나오는 주인공이시기도

1976년 월간 《아동문예》 동화 2회 추천. 한국아동문학작가상, 한국아동문예작가상, 전북아동문학상 등 수상. 전북아동문학회 회장, 한국문협 익산지부장, 한국아동문학회 부회장 역임. 동화집 《춤추는 우주선》 외 11권. 이리모현초등학교 교장으로 퇴임. 현 한국아동문학회 지도위원, 한국아동문예작가회 자문위원

했죠? 그만큼 선친께서는 창작품에 자기의 삼형제 아들들을 등장시키는 사랑 많으신 아버지였습니다. 한국아동문학회의 주축이셨던 어르신의 아들 당신은 선친의 위업을 그냥 묻어버릴 수 없어 '김영일아동문학상' 을 제정하고, 그 운영위원장을 맡아 하시면서 한국아동문학 활동에 공을 남긴 작가를 찾아 매년 상을 주고 격려하고 계시니 아동문학계의 금빛 날개가 아닐 수 없습니다. '그 아버지의 그 아들' 이란 말은 당신을 두고 한 말인 듯합니다.

김철민 교장선생님,

당신은 시를 쓰고 동시를 쓰면서도 학교 교육에도 남다른 열정을 보이셨습니다. 특히 도산중학교 교장으로 봉직하시는 동안 아이들의 학력 신장과 특기 배양으로 도산의 얼을 만방에 드높였습니다.

이제 그 열정과 공을 뒤로 하시고 교직을 떠나시게 되었군요. 당신의 공훈은 교육계와 문단사에 길이길이 새겨질 것입니다.

■ 김 철 수

문학, 교육, 체육을 아우르는 만능인 김철민 교장

먼저 김철민 교장선생의 정년퇴임을 축하드립니다. 사람이 이 세상에 태어나서 한 가지 분야에 몰두하며 정열과 의지를 불태우며 꿈을 실현하다가 영예롭게 그 자리를 후배들에게 물려준다는 것이 결코 쉬운 일이 아니기 때문입니다.

그러나 오늘의 주인공인 김철민 선생께서는 교육자로서만이 아니라 저명한 아동문학가로, 그리고 체육가로 중등교육현장에서 꿈과 나래를 활짝 편 만능인입니다. 특히 김 교장님의 선친이신 고 김영일 선생님께서는 우리나라 문학사에 큰 획을 그으신 어르신으로 지금의 한국아동문학회를 친히 창립하신 분이기도 합니다. 우리나라 초등학교 음악교과서에 수록되어 수많은 사람들이 즐겨 부르던 〈다람쥐〉 동요나 '빛나는 졸업장을 가슴에 안고'의 노래를 대할 때면 생생하게 되살아나는 고 김영일 선생님이 떠오릅니다. 지난 1980년대 초 우연한 기회에 필자는 고 김영일 선생님과 고 박화목 선생님, 그리고 고향선배인 고 김신철 선생님을 한 자리에 모실 수 있는 기회

문학박사. 월간 《아동문학》 발행인, 美솔로몬대학교 예술대학장

가 있었습니다. 당시에는 감히 이 세 어른들을 직접 뵙는 것조차 영광스럽기만 했고 황송하기만 했습니다. 남도 땅 광주에서 하루를 보내며 지나간 옛 이야기들을 나누시며 정겹게 새까만 문학후배를 챙겨주시는 바람에 저는 얼마나 행복했는지 모릅니다. 그 후부터 해마다 여름이면 열리는 한국아동문학회 세미나 장소에서 다시 뵈올 때 마다 아동문학을 하는 보람과 긍지를 마음껏 키우며 성장할 수 있었습니다. 그 가운데서도 유독 김영일 선생님께서는 저에게 많은 관심과 사랑을 주셨습니다. 김철민 선생은 대학에서 체육학을 전공하고 부전공으로 아동문학을 공부하신 걸로 압니다. 그러나 평교사를 지나 중년부터는 체육보다는 아동문학에 더 많은 열정을 가지고 활발한 작품 활동을 해 오신 것으로 기억됩니다. 손해와 이익을 따지는 머리로 살아가는 분이 아니라 정겹고 투박한 의리와 따뜻한 마음으로 살아가는 그의 삶이 많은 사람들로부터 친밀감을 갖도록 했습니다. 그동안 페스탈로찌의 후예로 교육 강단에서 땀 흘려온 일생의 발자취도 존경스럽지만 선친이신 고 김영일 선생님의 기념사업으로 김영일아동문학상을 제정하여 10여년 넘게 외부의 일체 도움 없이 운영해오고 있고 시상식이 끝나면 가족과 함께 아버지의 산소를 찾는 효심 또한 귀감이 되는 일이며 실로 아름다운 일로 박수를 받을만한 일이라 생각됩니다.이러한 일들이 결국 이 당의 아동문학 발전에 커다란 기여를 해오고 있는 셈입니다.

이제 비록 그동안 정들었던 교단과 제자들과 헤어지지만 김 교장님의 가슴과 마음속에는 영원한 페스탈로찌의 정신이 숨 쉬고 있어 아름다운 작품과 문학 활동을 통해 불타오를 것입니다. 이제까지의 교육공무원으로서의 삶을 마감하고 보다 자유로운 마음으로 한국아동문학의 발전과 이 땅의 동심을 위해서 더욱 힘차게 일할 수 있으리라 믿어 의심치 않습니다.

늘 다정다감한 그의 성품과 불굴의 의지로 도전정신을 갖고 사는 김철민 교장선생님의 새로운 출발에 격려와 축하의 박수를 힘껏 보내드립니다.

—2010년 12월, 꽃과 나비의 고장 함평천지 샛별문학관에서 문우 김철수 박사

■ **김 현 우**

30여 년 좋은 인연으로

언제나 사람과 사람이 만나는 일은 좋은 인연임에 틀림없다.

돌이켜 생각해 보니 우리가 처음 만났던 것은 참 오래 전 일이다. 1970년대 말이었던가? 김 선생이 창원 창북중학교에 근무할 때였으니까. 그 당시 나는 진해교육청에 근무했는데 그 학교에 출장을 나갔다가 처음 만나게 되었다.

창북중학교는 그때 교기육성종목이 사격이었는데 김 선생은 사격 지도교사였다. 그는 사격팀을 경남도대표팀으로 육성해서 한창 도내의 최강팀이 아니라 국내 중학교 최강팀으로 이름을 드날리고 있었다.

그런데 이야기를 나누다 뜻밖에도 김 선생이 아동문학가로 문단에서 크게 활동하고 계시는 김영일 회장님의 아드님이란 걸 알게 된 것이었다. 또 부친의 뒤를 이어 동시인으로 대성하기 위해 문학수업을 남모르게 닦고 있었다. 내가 아동문학인임을 진작 알고 있었다면서 김 선생이 넌지시 일러

아동문학가, 소설가. 마산해운중학교에서 정년퇴임, 경남문학관 사무국장 역임. 창작동화집 《산 메아리》, 소설집 《욱개명물전》 등 저서 다수. 한국문협, 한국펜클럽, 한국아동문학인협회, 한국소설가협회, 경남소설가협회 회원, 경남펜 고문, 경남문협, 경남아동문학회, 마산문협 이사.

준 것이었다. 그 바람에 정말 놀랍고 반가워서 한참동안 손을 잡고 이야기를 나눈 적이 있었다.

그 후 마산에서 나와 같이 아동문학을 하던 임신행 사백으로부터 김 선생에 대한 자세한 얘기를 듣고 그 후로는 김 선생과 특별한 호의와 호감으로 30여년을 좋은 인연을 맺어 온 것이었다.

정년퇴임이란 공직자로서 명예로운 일이기는 하나 하기 힘든 일이기도 하다. 욕심이 넘치면 결코 30여 년의 세월을 지켜낼 수 없음을 누구나 알고 있다. 김 선생은 소탈하고 부지런하고 솔직담백하여 항상 거침이 없었다. 뿐만 아니라 통영에 살면서 바닷가 청소를 도맡아 했다는 얘기도 우리 아동문학인 사이에서는 널리 알려진 일이었다. 사심 없이 봉사를 했기에 오늘날의 영광된 정년퇴임을 맞이할 수 있었다고 생각한다.

김 선생이 이제 문학만을 붙들고 정진하여 아동문학계에 문명을 드날리기를 기원하면서 축하의 박수를 보낸다.

■ **노 여 심**

김철민 선생님께

"어째 인간은 언제나 아름다웠던 것을 보유할 수 없을까?"

선생님의 〈천사의 마음〉이라는 글에서 본 이 글귀는 선생님을 뵙는 듯 했어요.

오십을 바라보시면서 소년 같은 분위기를 풍기는 것은 역시 동심을 버리지 않아서일까요?

"길을 가다가 낯선 아이를 만났다 나를 보고 두려워하는 아이의 눈빛"

–아동문학가의 눈–

"모르는 아저씨가 말을 건네면……" –보통 엄마들의 업–

요즘 확신이 생겼어요.

그 동심만 있으면 믿고 사는 세상이 되겠지요?

온통 동심을 강조하시는 선생님의 말씀과 글 속에서 새삼 깨우친 듯합니다.

선생님,

아동문학가, 시인, 문학박사. 《조선문학》 시 신인상, 《한국아동문학》 아동문학평론 신인상 등단. 마산예술공로상, 경남아동문학상 수상. 시집 《풋사과》 《햇살 좋은 날》. 한국문인협회, 국제펜클럽 한국본부 회원

모든 사람들이 찬미하는 덩굴손을 저는 싫어해요.

더욱이 싫은 건 칡덩굴이죠. 언덕을 휘감아 싼 칡덩굴은 그래도 인심 쓰는 듯 보아주지만 키 큰 나무 숲 뻗어 오르는 그것은 너무 싫어요.

장승포에서 지세포를 향해 다닐 때였어요. 옥림 고개 왼편으로 제법 커다란 나무들이 온통 칡덩굴에 붙잡혀 옴싹 달싹 못하고 맘씨 좋은 사내마냥 끙끙대고 있는데 저의 숨이 막히는 듯 했지요. 그러던 중 늦가을이 오고 나무는 그때서야 휴- 한숨을 쉬며 하늘을 보았어요.

이제 봄이 익고 칡은 또 꽉꽉 나무를 조이겠지요.

선생님. 제가 누군가에게 가까이 가고 싶을 때 두려운 것이 있어요.

'내가 칡덩굴은 아닐까?'

누구에게든 부담 없이 편안한 존재였다가 잊혀지고 싶어요.

"나, 아버지다……."

묘한 느낌으로 전해오던 그 목소리

얄미운 칡덩굴이 되기 싫어 그 소리 놓아 줍니다.

선생님. 예쁜 꽃을 눈앞에 두고 마음이 맑아지죠.

그러나 그 꽃이 보이지 않으면 마음은 이내 현실로 돌아오죠.

고운 사람을 만나고 나면 오래오래 내 맘이 맑아지는 것 같아요. 선생님을 만난 여운이 아직 훈훈하고 저도 선생님처럼 맑은 사람이 되는 듯 해요.

선생님의 풋풋한 향기를 잊을 쯤에 만나 뵐 수 있다면 좋겠지만 그러지 못한다 해도 선생님의 글이 제게 있으니 그것으로도 좋습니다.

알지 못하던 한 사람에게까지 그렇게 친절하시고 그렇게 인정 많으시고 참 좋았어요.

전화 한 통화하시고 그 사람이 궁금하여 먼 길을 와버리신 소년 같은 선생님…… 멋진 하루하루 되시길 빕니다. 안녕히 계십시오.

—1995. 5. 10 노여심 드림

■ 박 갑 순

내비게이션

장거리 운전할 일이 없다는 핑계로 내비게이션 구입을 미뤘다. 사실은 하나쯤 있으면 참 좋겠다는 생각 간절했지만, 없어도 사는 데 무리가 없는 삶에 만족했다.

어느 가을 날 진안 시골 우체국에서 작은 음악회가 있다는 연락을 받았다. 몇몇 지인들끼리 그곳에서 모이기로 했다. 동생에게 물려받은 12년 된 아반테로 시내를 벗어나는 일은 상당한 모험이지만, 반가운 얼굴들을 만나고 색다른 음악회를 볼 수 있다는 기대감으로 설레었다. 퇴근하고 차를 진안 쪽으로 몰았다. 초행길이었다. 부슬부슬 비 내리는 초저녁, 어둠 또한 비와 경쟁이라도 하듯 서서히 내리기 시작했다. 어디가 어딘지 분간이 안 되었다. 나타나는 이정표마다 꼼꼼히 살펴서 방향을 틀어도 제자리에서 빙빙 돌 뿐이다. 혹 잘못 갔다가 엉뚱한 길로 빠질까 봐 더 이상 어쩌지 못해 전화를 했다. 설명해준 대로 방향을 잡아보지만 다시 막막했다. 어느 조그만

전북 부안 출생. 1998년 《자유문학》 시, 2005년 《수필과비평》 수필 등단. 한국문인협회, 전북문인협회, 한국편지가족 회원. 수필과비평작가회의 사무차장. 월간 《소년문학》 편집장

마을로 들어가 차를 세웠다. 지나는 사람에게 물으니 내비게이션 없냐는 말부터 한다. 이제는 시골길도 그의 도움을 받아야 갈 수 있는 모양이다.

"과속 방지턱이 연이어 있으니 안전운전하십시오."

출근길에 라디오 볼륨보다 조금 큰 내비게이션에서 나오는 똑 부러진 여인의 음성이다. 딸내미는 짜증이다. 저 소리 때문에 멀미가 더 난다나? 졸음도 쫓아주고 심심하지도 않고 얼마나 좋은데 그러냐고 한 마디 하면서도 입가엔 미소가 핀다.

어릴 적 너무나 갖고 싶었던 책가방을 얻었던 기분이랄까. 내심 내비게이션이 무척 갖고 싶었던 게다. 불혹의 나이를 넘어서도 소유욕은 줄지를 않는가 보다.

친언니처럼 잘 챙겨주는 언니가 최근에 차를 바꿨다. 시동생이 주었다며 장착해 다니던 내비게이션을 주겠다고 하더니, 새 차 인수한 날 바로 전화가 왔다. 퇴근 후 다른 볼일이 있었지만, 빨리 갖고 싶은 마음에 언니 집으로 내달렸다. 요즘 그것 때문에 너무 행복하다. 이제 대한민국 어디라도 갈 수 있다. 차를 한길에 세우고 우산 펴 들고 지나는 사람 붙잡고 길을 물을 일 없을 것이다. 내비게이션도 없냐고 무시하는 듯한 눈초리를 안 받아도 된다.

내 팍팍한 삶의 길에도 지름길을 미리미리 안내해주는 내비게이션이 있다면 얼마나 수월할까?

출판사에 입사한 지 1년쯤 지난 시점에 월간 《소년문학》 편집장을 맡게 되었다. 전임자의 갑작스런 퇴사로, 예기치 못한 시점에서 맡겨진 일이었다. 어떻게 해야 할지 난감하고 막막했다. 초보 운전 때 안개 자욱한 밤길을 헤맸던 상황으로 내몰린 상태였다. 전임자가 해오던 것을 답습하면서 진행

했지만, 왠지 석연치 않고 좀 더 잘하고 싶은 욕심만 앞섰다. 잘하는 것인지 못하는 것인지조차 판단이 서지 않았다. 누구에게 의논할 형편도 아니었다.

그러던 어느 날,

"안녕하세요? 소년문학 편집장이지요? 나 도산 중학교 김철민 선생인데요."

이웃집 아저씨같이 친근하고 편안한 목소리의 전화를 받았다. 그동안 소년문학과의 관계를 말씀하시면서 새롭게 맡은 소년문학 편집장으로서 어떻게 해야 좋은 잡지를 만들 수 있는지에 대해서 많은 말씀을 해주셨다.

캄캄한 바다에서 조난당한 조각배에게 반짝이는 등댓불의 신호였다. 힘이 났다. 잘할 수 있을 것 같은, 열심히 하다가 어려움에 봉착했을 때, 조난 신호를 보내면 언제든 타전을 보내줄 것 같은 든든함이었다. 차에 장착만 하면 어디든 두려움 없이 운전하고 갈 수 있게 하는 내비게이션을 만난 것이다.

잡지를 하려면 훌륭한 작가들과 교류하면서 신뢰를 쌓아야 한다고 했다. 그리고 김영일 아동문학상 시상식에 꼭 오라는 초대장을 보내주셨다. 문학의 마당 언저리에서 살아온 세월이었지만 아동문학에는 별 관심이 없었다. 전북 아동문학가들과도 면식이 없는 처지였으니 잡지를 엮는 일이 얼마나 어설펐겠는가. 《소년문학》을 가져와서 인사하는 것이 좋겠다고 했다. 토요일 출근하자마자 《소년문학》 30여 권을 묶어서 들고 서울로 향했다.

행사장은 오붓했다. 김영일 선생님의 뜻을 기리는 김영일아동문학상 시상식장엔 김철민 선생님의 가족들이 나와서 다과를 준비하고 있었다. 뻘쭘하게 들어서서 어찌할 바를 모르는 내게 오랜만에 만난 여동생을 반기듯 선생님은 예의 호방한 목청으로 인사를 했다. 전화 목소리로 인사를 나눈 탓인지 처음 뵌 분 같지 않게 친숙했다. 행사를 앞두고 바쁜 와중에서도 많은 아동문학가들에게 일일이 소개를 하고 인사를 시켜주었다. 그날 참 많은 분들의 명함을 받고, 인사를 드렸다.

그동안 원고를 청탁하는 글을 올렸지만 회신을 받지 못했던 분들께서도 그날 이후 귀한 원고를 흔쾌히 보내주셨다. 그 후로도 끊임없이 《소년문학》과 관련하여 조언을 많이 주고, 사소한 것들도 잡지를 만드는 데 도움이 될 만한 것들은 꼭 챙겨주셨다.

차에는 한 대의 내비게이션만 장착하면 되지만, 우리 인생사에는 더 많은 내비게이션이 있으면 훨씬 좋을 것 같다. 잡지 일을 하는 데 있어서 내비게이션 역할을 해주시는 분들이 많이 계신다. 첫 번째 내비게이션은 김철민 교장선생님이셨다.

■ 송 재 윤

퇴임을 앞두고 있는 김철민 선생님께 고마움을 전하며,

통영하면 정겹게 김철민 선생님이 얼굴이 떠오른다.

입에 침이 마르도록 통영을 자랑하는 김철민 선생님은 마치 옛 친구처럼 다정다감하기도하다.

매년 거르지 않고 한국아동문학 여름세미나에서 반갑게 만나게 되는데 헤어질 땐 아쉬움을 남기고 돌아온다.

다른 동인들도 마찬가지로 반가운 얼굴들이지만 유독 구수한 억양으로 입담이 좋은 선생님은 안 봐도 눈에 또렷하게 이미지가 들어온다.

틈틈이 전화를 주시어 자신의 존재를 잊지 않게 하는 의지가 훌륭하신 분이기도하다.

살다보면 현실에 얽매여 때때로 마음으로는 간절히 지인들의 안부가 궁금하기도하지만 전화 한 통 넣기가 여간 어려운 게 아니기 때문이다.

월간아동문학 김철수 박사님과의 인연으로 95년 그 시기에 함께 문학활

충북 청원 출생. 한국아동문화상, 한국녹색문학상, 청원예총문학대상, 충북우수예술인상, 한국아동문학작가상 수상. 창작장편소년소설 《우리 환경 우리가 살려요》(환경책) 외 5권. 한국문인협회 회원, 한국아동문학회 이사, 한국문인협회 청원지부장

동을 활발하게 하신 분들이 때때로 떠올라 가슴이 뭉클하기도 하다.

열열히 창작활동에 매달려 멀다않고 청주에서 함평을 오르락 내리락하며 고속도로 휴게실에 들러 커피 한잔과 우동 맛은 왜 그리도 맛이 좋던지,

양봉선님, 김노금님, 고복록님, 정찬혜님, 최재형님, 제주 장영주님, 서울 사무국 일을 열심히 하시는 성은미님과 김남형 사무국장님은 보기만 해도 힘이 절로 솟아나게 한다. 또한 산사나이 이용주님은 매년 카드로 일 년 동안 의 안부와 활동을 엿보게 해주는 멋쟁이시다. 정말로 잊을 수 없는 지인들이다.

그 외 이름을 다 나열할 수 없지만 지금은 고인이 되신 박화목 선생님, 김신철 회장님, 송명호 회장님, 잊혀지지 않는 분들이다.

이 모두가 창작의 철인이신 김철수 박사님이 끈을 만들어 길게 잇게 해온 것이다.

한꺼번에 반가운 님들의 얼굴을 그리며 소식을 전하게 되고 가슴을 흡족하게 갖게 해준 통영의 귀인 보배 같으신 김철민 선생님은 영원한 반려자 같은 분이라고 말하고 싶어진다.

이렇게 새해가 시작되고 흰눈 쌓인 겨울이면 더욱 가슴이 포근해진다. 아마도 따뜻한 공간이 좋듯 훈훈함을 함께했던 님들이 그리워져서 일 것이다.

여전히 끊임없는 정 잇기에 풍성한 날들이 되길 간절히 소망해 보며 행운의 여신께 우리 모두 행복을 기원 드리고 싶다.

—1월 4일 새아침에, 청원에서 송재윤 올림

■ **오 재 련**

당신과 함께라면 언제나 행복해

사랑하는 당신께!

처음으로 당신께 편지를 씁니다. 따스한 햇살이 눈부시도록 아름다운 날입니다. 오늘처럼 조금은 더웠던 날 우리는 처음 만났죠?

수줍음 많은 시골뜨기 같았던 나를 가슴 넓은 당신이 감싸 안아 줬어요.

우리가 오래 산다 해도 함께 백 년도 못 사는 인생. 당신과 나, 서로 다른 환경에서 태어나고 성장해 당신은 반백의 나이에, 나는 어른이 돼 만났기에 함께할 수 있는 시간이 남들보다 적다는 것도 알아요. 그러기에 함께하는 순간순간이 더욱더 소중하고 지금의 삶에 애착이 가는지도 모르겠습니다.

당신은 모르시겠지만 가끔 당신의 뒷모습을 봅니다. 그럴 때면 거대한 산처럼 여겨지던 당신이 왜 그리 작아 보이는지.

살아 숨쉬는 동안 함께해야 할 의무와 책임을 가지고 살아야 되겠죠?

앞으로 사소한 일로 티격태격하는 일 없도록 우리 노력해요. 나는 이 세

시인, 고려문학상 수상, 한국[illegible]협회 회원

상 다하는 날까지 당신의 그림자로 살아갈 테니까요. 어떤 때는 당신의 어깨에 자꾸 무거운 짐을 올려놓는 것 같아 미안한 마음이 듭니다.

당신과 나. 우린 서로 다른 점도 많지만 닮은 점도 참 많아요. 동글동글한 생긴 모습부터 정직한 성격도 그렇고 말이에요. 이런 천생연분이 또 어디에 있을까요?

서로에게 부족한 점이 있더라도 조금씩 더 이해해주며 참고 살기로 해요. 언젠가 찾아 올 좋은 날을 기대하면서 말이에요. 양길, 양수, 양곤이도 그런 생각을 하고 열심히 살면 얼마나 좋을까 하는 작은 소망을 가집니다.

오늘은 새삼스럽게 우리가 처음 만났던 순간이 자꾸 생각이 납니다. 땀을 뻘뻘 흘리며 맛있게 보쌈을 먹는 당신의 모습이 왜 그리 사랑스럽게 보였을까요? 아마도 제가 당신을 사랑하기 때문이겠지요.

나른한 오후 한나절 내 생각을 하며 힘내세요. 지금처럼 건강하고…. 사랑해요.

—당신의 아내 재련

■ 오하룡

김철민 교장에 대한 특별한 일 한 가지

그를 생각하면 그가 내가 하는 일을 존중하여 배려한 듯하면서도 독특한 고집과 신념으로 자신이 추구하는 목적을 성취하는 것을 목격한 경우가 있다. 그것은 아주 사소하고 단순한 듯하지만 그가 아니고는 할 수 없는 평범을 넘어서는 일이어서 나로서는 특별한 일로 받아들인 것이다.

그를 안 지도 이럭저럭 20여 년 되지 않나 싶다. 그는 부친인 유명한 동요 〈다람쥐〉의 작가 김영일 아동문학가를 항상 앞세우므로 그의 문학적인 활동이나 업적보다는 김영일 선생의 아드님이라는 사실로 먼저 알려지지 않았나 싶다.

나 역시 그의 문학보다 김영일 선생의 아드님으로 먼저 알았고 친근감을 가졌다. 우리는 보통의 평범한 관계를 지속하였다. 그는 교직에 있었으므로 여러 지역을 떠돌며 교직자로서의 임무에 충실할 수밖에 없었고 나는 나대로 한 지역에 매달려 생업에만 몰두할 수밖에 없어 자주 접촉할 수 없었기 때문이라 할 수 있다.

경북 구미 출생. 1975년 시집 《母鄕》으로 등단. 마산시문화상, 경남도문화상, 한국농민문학상 본상, 시민불교문화상, 경남아동문학상 수상. 시집 《잡초의 생각으로도》 《내 얼굴》 외 다수. 잉여촌 동인, 경남시인협회 부회장, 경남펜 고문 등. 도서출판 경남 대표

나중에 그가 문학에 열중하는 것이 눈에 띄어 나에게도 김영일 선생을 넘어 문학 하는 사람으로 그가 다가오지 않았나 싶다. 그가 가장 인상 깊게 다가온 것은 그의 부친의 이름을 딴 김영일아동문학상을 만들어 시상하면서가 아닐까 한다. 나는 그의 이 일에 깊이 관심을 가져보지 않았다.

내 살기 바쁜 탓도 있지만 그가 벌이는 시상식이 통영이 아닌 거의 서울에서 거행된 이유도 있다. 어떻든 그는 아버지를 기리는 사업을 10여 년 넘게 혼자서 꾸려가고 있다. 그 하나만으로도 그는 보통사람의 범주를 넘는다고 나는 본다.

최근 어떤 자리에서 퇴임 이후의 이 상의 처리를 어떻게 할 것인지를 물었을 때, 그가 고민스러운 표정으로 다소 회의적인 태도를 보여 안타까움을 느꼈다. 이 상의 영구적인 시상을 위해서는 기금 확보를 통한 안정적인 대책이 필요한데 거기에는 자신 없는 표정을 보였기 때문이다.

그의 생전만이라도 이 상을 유지한 것만 보아도 대단한 일이기는 하나 아쉬웠다. 이쯤에서 앞에서 언급한 그로 하여 내세운 특별한 일에 대한 얘기를 해야겠다. 그가 어느 날 나에게 말했다. "〈경남〉에서 발행한 책을 우리 학교에 비치하고 싶다"고 하는 것이었다.

그는 내가 어렵게 꾸려가는 출판사를 예사로 보지 않고 있었던 모양이다. 그러나 나는 그의 의견에 무조건 동의할 수는 없었다. 경남이 출판한 책을 특정한 학교에 공급해도 될까 하는 생각과 함께 과연 경남의 책이 그 학교의 학생들에게 읽힐 만한 양서인가 하는 회의가 앞섰기 때문이다.

그런데 그는 나의 이런 반응에 대해 "지금까지 경남의 책을 지켜봐 왔는데 우리 학교 학생들에게 충분히 읽힐 만한 책이었고 대다수의 책이 경남이라는 지역적인 문화를 배경으로 써지고 만들어진 내용이므로 자료적인 가치도 만족할 만한 것으로 파악한다"면서 기어이 소신을 굽히지 않는 것이었다. 그는 나름대로 지역에서 출판된 책으로 특징 있는 학교 서가를 꾸미고 싶었던 모양이었다. 이렇게 하여 경남이 낸 책 가운데 단행본 성격의 문학지와 교양서적 90여 종 200여 권을 보급하는 계기가 되었다.

이 일이 어찌 사건이 되지 않을 수 있겠는가 하고 나는 생각하고 있는 것이다. 그가 재직하고 있는 도산중학교는 통영에서도 외진 곳에 자리하고 있다. 나는 우리 경남에서 출간된 책이 지금은 상당수가 절판된 상태여서 일부는 출판사에서도 보관되지 않는 종류가 꽤 되는 상황임을 알고 있다. 그러니 도산중학교 도서실에만 있는 유일본이 상당하리라 보고 있다.

시간이 흐르면 이런 책들의 중요성은 더 크게 인식되어 새롭게 평가되리라 의심하지 않는다. 그는 교장을 끝으로 교직을 떠나겠지만 경남의 책은 도산중학교에 남아 도산중학교의 재산이면서 경남지역의 지적재산으로서 오래 사랑을 받으리라 믿는다.

김철민 교장은 교육계에서도 많은 업적을 남겨 많은 교육부문 상을 받은 것으로 알고 있다. 그러면서 그는 문학인으로서도 자기에 대한 긍지가 투철한 사람이다. 그의 학교에는 물론 그와 인연 있는 곳이면 어디나 그의 시화가 걸려 있다. 그가 봉직하는 학교의 골마루와 교장실에는 물론 그가 숙박하는 사택에도 빠짐없이 시화는 걸려 있다.

물론 학교 화장실에도 예외 없이 걸려 있다. 그가 늘상 다니는 마산 통영을 오가는 길의 공중화장실에도 그의 예쁜 시화가 장식되어 있는 것을 발견할 수 있다. 이런 것을 보고 지나친 자기 자랑이라고 평가하는 사람이 있다.

그러나 이것도 자기 문학을 독자와 만나게 하는 하나의 그만의 방법이라고 생각할 때 그의 신념으로 이해해야 한다는 게 나의 입장이다. 아무튼 그는 이제 40여 년간의 교직을 떠나 문학에만 전념하는 길에 들어서고 있다. 그의 여생이 그가 바라는 문학의 길에서 더욱 보람되고 알찬 결실로 영글기를 바라마지 않는다. 김철민 교장 선생님의 건강과 행운을 빈다.

■ **옥 미 조**

김영일 부자 아동문학관과 자서전과 퇴임기념문집

사울 왕은 자신이 죽기 전 비석부터 만들어 세웠다. 오늘날에야 죽기 전 무덤을 만드는 일도 있지만 비석부터 먼저 만들었던 것은 무슨 예감이라도 있었는지 모른다.

다윗 왕의 아들 압살롬도 사울 왕처럼 비석을 먼저 세웠다.

조선시대 청백리 박수량은 비석에 아무 글도 쓰지 않는 백비였고 퇴계 이황은 과장된 비문을 쓸까 싶어 자신이 손수 비문 글을 써 놓았다.

사울 왕은 정의롭게 살지 못했다.

압살롬도 마찬가지로 정의롭게 살지 않았다.

그랬기에 뒷날 그들은 정중히 장례 치루어 주고 송덕비마냥 칭송받지 못할 줄 자신이 미리 알았는지 모른다.

조선시대 악의 고수 한명희는 아들한테까지도 부자의 인륜이 이어지지

전 초등학교 교장. 동화집 《못난이 별》 외 350여 권. 현 거제민속박물관장, 순리치유법 창안자로서 현 순리치유학 연구소장. 순리출판사 대표, 순리원문고 발행인

않자, 또 자신의 묘가 파 헤쳐지고 부관참시 당할 것을 예견했다.

그래서 한명희는 자신이 묻힐 묘에 죽은 종을 묻고, 종의 무덤에 자신이 묻다.

한명희의 예견대로 한명희가 아닌 한명희의 묘는 파헤쳐졌다.

나는 오래 전부터 명예로운 퇴직의 전 공무원은 퇴임 전 자서전을 꼭 펴내고 아름다운 마무리를 하자는 주장을 해왔다. 서강대 장영희 교수는 아름다운 마무리를 했어도 따로 자서전을 남기지 않았다.

〈무소유〉의 승려 법정은 월든 호수가의 솔로우를 매우 좋아했으며 그는 《오두막 편지》를 통해 무소유의 정신을 더더욱 관철시키고, 멋지게 〈아름다운 마무리〉를 하려고 했다.

마영 김철민 교장은 그의 아버지, 즉 우리 나라 아동문학계의 태두 김영일의 아들로 이제 퇴임을 맞아 제자들과 지인들의 글을 모아 퇴임기념문집을 펴낸다고 내게 청탁이 왔기에 평소 가까이에서 김 교장을 지켜온 나로서 청탁원고를 거절하고 모른 체할 수 없었다.

김철민 교장은 그의 아버지 김영일 만큼이나 정의 사람이고, 김 교장을 대하면 마치 내가 작고하신 김영일에게서 받은 인상처럼 몸에 벤 온후가 찰찰 넘쳐나는 것 같다는 생각을 늘 하게 된다.

그가 거제교육청 사체계장으로 있을 때 《아동문학》 발행인 김철수와 함께 이곳 거제민속박물관을 찾아 주었다. 내가 교장으로 재직 중 가끔 교육청에 들리면 가장 반갑게 그는 나를 반겨주었기에 한번은 사량도에 들리면서 가는 길목에 있는 도산 중학교 교장실을 찾아 동행한 경남아동문학외 회장 이창규와 함께 한 장의 기념사진을 남기기도 했다.

그때 배 시간 때문에 식사를 나누자는 걸 뿌리치고 왔지만, 그는 도산중학교에서 퇴임하겠다는 그 퇴임 때가 온 것이니 정의 교장 김철민은 퇴임 후라도 향토신문에 늘 칼럼과 시를 써 보내는 열정은 더해질 것이며 전국을 누비며 김영일 아동문학상 후보작가를 찾아다니기도 바쁠 것이다.

이제 김철민 교장은 통영 사람이 되어 버리고 말았다.

통영은 음악가 윤이상의 고향이고 〈토지〉의 작가 박경리의 출생지가 아닌가. 유치환, 유치진 형제가 문학의 토양을 가꾸었고, 전혁림 화백이 미술관을 설립한 고장이다. 그는 이 통영에서 짭조롬한 해조물과 하늘처럼 푸른 빛깔로 문화를 꽃피우며 건강한 문학을 성취시켜 나가야 할 소명 속에서 살아가리라 여겨진다.

초정 김상옥은 다양한 재능의 시조작가였다.

통영시장을 지낸 수필가 고동주와 희곡작가이자 단단한 동시를 빚는 강수성, 통영을 무대로 섬들의 시를 빚고 있는 여러 명의 시인이 활발한 문학 활동을 전개하고 있는 곳에서 김철민 교장이 해 내야 할 일은 지금 부터라고 여겨진다.

나는 김철민 교장에게 퇴계 이황이나 최고 청백리 박수량처럼 비석을 세우라고 전하지 않는다. 더욱 그를 악덕을 행한바 없기로 사울 왕이나 압살롬처럼 죽기 전 스스로 비석을 세울 위인도 아닐 것이다.

분명한 것은 이건 내가 바라는 바인데 남은 생애 동안에 김영일 아동문학관을 만드는 일을 꼭 해 주었으면 한다.

이때 김영일, 김철민 부자 문학관이 되어진다면 우리 나라에서 처음 있는 일로서 보배로운 보배가 있을 것이다.

부산에 있는 이주홍 문학관에서는 이주홍의 연구가 매우 활발하여 이주홍 문학상을 해마다 시상하는 것처럼 김영일 아동문학관에서 아들 된 김철민 교장이 김영일 아동문학상을 제정된 대로 수여도 하지만 수상한 작가의 작품연구, 김영일의 작품의 연구에 석 · 박사가 많이 탄생되도록 하는 일에 동발목이 되고 깃대종이 되어져야 할 때가 아닌가 하고 부탁을 하고 싶다.

그는 아비의 동요곡집을 유일하게 갖고 있다. 이 최초의 동요곡집이 빛을 발할 일이고 〈다람쥐〉(1950), 〈소년기마다〉(1951), 〈푸른 동산의 아이들〉(1962)의 초간본들은 벌써 희귀도서가 되어 김영일 아동문학관 소장 전시 작품집을 보면서 위대한 작가로서 또 그 아들로서 길이 빛날 것이 아니겠는가.

여기에서 김영일의 전기도 펴낼 것이 아니겠는가. 잠자던 김영일의 유품들이 김영일 아동문학관에서 제자리를 찾아 영구히 전시되고 찾는 이로 인해 통영의 명소가 될 일이 아닌가.

김영일의 아들, 시인이요 아동문학가인 김철민 교장은 이 일을 꼭 이루어 내야 한다.

이 생각은 결코 엉뚱한 발상이 아닌 것이다. 할 수 있을 때 기회가 왔을 때 실기하지 않고 추진해 가야 할 때라 여긴다.

마영 김철민 교장의 명예로운 퇴임에 축하의 글에서 무리한 부탁이 되지나 않았는지를 염려하지 않는다.

단지 건강 위에 더 한 건강으로 백수를 누리고 건강한 글도 쓰면서 건강한 시인으로 완숙미를 더욱 발휘해 주리라 믿으며 이 글을 끝맺는다.

■ 윤 지 영

그 동안童顔의 감성

《언제나 내게 소중한 당신》(09), 한 권의 시집에 깨알같이 단어들이 촘촘하다. 시어들을 한 그릇에 쏟아 체에 내려 보니 '당신' '사랑' '그리움' 이 핵심어로 부각된다. 이 심미적 명제들은 '아픔' '고독' '이별' 이란 수식어로 덧칠되어 감흥을 고조시킨다.

기본적인 정보 없이 작품을 읽는다면 독자들은 작가의 나이를 이삼십 대쯤이라고 생각하지 않을까. 시의 언어, 그것의 정서는 자아와 세계를 결속하는 힘일 것이다. 이는 의미론적 기호 이상의 것으로 삶의 리얼리티를 구현한다. 시인이 즐겨 쓰는 시어들은 시인의 실존과 이분화시킬 수 없는 것이기에 그 정신내면은 분명 타인과 차별화되는 가치를 지닌다고 하겠다.

여기서 그것은(순수의 이미지를 강화하는 기교) 동심으로 해석해야 한다. 즉 선생은 퇴임을 맞는 연령이지만 정서적 나이는 청춘기에 머물러 있다는 말이다. 이는 교단에서 평생을 함께 해 온 십대 학생들의 마음에 다름 아니다.

1992년 《문학예술》 등단. 국제펜클럽한국본부 이사. 한국문협 · 경남수필문학회 회원. 저서 《붕어빵에는 붕어가없다》(칼럼집), 《조연현의 수필문학》(論著), 《찻잔 속의 반란》,《함께 생각해 봐 내 말을 이해할 수 있어》(수필집). 진주교대 출강

처음 임 손을 잡았을 때

짜릿한 나만의 느낌!

내 마음 송두리째 빼앗아

모르는 사이보다

지금은 더 다가와

어제 받은 충격에

임에 대한 사랑이 얼마나 깊은지

—김철민 〈사랑이 시작되어〉 일부

따옴시는 동시童詩에서 '동童'을 뺀 선생의 첫시집 《언제나…》 일부분이다. 시적 화자가 온 마음을 다해 사랑하는 대상은 물론 '그대'이다. 총 3연으로 구성된 시는 1~2연에서 애모의 정서를 아낌없이 드러냈다. 그대를 향한 사랑과 기다림의 간극, 영원히 함께할 수 없는 안타까움을 고백하고 있었다. 쉽게 읽으면 연시戀詩 같지만 주지한 바대로 종결연 이 대목의 함의는 그리 간단치 않다.

'임의 손을 잡았음'은 '교직과의 만남'이다. 처음 교단에 섰을 때의 신선한 느낌은 전기에 감전된 듯 짜릿했다. 교직을 천직으로 생각하지 않았다면 불가능한 감정이다. 미성년을 참된 성인으로 키워내고자 전력을 다했으며 이러한 직업의식에서 비롯된 열정과 사명감이 '임에 대한 사랑'의 척도로 표현되는 것이다. 몇 십 년의 성상 동안 자신도 모르게 깊어진 연모지정의 농도를 새삼 확인하면서, 이제 자신을 되돌아보게 된다.

언젠가는 맞닥뜨릴 '그날' 앞에 서니 상실감과 고독감이 몰려온다. 천직으로 알고 수행해온 일일 수록 떠나는 아쉬움은 배가 되리라. 그러나 시인은 정년의 심상을 억울함이거나 불만으로 드러내지 않는다. 연인과의 이별 형식으로 형상화시키고 있다.

순수함으로 일관된 시어들은 선생이 평생 써온 동시 · 동화에 닿아 있다. 그래서 일반시라 할지라도 동시 같기만 하다. 무릇 동시란 어린이의 정서에 동화되면서 순박한 인간성 형성에 큰 보탬을 이루어야 한다. 바로 이것이다. 이 전제가 거칠지 않는 언어의 흐름으로 시정詩情을 담고 있는 선생의 문학성을 대변해 준다.

인생은 회자정리라고, 시인은 이 부동의 철칙을 특유의 감성으로 환유하고 있다. 공감각과 기억의 재료를 이용한 시적 언어행위를 통해 마침내 지금껏 유지하고 있는 동안童顔 비법마저 풀어주고 있다.

교직이 제1막이라면 새롭게 시작되는 이후의 삶은 제2막이 될 것이다. '당신' '사랑' '그리움'의 아이콘, 언제나 청춘이신 김철민 교장선생님의 멋진 2막 롱런을 기대하고 싶다.

■ 이군현

존경하는 김철민 교장선생님!

지난 40여 년간 교육계에서 물심양면으로 힘써주신 김철민 교장선생님께 감사 인사를 드립니다. 김철민 교장선생님은 교직생활 40년 간 체육 인재 발굴과 양성, 다양한 시 발표, 현장연구 활동을 통하여 학교현장에서의 문예지도 등 다방면에서 큰 공을 세우셨습니다. 이는 지역 문화와 예술, 교육에 많은 발전을 이루셨고 실천하는 교육자 상을 보여주셨습니다. 교장선생님의 훌륭한 업적과 열정은 우리 후배들에게 소중한 교육자산과 귀감이 될 것입니다. 이제 비록 교육계를 떠나시지만 열정과 애정으로 선배로서 아낌없는 조언과 지혜로운 말씀 들려주시기 바랍니다.

교장선생님의 가정에 행운이 함께 하시길 진심으로 빌면서 다시 한 번 감사드립니다.

중앙대 사범대 영어교육과 졸업. 캔자스주립대학교 대학원 교육행정학 박사. 중앙대, KAIST 교수, 한국교육총연합회 회장 역임. 제17대, 18대 한나라당 국회의원, 중앙위원회 의장, 원내수석부대표

■ 이 복 자

뚝뚝해 보이지만 한없이 부드러운 분, 김철민 교장 선생님

김철민 교장 선생님만큼 통영을 사랑하는 사람이 또 있을까? 나는 교장 선생님의 통영 사랑 때문에 그 곳을 많이도 다녀왔다. 한산도 제승당 가는 길과 달아공원 가는 길을 그림으로 그리라고 하면 그릴 수도 있을 것 같다. 통영을 갈 때마다 한 번도 빠짐없이 열성을 다해, 최선을 다해, 아무리 힘드셔도 끝까지 안내하시고 설명하신 덕분이다.

내가 연구부장을 할 때 학교 연수를 추진하여 1박 2일 일정으로 통영에 갔다. 모든 일정과 계획을 어찌나 세심하게 진행, 아니 한 곳이라도 더 보여주시려고 얼마나 빡빡하게 강행을 하시는지, 우리 교장 선생님이 감탄할 정도였다. 그래서 우리 선생님들은 10년이 다 되어가는 지금도 김철민 교장 선생님의 안부를 묻고 그때의 추억을 떠올리곤 한다.

아침에 미륵산에 해맞이를 하러 가는데, 교장 선생님께서는 일찍 오셨으

교사, 풀꽃아동문학회 전 회장. 한국아동문학작가상, 대한민국동요대상, 한정동아동문학상 수상. 시집 《별과 나 사이》 외, 동시집 《떡볶이 친구》 외. 국제펜클럽, 한국문인협회, 동요작사작곡가협회 회원, 한국아동문학회 동시분과 위원장

나 많은 사람이 이동하니 늦을 수밖에 없는 상황이 되었다. 참 답답하셨을 것이다. 어떻든 해맞이를 하게 하려고 그 좁은 길(소형차가 다니는 외선 길)을 대형(45인승)버스로 올라가는데, 꼬불꼬불 구비를 돌 때마다 차가 뒤집힐 것 같고, 처박힐 것 같고, 낭떠러지로 구를 것 같고, 빈 속이어서 뒤에 있는 여선생들은 멀미를 하고……. 그런데 운전기사에게 빨리 올라가자고 독촉하시던 모습, 지금도 잊을 수가 없다. 혹시라도 사고가 무서워 천천히 갔으면 좋겠다고 하면 "이것 안 보려면 뭐 하러 왔나"하시며 끝까지 밀어붙이시던 교장 선생님! 덕분에 그 멋있는 해맞이를 선생님들은 가장 아름다운 추억으로 간직하고 있다.

남망산 조각공원, 한산도 제승당, 세병관, 달아공원, 통영대교, 유치환 생가, 도산중학교 교정, 거제대교, 포로수용소, 충무김밥, 푸짐한 횟집……. 머릿속에 훤히 그려지는 곳들을 물방울 동인들을 비롯해 대여섯 번 방문을 똑같은 열성으로 안내하시고 설명해 주셨던 교장선 선생님이시다. 이러니 어찌 큰오빠 같지 않겠는가? 김철민 교장 선생님은 사모님과 함께 내게는 자상한 큰오빠, 큰언니 같은 존재다. 두 분은 통영도 사랑하시지만 누구보다 사람을 사랑하시는 분이다. 이런 두 분을 어찌 존경하지 않을 수 있겠는가?

나는 사람을 사랑하지 않는 사람은 사람에게 친절할 수 없다고 생각한다. 만나면 별 웃음도 없이, 그러나 자세히 보면 순진한 소년같이, 언제나 짧은 인사로 "왔나", "어서 와" 한 마디면 되지만 품성은 한없이 자상하시다. 사람을 사랑하지 않으면 할 수 없는 것을 김철민 교장 선생님은 하신다. 만날 때마다 친히 승용차로 선두에 서시고, 맛있는 음식집을 찾아 먹이시고, 괜찮은 곳만 골라 안내하시고, 무엇이든 주기 좋아하시고, 술 한 잔 하시면 술술 인생사 쏟아내셔서 더 인간미 넘치는 분, 그래서 참 좋다.

김철민 교장 성생님과 나는 평범한 듯하지만 좀 각별한 사이였다. 풀꽃

등 모임으로 친분이 오래 된 탓도 있지만 중등학교에 근무하는 선배여서, 내가 바닷가 출생인지라 바다를 좋아하는 탓도 있고, 통영을 자주 드나들다가 특별히 부탁한 적도 많았고, 그러다 보니 사모님께서 내 글을 좋아하시게 되고, 사모님과 더 가까이 지내게 되고, 이런저런 인연으로 나를 만나시면 친동생처럼 대해 주셨다. 아마 나만이 아니라 친분이 있는 모든 이들에게 그렇게 대하셨을 것이다.

겉으로는 뚝뚝한 분이시지만 속은 진정 녹녹한 감성과 부드러움을 지니신 분, 김철민 교장 선생님께서 40년의 공직을 접고 사회로 나오신다니 앞으로는 또 어떤 모습으로 우리들에게 다가오실지 궁금하다.

투자한 인생의 몫이 크니 많이 섭섭하시겠지만 한편 어려운 교육현장을 생각하면 시원하실 것이다. 복잡한 현실에서 먼저 물러나심에 진심으로 축하를 드리고 싶다. 퇴직하셔도 명예로움이 혁혁하시니 부러울 따름이다.

앞으로도 더욱 통영을 사랑하셔서 그곳으로 자주 불러 주시고, 지금 같은 열성으로 우리들에게 더 가까운 큰오빠로 다가오시기를 기대하고 싶다. 건강하셔서 우리 국문학사에 부친 김영일 선생님과 더불어 좋은 글로 '김철민' 이름을 새기시고 더욱 빛나고 영광스러운 가문을 일구시길 기원한다. 영원히 글동생으로 지금처럼 가까이 있고 싶은 소망도 귓속말로 말씀 드리면서…….

■ 이 창 규

사도대상師道大賞으로 교육애를 인증한 스승

김철민 교장의 영광스러운 정년퇴임을 축하합니다.

김 교장의 행적을 바라보면서 교육과 아동문학에 대한 공헌을 챙겨 보았습니다.

교육은 사람을 바꾸고 세상을 바꾸는 힘을 가지고 있습니다. 그런 교육을 솔선수범하신, 교사, 교감, 장학사를 두루 거치면서 일선현장에 교육애를 발휘하였습니다. 그러면서도 남다른 열정으로 실천을 통한 식지 않은 젊음을 2세 교육에 헌신하였습니다. 임지마다 김 교장의 흔적은 지역의 푸론티어로서 사표가 되었습니다.

그 뜨거운 교육애教育愛에서 흘러나온 정열과 굳건한 의지, 용기가 김 교장을 거룩한 정신을 지닌 스승으로 교육에 헌신해 오게 하였습니다.

따라서 제자들에게도 스카우트정신과 스포츠 정신을 바탕으로 봉사와 참여로 일깨웠기에 스승으로서 제자들의 높은 칭송을 받을 수 있었다고 생각

산청 출생. 창원대학교 대학원 졸업. 《문학공간》 수필문학상(천료)으로 데뷔. 경남도문화상. 창원시문화상. 한국아동문학상. 아동문학의 날 본상, 한정동아동문학상 수상 외. 수향수필, 아동문예 동인. 창원문협회장. 경남아동문학회장 역임. 한국문협. 국제펜회원. 한국아동문인협회. 한국동시문학회원. 현 창원대학교 초빙교수. 경남도교육청위촉 학부모교육 강사. 동시집, 동화집, 수필집 《바람이 남긴 자리》 외 35권

됩니다. 여기에 보람을 담아 오로지 제자들의 바른 성장을 보람으로 이끌어 내면서 어느덧 정년퇴임에 이르렀습니다.

이러한 활동은 교육이 학교에서 지역사회로부터 파급되는 효과를 얻을 수 있겠금, '교육의 사회화' 운동의 선구자적 역할을 다 해 왔다고 볼 수 있습니다. 그것은 통영을 찾는 관광객이나 손님들에게 홍보한 팜프렛과 시. 사진. 엽서로 알림판을 아름답게 가꾸어 통영을 대 내외에 알린 내용들입니다. 그 증표가 '한국사도 대상韓國師道大賞' 으로 점철되었다고 봅니다.

공적을 다시 한 번 챙겨 보면서 김 교장의 교육애敎育愛는 정의적인 교육 내용 위주와 정서적인 교육활동으로 교육의 바탕이 되어야 할 인성교육人性敎育과 국가관 확립에 기여한 것입니다. 따라서 전인교육全人敎育에 역점을 두어 탁월한 학교경영을 해 온 능력 있는 CEO 교장입니다.

문학과 체육 부문에 두드러진 공적으로 학교를 대 내외에 빛내었으며, 방송 · 신문을 통하여 교육 칼럼활동으로 교권확립에 노력해 온 점도 빠뜨릴 수가 없습니다.

그리고 교육부 장관이 위촉한 사이버 현장교원 자문위원 으로 활동하는 한 편, 경남교육 정책개발 현장자문위원 단장으로 경남교육 발전에도 크게 기여하였습니다. 뿐만 아니라 이것을 뒷받침해 온 김 교장의 아동문학은 교단생활을 통하여 인성교육의 바탕이 되었고, 시인으로서 시, 동시 작품 발표로 학생 정서 함양에 기여하였습니다.

학생활동에서 경험한 좋은 정서 경험은 정서이동情緒移動으로 성인이 되었을 때에도 좋은 영향을 준 카다르시스Catharsis 효과를 준 것입니다.

아동문학兒童文學 작가로서의 활동으로 학교나 학생뿐만 아니라, 가문家門에까지 영광을 헌납하고 있는 것입니다. 이를테면, 한국 아동문학의 거목이신 김영일 님의 자제분으로서 잠자고 있었던 김영일님의 작품 발굴은 물론, 그 업적을 더욱 빛나게 부각 시켜 한국아동문학에 이바지해 오신 아버님의 뜻을 기리기 위한 '김영일 아동문학상운영위원회 위원장'을 맡아 운영하여 후진들의 아동문학 저변확대와 아동문학 작품 창작에 밭침 석이 되고 있기 때문입니다.

한국아동문학계에 우수 작품 활동으로 해강문학상을 비롯하여, 작사한 동요 3곡, 새 노래 · 다시 듣고 싶은 노래에 선정된 김 교장은 "어린이 정서 함양을 위해 다양한 창작 동요가 각급 학교에서 동심(童心)의 마음을 사랑으로 담기 위한 시가 이렇게 노래로 만들어지기도 하였습니다.

문학과 함께 40여 년간 교육의 길을 걸어온 김 교장은 최근 세계 시인협회(WAAC)에서 명예문학박사학위를 받는 겹경사를 맞기도 했습니다.

돌이켜 보면 김 교장이 경남에 심은 숭고한 교육애와 아동문학정신을 심고 가꾸어 온 것은 우연이 아닌 필수적인 사명감이었습니다. 그 외 통영 도산(道山)중학교 교장으로 부임한 이후 오카리나 연주회, 학생, 학부모, 교직원 편지 쓰기, 작품 전시회 등 심미적. 정서적 교육에 노력한바 큰 흔적들은 김 교장이 인생을 열정으로 살아온 사람이라는 점입니다.

매사를 자신이 맡은 일이라면 할 수 있는 최선을 다하지 않고는 직성이 풀리지 않는, 전력투구의 열혈한(熱血漢)이었습니다. 문학 활동, 특히 펜클럽 한국 본부 경남회원으로서도 종종 만났지만, 그의 교장실에서 옥미조 거제민속박물관 관장님과 만났을 때에도 그의 치열한 삶의 열기는 주위까지 생동감으로 뜨겁게 하였습니다.

김교장!

이제 무거운 짐 내려 놓으셨으니, 마음 홀가분한 기분으로 그토록 아끼고 사랑했던 교육과 쏟은 정열은 끝까지 남을 테니, 이제부터는 문학, 아동문학에 동참하여 몸담은 채로 같이 걸어가면서 세상에 더 널리 퍼져 나가서 이 세상이 조금이라도 더 밝고 아름다워지기를 기원합시다.

■ 조 임 생

추억을 풀어내는 몽돌

우리 집 거실 유리병엔 까만 몽돌 몇 개가 자리를 잡고 있다. 바닷물에 씻겨 차돌처럼 반들반들 윤이 나는 몽돌에선 언제나 바다 냄새가 난다.

"쏴아아 챠르르르!"

파도 소리도 들린다. 흰 포말을 끌고 와 해변에 부려놓고 재빨리 뒷걸음쳐 달려가는 파도소리가.

이 몽돌엔 추억 한 자락이 있다.

몇 해 전 한국아동문학회 여름 세미나 때였다. 그때 여행지가 바로 한려수도인데 바로 통영 앞바다이다. 마영선생님이 학교장으로 계시던 중학교에서 지척의 거리인 셈이다. 선생님은 당시 통영에 사신 죄로 남해를 여행하는 문인들을 극진히 대접하시곤 했다.

문인들이 배를 타고 남해바다를 향해 나갈 때 지나던 해수욕장이 있었다. 그 해수욕장은 특이하게 모래 대신 까만 몽돌이 가득 깔려 있었다.

명지대 문예창작과, 방송대 국어국문학과 졸업. 《아동문학연구》, 《월간문학》 동화 당선, 《창조문학》 시부문 당선. 한국아동문학 작가상 수상. 저서 《연이네 집 살구꽃》 《물차 운전수》 외. 한국문인협회, 창조문학가협회 회원. 아동문학연구 운영위원, 한국아동문학회 동화분과 위원장.

이른바 몽돌 해수욕장인 셈이다. 공깃돌 하기에 안성맞춤인 크기의 몽돌은 정말 예쁘고 귀여웠다. 그 몽돌에 욕심이 난 여성동지 몇몇이 돌을 한주먹씩 집어 들었다. 그 모양을 보신 마영 선생님이 웃으며 다가오셨다.

"안 됩니다. 몽돌을 제자리에 돌려주세요. 이 몽돌을 집어가면 벌금을 물게 됩니다."

"벌금이요? 헉!"

벌금을 문다는 말에 놀라 다들 돌을 내려놓았다. 서운했다. 몽돌이 어쩐지 더 귀해 보였다.

그날 저녁이었다. 그림처럼 고운 한려수도를 돌아본 뒤 우리는 숙소로 돌아왔다.

"똑똑!"

누군가 문을 노크하는 소리가 났다. 문을 열어보니 마영선생님이 서 계셨다. 손엔 작은 자루 하나를 들고.

"선생님, 웬일이세요?"

선생님은 파안대소를 하며 자루를 내미셨다.

"이거 내가 수집한 건데 몽돌과 같은 까만색이야. 기념으로 가져들 가요."

우리는 와아 소리를 질렀다.

누구나 여행지의 소중한 추억을 가슴에 묻고 싶어한다. 추억은 여행지에서 얻은 작은 돌 하나, 하얀 조가비에도 소담히 담겨 있다. 그것들은 물레로 자아올린 명주실처럼 추억을 풀어낸다.

마영선생님은 참 섬세하고 따뜻한 분이란 생각이 든다. 일부러 찾아오셔서 소중한 추억의 매개물을 주신 그 마음이 몽돌의 까만 눈 속에 잡힐 듯 느껴진다.

■ **최 미 숙**

존경하는 선생님께

선생님, 오늘 서울 하늘은 아름다운 쪽빛입니다. 삼각산 세 봉우리가 바로 눈앞에 와서 있는 듯 합니다.

휘휘 바람이 몰고 다니는 가랑잎도 어디론가 사라지면 겨울은 깊어가겠지요.

이미 오래 전에 받아 놓은 선생님의 귀한 시집을 받고 이제야 답해 드려 정말 죄송합니다. 늦었지만 시집 출간을 마음 가득 축하 올립니다.

선생님의 시집을 가방에 넣어 다니면서 한 편 한 편 읽어가노라면 -개구쟁이-?(죄송)- 웃음이 가득하신 선생님의 얼굴이 떠올라 빙그레 웃곤 했답니다.

'글은 곧 작가의 마음' 이라고, 선생님의 시에는 선생님의 마음이 그대로 담겨져 있었습니다. 멋스럽게 애써 꾸미려 하지 않으시고, 있는 그대로의 마음을 담은 시에서 선생님의 순수한 마음을 만날 수 있었습니다.

1994년 《아동문학연구》 신인문학상 수상. 동시집 《나는 언제 크나》. 한국아동문학연구회, 한국동시문학회, 한국아동문학회, 한국문인협회 회원

늘 웃음 띤 얼굴과 적극적인 성품을 지니신 선생님의 마음 한 켠에는, 마음 여린 소년의 모습이 자리하고 있음을 알았고요. 언젠가 한국아동문학회 신년 하례식 때 앞에 나오셔서 인사 말씀을 하실 때의 모습도 떠올랐습니다. 인사하시는 선생님의 때 묻지 않은 모습이 참으로 인상적이었거든요. 그래서인지 선생님을 뵐 때마다 저절로 웃음부터 나오니 어쩌면 좋죠?^^

선생님의 여러 시 가운데 제 마음을 흔들어 좋은 시는 '그리움', '보고 싶은 얼굴' 이었습니다. 어머니를 그리워하시는 모습이었습니다.

그리고

'새로운 만남', '섬마을 바닷가', '강의실에서', '산에 오르면', '한가위', '젊은 그대', '축복', '그늘진 농촌에도 햇살이', '가자, 전남 화순으로', '가을 손님', '신토불이', '모두가 하나', '가을 문턱', '가을 밤', '지나간 바람', '귀신도 통곡한다', '아! 통영이여', '당신이 그리워지는 날이면' 이 시들 속에는 사모님에 대한 사랑, 통영에 대한 애정, 세월의 흐름에 대한 안타까움, 바쁜 삶 속에서도 여유를 찾으시는 모습, 소년처럼 만남에 대한 가슴 떨려하시는 모습, 감수성 많은 모습들을 뵐 수 있었습니다. 제게 특히 인상 깊었던 시들이라고 말씀드리고 싶습니다. 두고두고 잘 감상할게요. 그리고 다음 시집도 기대하겠습니다.

몇 년 전 저희 '물방울 문학 동인들 문학 기행' 때 섬섬옥수 챙겨주시던 선생님과 사모님의 모습은 두고두고 잊혀지지 않을 것 같습니다. 늘 용기 주시는 따뜻한 마음 또한 감사드립니다.

항상 너그럽고 마음 따뜻하신 사모님, 그리고 선생님 늘 건강하게, 행복하게 사시길 기원합니다.

안녕히 계셔요.

■ **하 유 림**

Dear 김철민 교장선생님,

선생님, 안녕하세요. 저 얼마 전에 교하중학교로 전학 간 하유림 학생이예요. 문득, 선생님 생각이 나 이렇게 편지를 써요. 작년 이맘때 선생님이 하신 말씀이 아직 기억에 생생한데 이제 못 들으니 심심하기도 하고, 여기 교장선생님은 그냥… 잘 안 보이시고 학생들이랑 친하지도 않으세요. 저희 학교 교장실 지나갈 때마다 '선생님은 항상 교장실 문은 열려있다고 언제든 찾아 오시랬는데…' 하는 생각이 떠올라요. 저희 학교 교장실 앞엔 '절대 출입금지. 용건이 있을 시 행정실을 통해서 올 것.' 이라는 말이 빨간색으로 크게 써져 있거든요.

선생님이 시화 그리라 그러면 그림 그리기 싫고, 시 외우라 그러시면 외우기도 싫고 그랬는데 지금은 오리려 두 손, 두 발 다 걷고 시화 백 장은 거뜬히 그리고 시는 백 편은 기본으로 외울 수 있을 것 같아요 정말, 정말, 정~말 진심으로요^^ 저도 엄연히 선생님 제자인데 찾아뵙니 못해서 죄송해요. 문득, 그 말씀이 떠올라요! 작년에 선생님 제자가 학교로 찾아온 것! 언젠간 그 학생이 저로 변해 있을 거예요! 아시죠?

■도산중학교 학생

전 여기서 친구도 많이 사귀었고, 선생님들도 저 첫인상이 좋다면서 이쁘게 봐주시는 1학년 국어선생님들도 있고 과목별 담당선생님도 저 우등생으로 알고 좋게 봐주세요! 처음엔 어쩌나.. 싶었는데 살다보니 괜찮은 것 같아요. 여하튼, 졸업식 까진 이 학교 학생이니까.. 그래도 정 만큼은 도산중학교 선생님들보단 별로시더라고요. 그냥 우등생이니까 잘 봐주시는 정도랄까?

그래도, 보고 싶다고 선생님께 계속 연락하면 안될 것 같아서 자주 연락 못 드렸어요. 이해하시죠? 통영 보고 싶어서 울었던 적이 한 두 번이 아닌 것 같아요. 그래서 5월 2일 날 내려가서 학교 갔었는데 교장선생님은 안 계시더라구요. ㅠ_ㅠ 내심 기대했었는데, 여름방학 때 내려가면 볼 수 있겠죠, 선생님?

솔직히, 편지를 쓰기 전까지 많이 고민했어요. 교장선생님이란 높은 분이신데 편지로만 보내야하나 했는데. 교장선생님은 친구와도 같이, 때로는 아버지와도 같이 엄하신 분이니깐 저희랑, 아니 저랑 가까운 분이신 것 같아 친근감 있게 편지를 써요! 선생님, 다음에는 편지말고 실제의 말로 선생님께 달려갈게요. 선생님도 3-1 보고 있을 때 마다 제 생각나시죠? 그쵸? ㅎㅎㅎ 저 진단평가에선 전교 5등하고, 이번 시험은 처음 OMR 카드 써 보는거라 실수를 좀 해서 잘 보진 않았어요. 그래도 기본 90은 넘더라고요. 평균이. 하하.

그리고, 늘, 지금처럼 그러셨듯이 도산 중학교 학생들을 우물 안 개구리로 만들지 말아주세요. 밖이랑 안은 천지차이에요. 수학에서 차이가 확 나더라고요.. 많은 견문을 넓힐 수 있게. 수학여행이나 소풍은 갔던 곳 말고, 노는 곳 말고, 정말 좋은 걸 배울 수 있는 곳으로 갔으면 해요. 굳이 통영이 아니더라도….

그럼, 이만 안녕히 계세요! 다음에 꼭! 반드시! 기필코! 뵈러 갈게요.

—2009. 05. 12. 화, 하유림 올림

■ 홍성훈

아름다운 나포리 통영에 다녀왔습니다

지난주 24!25일 '마영'(마포에서 태어났다하여 마포의 지명에서 '마' 통영에서 생활하여 통영의 지명에서 '영' 자를 따서 지은 호.) 김철민 선생님의 부름을 받고 아름다운 나포리 통영을 다녀왔습니다.

거제교육청 주최로 거제도서관에서(11월 22일~25일까지) 학부모 대학(유치원, 초등교, 중학교, 고교. 학부모 회장단) 60여 명에게 2시간의 강의를 부탁받고, 늘 한번 가고 싶던 곳이었기에 쾌히 승낙하고 달려갔습니다. 수죄는 경상남도 거제교육청이지만 하나부터 열까지 모두 김철민 장학사님께서 계획하고 추진하는 것이었습니다.

교재도 "좋은 책을 많이 읽자."는 표지로 100여 페이지의 예쁘고 알찬 내용으로 직접 만들었습니다. 새삼 이야기 하지 않아도 우리 모두는 세미나 때나 어느 모임에서든, 만나면 누구에게나 웃는 모습으로 그 투박한 손으로 반갑게 손을 잡아 맞아 주시는 마영 선생님!

옹달샘상, 한국신문협회장 한국문학상 수상. 동화집 《피아노 선생님》 외. 풀꽃아동문학회 회장 역임. 한국아동문학회 이사, 뉴스매거진 보도국장, 종로문인협회 회장

이번에 통영에 가서 그 큰 가슴을 다시 한번 확인했습니다. 처음부터 사모님과 교대로 전화를 걸어 어느 버스가 편하니 그것을 타라며 장소와 시간을 알려주고, 내려가는 날도 어디까지 왔느냐며 계속 확인하고 전화로 남을 배려하는 마음. 도착하자 사모님과 같이 차에 픽업하여 통영의 시내와 시외를 달리며 건물, 다리, 산들을 일일이 설명해 주는 마음. 늦게 도착하여 석양을 못 본 것을 안타까워하며 밤바다를 이곳저곳 달리며 달아 공원의 산 정상에 올라 가까이 있는 섬과 멀리 바라보이는 섬 하나하나를 가리키며 설명해 주었다. 이때 옆에서 관광차 온 듯한 두 남녀가 설명을 잘해 주니 귀기우려 듣고 있다 궁금한 것을 묻자, 처음 보는 그들에게도 저 섬은 어디고 지금은 밤이라 잘 안보이지만 저쪽이 욕지도이며, 한산 섬은 저기로 가고, 관광은 어디 어디가 좋다고 자세히 알려주는 모습. 그 모습을 옆에서 지켜보며 생각했다.

내 고장 통영을 사랑하고 아끼는 마음 아니고서는 저런 마음이 도저히 솟아나지는 안을 것이다. 그리고 아파트 앞 넓은 광장을 새벽이면 쓰레기 봉지를 직접사서 매일 그 많은 쓰레기들을 깨끗이 혼자서 청소 한다는 이야기를 듣고 가슴이 뭉클하였다. 김철민 선생님 같은 분이 있는 한 이곳 통영은 더욱 더 발전하고 번영하여 진정 한국의 깨끗한 나포리가 될 것이 분명하다. 동백나무들이 아름답게 줄서있는 통영의 도로를 2시간여 굽이굽이 돌아서 인적 없는 곳과 산길을 따라서 드라이브하고 도착한곳은 '마라도' 라는 회집 음식점이었다. 미리 예약한 모양인지 바로 푸짐하게 나오는 음식들, 그리고 산 낙지와 어느 생선인지 모르지만 금방 잡은 듯 살아 움직이며 입에 착착 달라붙는(암놈인 모양) '싱싱한 회' 들(여기서는 회원님들 침이 넘어가야 됨). 술 한 잔 겸해 오랜만에 포식을 하고, 사모님은 차편으로 가시고 마영선생님과 바닷가를 걸어 집에 돌아오며 이야기를 나누는 재미. 바닷바람과 바다 냄새를 맡으며 향수와 꿈에 젖어보는 낭만. 오래 오래 이곳에 있고 싶은 유혹을 뿌리치고 주차장이 한없이 넓은 아파트에 들어섰다. 현관문을 들어서니 깨끗하게 정돈된 거실 정면에 김영일 선생님이 대한민국 정부에서 주는 대통령으로부터 받으신 문화훈장이 사진과 함께 나란히 걸려있었다. 숙연한 마음이 들었다. 맞은편에는 많은 책들이 여러개의 책장에 꽂혀 있었고, 더욱 시선을 머물게 한 것은 큰 책장에 김영일선생님이 집필하신 많은 책들이 모두 정성들여 꽂혀 있었다. 그리고 이름 있는 분들에게서 받은 액자들이 곳곳에 걸려있었다.

마영 선생님을 대할 때면 아버지를 생각하는 그 갸륵한 마음이 늘 효자라는 생각이 들었는데 이들을 보는 순간 그 생각은 한 치도 어긋나지 않았다. 김영일선생님은 돌아가셨지만, 늘 곁에 마음속에 아버지를 모시고 살고 있었다. 그리고 성기조 선생님이 만드시는 책 이번 가을호에 '나의 아버지 김영일' 이라는 특집을 게재하였다. 아버지 얼굴을 모르는 나로서는 매우 부럽기도 하였다. 먼저 들어온 사모님이 깎아준 과일과 몇 잔을 마셔도 밤새워 마셔도 좋을 독특하게 끓인 이름모를 녹차의 향기와 그 맛. 특히 옆에서 지아비를 극진히 모시는 사모님의 사랑이 넘치는 따뜻한 마음. 아내를 아끼고 믿으며 끊임없는 성다운 애성을 베풀어 주는 마영 선생님. 그리고 수능시험을 친 고교 3년생과 고교 1년생의 예쁘고 아름다운 따님들. 정말 샘이 날 정도로 사랑이 넘치는 따뜻한 한 가정을 오랜만에 맛보았다.

마련해준 침대 독방에서 창문을 통하여 바라다 보이는 독립문 닮은 다리와 바다의 아름다움… 잠들기 힘든 밤에 부드러운 이부자리에 피곤한 몸을 맡기며, 이 가정에 영원한 사랑과 행운과 행복을 기원하며 꿈나라에 들었다.

아침 일찍 마련한 식탁. 여기에서 사모님의 음식솜씨에 또 한번 놀랐다. 몇 년 전 다녀간 우리 물방울 동인들은 이 음식솜씨 맛을 보았으리라 본다.

집을 나와 거제도로 달렸다. 통영은 바다가 아기자기하게 호수같이 아름다운 곳이라면, 거제도는 수평선이 보이는 넓은 바다가 한눈에 들어왔다.

교육청에 들러 많은 분들과 인사를 나누었다. 이곳에서도 김철민 장학사님의 위치는 대단한 것 같았다. 마영 선생님은 정말 존경 할만한 우리 아동문학가의 자랑이라는 것을 한눈에 느꼈다. 강의가 끝나고 교육장님, 교육과장님, 등과 맛있는 점심을 했다.

그들과 헤어진 뒤, 마영선생님은 거제도 곳곳을 안내해 주었다.

특히 거제시 연초면의 명동초교였던 폐교를 거제민속박물관(관장 옥미조 대표)으로 새로 설립하여 잊혀져 가는 많은 우리들의 옛 물건들과 방대한 양의 책과 작품들. 그리고 김영삼 전대통령이 태어난 집(생가) 방문 등을 잊을 수가 없을 것 같다.

마영 선생님의 덕분에 강의 핑계 삼아, 늦가을 멋있는 여행이 되었다.

다시 한번 두분께 진심으로 감사드린다.

–끝으로 걱정되는 것은 한국에서 아동문학가하는 사람은 마영선생님을 모르는 사람이 없다.

그런데 일년 사계절 전국에서 찾아오는 사람도 수없이 많은 것으로 안다. 그런데도 누구나 반가이 맞이해 주는 마영 선생님과 사모님에게 고마움을 느끼지만, 봉급쟁이로서 그 돈이 적지 않을 터인데 염려가 되어 마음이 편치 않다. ㅎㅅㅎ

마영 김철민 교장 정년퇴임 기념문집

깊고 푸른 숲

김철민 문학세계

동시

그리움

잔디에 누워
하늘 보면
하늘 푸름이
바닷속 같이

목동이 산 위에서
풀피리 불면
가락 가락에
엄마 얼굴 떠올라

가만히 눈 감고
내 나이 헤어본다

추 석

달력에 빨간 글씨
하나 둘 셋
동그라미 그려

양손에 한 움큼씩
선물 보따리
빼곡히 들어찬
"귀성열차"
밤새는 줄 모르고
끼 이 익!

뒷산에 밤톨 삼형제
"토실토실"
짝!
가을이 익어
둥근달 쳐다보며
달맞이 간다.

그리운 금강산

계절따라 예쁜 옷
갈아입고
엎어지면 코 달데
'만물상과
구룡폭포'
어느덧 반세기!

아슬아슬한 철계단
만상정 쉼터
'빨리 오라우'
오 마 니……
설레임에 술렁술렁

언제라도 볼 수 있는
세계의 보물!
다음에 꼭
노을이 미끄럼 탄다

봄 향기

봄 캐러
들녘에 나온
연둣빛 아가씨

돌틈 사이 비집고
살포시
내려앉은
여린 풀꽃

먼저 온 봄

살얼음 핀
개울가
신발로 톡!
햇볕 머문
큰 돌 사이

송사리 떼
'빼끔 빼끔'
손으로 살랑

잡았다 요놈!
가져갈까
죽으면 어떡해

롤러스케이트장

와 ~ 와
밀치고 당겨
좁은틈 뚫고
시잉 – 씽

비켜 비켜
앞서는 깜돌이
'쿵'

갑자기
나타난 정아
메–롱 메–롱

겨울 나무

나무들이
나뭇잎 떨궈

볏짚 외투
갈아입고

올겨울은
아이 따뜻해

가을 풍경

맑고 고운
코스모스
여린 손짓 살며시

오가며
길가 가득
터널 이뤄

들녘에 나와
스케치하는
어여쁜 소녀

아기 코스모스

흐드러지게 핀
울긋불긋
어여쁜 꽃!

고운 몸짓
꽃 그림 가득

시골 아침

산새들이 까르르
아침을 깨
벌레울음 숲속에
아침을 맞고

누렁소 앞세운
밀짚모자 아저씨
눈 비비며
이-랴 이-랴!

오늘도 생긋이
떠오른 햇살
내 등 토닥토닥
아침을 연다

짱구 대가리

쭈빗한 머리
우리 집 대갈장군
앞 뒤 꼭지 삼천리
사발짱구 먹보는
우리 집 강아지

먹칠분칠 꾀죄죄한
몸뚱아리
들통에 넣어
멱 감으면
땟물만 둥둥

짱구는
연못속
연꽃이 된다.

코스모스

소슬바람 춤추며
귀뚜라미 소리
또르 또르르
가을은 성큼 깊어가고
온 세상 황금옷
갈아입고
대풍이 온다

코스모스 넓은 그늘에
홀로 그리움 잠긴다

양 심

오늘도 남몰래
버려진 쓰레기
악취로 뒤범벅

지나는 아이
돌아서서
왝!

누가 버렸을까
흉보는 내 동생

봄이 오네

겨우-내
꽃씨로 숨었다가
바람 햇살
눈길 주지 않아도

제멋대로
고개 들고
재채기 한다
에-취!

고향마을

소나무 숲 사이엔
산새들이 살고
흐르는 시냇물엔
송사리떼 놀고
산 밑엔 옹기종기
집들이 모여 산다.

냇둑에 우뚝 선
미루나무들
시골을 지키는
파수병인가 봐.

개구리 소리 요란한
시골의 밤은
집집마다 모깃불 연기
모락모락 오른다.

오염된 강물

첨벙 첨벙
에 퇴퇴
하얀 거품
둥 둥
이게 뭐야!

참아요 참아
숨막혀
왜!……
썩은 냄새
네 손 닿을라

아기는 큰다

안아주면 생글생글
웃음이 굴러내린
아기 천사

쉬잇 축 축
입 모양
비죽 비죽
왕만한 눈동자
글썽 글썽
앙 – 앙

엄마가 달려온다
배가 고팠나!

새해맞이

때때옷에 꼬까신
개구쟁이 도령
이게 누구지?
엄마 손잡고
꺼떡 꺼떡
아이 예뻐

산 너머 시골집
조금만 더 가
할래 발딱
기다린 우리 할아버지
고추 만지며
우리 집 강아지
많이 컸네

스승의 날

교문 앞에 쫙!
숨 가삐 달려와
카네이션 달아준
개구쟁이 천사

콧노래 흥얼흥얼
책상 위 한 송이 꽃
날 반긴다
그 애는 누굴까?

꽃무늬

들 숲을 걷다
눈에 띈
조막 만한 꽃
보고 또 보고

방금 날아온 나비
이쪽 저쪽
꿀 뜨다
내 옷에 살짝

어머머 똥!
꽃이 폈다

별

밤하늘의 무수한 별
오늘도 긴긴 밤
홀로 떨어져
반짝이는 꼬맹이별

구름다리 수놓아
손톱으로 톡
떨어뜨리자

와! 보석이다
바구니에 담아
아가별 엄마별
순이한테 가져가야지

여름 별 밤

밤하늘에 수놓는
착한 별 되어
손바닥으로 하늘 바라보며
북두칠성 찾아놓고
큰곰, 작은곰자리, 카시오페아, 페가수스
밤하늘에 펼치는 우주쇼

보석처럼 반짝이는
밤하늘에 올라가
우주의 신비로움을
가슴에 품어
엄마 팔 베고
우주여행 떠나요

저녁 노을

저녁 노을이
바다에 살며시
꼬맹이 요정들은
춤추며 들락날락

바닷길 버드나무
하늘 꼭대기 닿고
비단 물결 푸른 바다
꽃볼처럼 곱다

통일의 그날

남북이 흩어져도 혈통은 하나
빼어난 금수강산 세계의 자랑
휴전선 장애물 넘고 넘어서
남북한 어린이들 손을 잡아요.

남북이 갈렸어도 조국은 하나
희망이 반짝이는 대한의 하늘
한라산 백두산에 태극기 꽂아
7천만 배달민족 똘똘 뭉쳐요.

*2011년 초등음악 5년 교과서에 실림

귀뚜라미

별이 우박 쏟듯
깊어가는 가을밤
뜰에서 부엌
마루 끝까지
그칠 줄 몰라
요란스레 우는 밤
내마음도 같이 울고
굴러가는 그 소리
또르르 또르르 또르르르

옛 노랫가락
동무들 모습
눈에 선 해
오만 가지 그리움 일고
가을이 성큼 성큼
깊어가는 쓸쓸한 밤.

학교 가는 길

학교 가는 아침 길
웃음꽃 펴
옹기종기 모여 가는
예쁜 천사들
해님이 방글방글
간지러 주어요.

학교 갔다 오는 길
얘기꽃 펴
종알종알 돌아오는
노을이 곱게곱게
비추어 주어요

꽃동산

꼬불꼬불 길가엔
돌 틈으로
예쁘게 핀
이름 모를 꽃

다람쥐 놀고 가고
새들도 짹짹
꽃마을 노래마을
어린이 마을

꼬불꼬불 길숲 사이
높은 나뭇가지 쓰르라미
쓰 쓰르르르
풀벌레 소리

꽃나라 노래나라
꽃동산 가꾸자
우리 손으로

바닷가에서

뽀오
뽀오
뽀오
배는 들어오고
배는 떠나가고

크고 작은 갈매기
끼이룩 끼끽
한나절 노는데

바다 저 쪽에
뉘가 날 부르는 듯

출렁이는 바닷가
들고 나는
고동 소리만 듣네.

해바라기

줄기 꼭대기에 꽃봉오리
아기가 깡충 키 대보며
내가 깡총깡총

큰 눈을 번득이며
망을 보는
늠름함 노랑용사
돌담 너머 폈다

작은 애기꽃 큰 꽃 이루며
해님의 손이 보여
햇볕에 얼굴 그을고
노오란 머리 치켜

뻐꾹새 우는 산골집
장다리 혼자
해 보며 돈다

봄의 길목

논 속 깊이 파묻혔던 청개구리
툭 튀어나온 눈으로
쌍안경 쓰고
고개 둘레둘레 돌리며
숲 속에 앉아 봄노래한다.

개골 개골 개골
개골 개골 개골

강변 들판 가득 찬 새소리
주위에서 뱅뱅
갑자기 날아든 종다리 한 쌍
보리밭 기웃거려 조잘댄다.

뽀삐 삐이요.
뽀삐 삐이요.

눈 오는 날

눈 오는 날은
하느님이 우리에게
동심을 들려 주는 날이다.

철이 든 어른들도
뭐가 그리 좋은지
싱글벙글 소년이 된다.

개구쟁이 아이들
눈사람 만들고
복슬강아지 꼬리치며
입을 다물지 않네.

깨끗한 곳 더러운 곳 없게
하얀 눈으로 덮어 준
하느님은 우리에게
평화와 웃음을 돌려 주신다

시골 풍경

다복솔 울창한
산모퉁 돌아
손수레 겨우
지나갈 만한
밤나무골 아래
벌들이 왱왱

도랑물
개울가 길게 누워
기역자로 휘어진
논밭길 따라
누렁소 앞장서
들로 나온 할아버지

하늘 아래 스무 남짓
집들이 다닥다닥
희끄무레한
고요한 마을
저녁놀 핀다.

가을 밤

코스모스 소슬바람
춤을 추고
귀뚜라미 소리
또르르르 또르르르
가을은 성큼 깊어가고
온 세상
황금옷 갈아 입는다.

고향 생각
작은 가슴앓이하고
어릴적 추억
필름이 머릿속 스친다.

내 연필 끝에서
잠시 쉬고 있는
이 가을 밤!

뒷뜰에는
무가 크고
감나무 아래에는
버섯이 크고

귀뚜라미 잠을 자는지
문창호지엔
달빛만 마냥 큰다.

첫소리

갓 태어난 우리 아기
체중 4Kg
고추를 달고 꼬물 거리는
작은 핏덩이

눈을 감고도
발버둥치며
지른 첫소리!

그 소리는
바로 이 세상에 새로이 존재하는
생명의 소리이다.

이 지구 위에
몇십억 분의 일이 되는
하나의 생명
첫소리는 분명 신비스런
우주의 소리다.
살아있는 소리다.

찹쌀떡 장사

어두운 불빛 사이로
어렴풋이 들려오는
'찹쌀-떡, 메밀-묵'

발길을 멈춘 그 아이
바라보고 섰다가
창문을 열었다 닫았다
웃으시는 엄마의 얼굴

낯선 아이

산골길 가다가다
낯선 아이 만나
말을 할까말까
그냥 지나쳤어요.

얼마쯤 가다가
뒤돌아볼 때
그 아이 그냥 선 채
싱 웃고 있어요.

산골길 다 가도록
웃고 있는 그 아이
생각났어요.

나는 일학년

재롱둥이 코흘리개
많이도 컸네.
때때옷에 도령님
코수건 달고
헤 헤
학교 가는 길

교문에 들어설 때
마이크 잡은
낯선 아저씨
덜 덜 덜

엄마 집에 가
아니, 철이야
오늘부터 일학년
김씨집 대장감이야.

고향 길

기차를 타고 버스를 타고
찾아가는 고향 길은
나이를 먹어도
늘 열살배기로 만든다.

연못을 지나면
넓은 들판
새 쫓는 허수아비도
옷이 많이 낡았구나.

고향 논둑길
풋풋한 풀냄새
새벽 알리던
이장네 토종닭들도
잘 있는지……

고향 길을 걸으면
반갑고 즐거워
열살배기 웃음이 번진다.

등댓불

바닷가 언덕
밤새워
뱃길 밝히는
외로운 등불

긴긴 밤
동무하던 갈매기
울고 울다
잠이 들고

저 멀리
바다 너머
동이 트면
깜박깜박
등댓불
풋잠이 든다.

그림자

나는
골목길 걸어서
심부름 가고

달은
구름길 혼자 가고

반짝반짝
별꽃 빛나는 밤

숫자 세고
걸어가면
달은
웃으며
머리 위로 따라온다

우체통

가게 앞에 우체통
빨간 우체통
입을 열고 말 못 해
갑갑하겠지
해 바른 봄날에
혼자 서 있네.

골목길 앞 우체통
빨간 바지 저고리
먼 길 간 누나 편지
기다리다가
긴긴 해 다 가도록
홀로 서 있네

나팔꽃

나팔꽃 또또따따
나팔을 불면
꽃밭의 꽃들이
활짝 피지요.

잠꾸러기 꽃들도
활짝 피지요.

나팔꽃 또또따따
나팔을 불면
동산의 나비들이
얼른 오지요.

동무 동무 이끌고
얼른 오지요.

지나간 바람

웡-
웡-
바람 한 줄기

내 이마
구슬땀 씻고
가 버린다

고마운 바람

돋보기 안경

할아버지 벗어 둔
돋보기 안경
호기심
써 보니
눈앞이
팽– 팽
어지럽다.

안경 벗고
먼 산
바라보면
내 눈
또렷또렷

할아버진
왜 쓸까?
돋보기 안경

물레방아

물방아 돈다 쿵쿵
물방아 돌아
벼 한 섬 찧고
참새 떼 몰래
조 한 섬 찧고

물방아 돈다 쿵쿵
물방아 돌아
노래도 하고 누나와 함께
춤도 추고

물방아 돈다 쿵쿵
물방아 돌아
마음이 기뻐
뻐꾸기 뻐꾹
온종일 운다

개구리 합창

연못가의 왕눈이
화가 났나 봐
쌍안경 쓰고
둘레둘레
이리 번득 저리 번득
울어대는 목소리
꾸룩 꾸룩 꾸룩

이 논이랑 저 논
벼 이삭 사이
얼룩무늬 새 엄마
높이뛰기 선수
별무리 짝짓고
주걱턱 치켜
하늘을 난다.

달 님

동그란 그 마음 빛
여러 사람 나눠 줘
희망의 빛
불어 넣는다.

뽀얀 밝은 빛
아름다운 마음
빛나고 있다.

밤엔 방긋방긋
낮엔 잠자는 달님
고요함 가득가득
고운 꿈 키운다.

구 름

흩어졌다 모여든
구름 양무리
떼지어 나는 걸 보니
엄마구름 따라
하늘 나들이 왔다.

산새들 환영 음악회
가슴까지 하늘처럼
확 트이며
뒤뚱뒤뚱
좇아오는 아기구름
하늘가 장관 이룬다.

창 문

새로 바른 창 오지
햇볕에 말려

손톱으로 톡톡
피아노 소리가 나

'탱 탱 탱'
하늘은 새맑다

소쩍새 우는 마을

낮엔 잠자구
밤에도
소쩍새는 마구 운다
'소쩍 소쩍'

무슨 한이
그리도 서러워

천년 만년
울어 새는가
'소쩍 소쩍'
'소쩍 소쩍'

날이 밝았다

봄날은 온다

울긋불긋 꽃 속에
꽃이야 따던
풀피리 소리 담겨와
'삘 리리 삘 리리'

옛날에 불던
그 피리 소리에
하루종일
풀 뜯는 염소

흰 구름 속 오락가락
꽃이야 피던
개나리 진달래
'헤 헤헤 헤 헤헤'

어느새 피었을까?
지금 코끝이
빨개진 봄 아가씨

고란사의 종소리

황포돛대다
얼른 타야지
백제인 다 모였다
출발!

깎아지듯 아슬아슬
수풀에 가린 낭떠러지
다이빙 무대
겁먹은 궁녀아이들

찬란한 문화
꽃피었던
천년고찰 고란사에도
봄을 맞는다

단 비

가뭄!
애타는 농심
산에 나무도
들판 곡식도

바빠진 하루
땀이 흐르고
생기가 돈다

하늘이 새맑다.

꽃샘 추위

3월초
신입생 입학식
하늘이 놀래
씨-이잉!

유리창 너머
운동장 아이들
'덜 덜 덜'

해 맑은 웃음소리
운동장 가득 가득
빼또롬 돌아보는 녀석
손 흔드는 엄마 아빠

씨-이잉!
바람이 지나간다

봄동산 아이들

양지바른 담벼락 밑
옹기종기 모여
수다 떠는 아이들

그 옆
흙을 뚫고
귀여운
초록색 애기풀

활짝!
기지개 켜
나를 바라본다

옹알이

우리 아기
우리말
가르치지 않아도
입 안에서 옹알옹알

아장아장
익힌 말
"찌찌"
"맘마"
"에비-."
가르치지 않아도
잘 배우네.

우리 아기
옹알이
재미있는 말

첫서리

아침 등굣길
교실 유리창 가득
뽀얗게 서린
입김 위에
비뚤비뚤 쓴 글씨

풍선만 한 얼굴
가까이 가 보니
안경 낀 선생님
우습다

선희 얼굴도 빨개져
나도 웃고
개구쟁이 돌이도
깔깔댄다

크리스마스

12월 25일 아침
예배시간 알리는 종소리
'땡 땡 땡'
마을교회로부터 울려 퍼져

이웃집 순이
심술궂은 돌이도
움푹 패인 파란 눈
노랑머리 다문화 어린이들

어디에 있었는지
한걸음에 하나 둘씩 모여
애들아 들어가자
콩닥 콩닥

목사님의 세상 이야기
숨죽이고 들었다
'졸다가 깨다가'
선물은 뭘까?

마지막 말씀!

세상에 공짜가 없다

메리 크리스마스

하모니카

하모니카 불면
닐니리 불면
동무가 그립다

동무가 그리워
하모니카 불면
닐니리 불면

하모니카 구멍마다
새록새록 옛 추억

하모니카 불면
닐니리 불면
동무가 그립다

통영바다

타조 알 같은 도시
수많은 발자국들
남망산에 올라
뱃길 따라 펼쳐진
청정해역 쪽빛바다

해안선 모퉁 마다
들고나는
뱃고동 소리
뿌 웅 –

동양의 나폴리

The sea, Tong Yeong

The city is
like the egg of ostrich.

so many foot primts
Climbing
on the Nam mang mountain

Clean seaside
Blue sea
with the road of ship

Boat whistles
Coming and back
Each corner of coastline

Pwoong
Napoli of oriental

—Written by Poet Chyol Min Kim/Translated by poet seok hyeon Kim

김철민 문학세계

동화

매 미

여름방학이 되었습니다. 방학을 하니까 그저 좋기만 합니다. 할 일이 많았습니다. 할머니 댁에도 가야겠고, 멱도 감아야겠고, 철이는 이런 생각을 하니까 즐겁기만 했습니다.

철이는 형을 졸라서 매미채를 만들어 가지고 밖으로 나갔습니다.

"영수야, 매미 잡으러 가자."

"넌 숙제 다 했니?"

영수가 숙제를 하고 있다가 물었습니다.

"이따 저녁 때 할래, 어서 나와."

"응 같이 가"

영수는 숙제장을 덮어놓고 철이를 따라 나섰습니다.

"넌 매미채가 있지만 난 뭘로 잡아."

영수는 철이의 매미채를 바라보며 부러운 듯이 말했습니다.

"이걸루 같이 잡으면 되지 않아?"

"응 그럼 나 좀 빌려 주겠니?"

"그래 어서 가자, 내가 빌려 줄게"

"누가 그 매미채 만들어 주었니?"

"형이 만들어 주었지 누가 만들어 주겠어."

"넌 참 좋겠다."

영수는 형이 없어서 철이가 부러웠습니다.

퍽 무더운 날입니다. 런닝샤쓰만 입었는데 땀이 저절로 흐릅니다. 바로 그때 느티나무에서 매미가 웁니다.

"맴 맴 맴"하고 자지러지게 울어댑니다.

철이는 나무 밑으로 살살 기어가서 한참 나무위를 살핍니다. 어느가지에 앉았는지 뚫어지게 쳐다보아도 소리만 들릴뿐 매미는 보이지 않았습니다. "찌익" 소리를 남기고 매미는 저쪽으로 날아갔습니다.

"우리 쫓아가 보지."

철이가 뛰어갑니다. 영수도 뒤따라 갑니다. 언덕을 너머 얕은 산에서 뻐꾸기가 "뻐꾹 뻐꾹"울어 댑니다. 숲속에서는 방아깨비와 여치가 번갈아 울어댑니다.

철이와 영수는 냇가에 앉아 벌레들의 울음을 들었습니다. 한 놈이 울면 다른 한 놈이 받아서 합창을 합니다. 산 위에는 흰구름이 둥둥 떠 있고 푸른 벌판에는 군데군데 원두막이 서 있습니다.

"할머니 댁에도 원두막이 있을 겨야."

철이는 작년 여름방학에 할머니 집에 갔을 때 원두막에서 참외도 먹고 그 밑에서 토끼와 재미있게 놀던 일이 생각났습니다. 영수에게 다짜고짜

"나 며칠 있다가 할머니 집에 간다."

자랑삼아 말하니까, 영수도

"나도 모레 할머니 집에 가기로 했어."

하고 대답했습니다.

이번에는 시냇가 버드나무 위에서 매미가 웁니다. 철이는 힐끗 버드나무

위를 쳐다봅니다. 그리 높지 않은 곳에 앉아우는 매미가 눈에 띄었습니다. 철이는 살살 버드나무에 기어 올라가 매미채로 탁 쳤습니다. "찌익"하며 매미가 채 안에 들어왔습니다.

철이는 신이 나 얼른 채 안에 든 매미를 꺼내 실로 매었습니다.

"영수야 우리 멱 감고 가자."

철이는 매미채를 팽개치고 옷을 벗습니다. 햇볕이 쨍 내리쬐는 무더운 날씨입니다.

"뭐 너만 잡고, 나도 잡아야지."

"이따 멱감고 가다가 잡으면 되지 않아. 그 때는 네가 잡아."

"그럼, 그럼 꼭이다. 나도 한 마리 잡아서 갖고 놀 테야."

영수는 철이한테 다짐을 받고서 옷을 훌훌 벗고 물로 뛰어 들어갔습니다.

철이와 한참 멱을 감다가 물싸움을 했습니다. 나중에는 물속에서 씨름까지 했습니다.

냇물도 햇볕이 내리쬐어서 미지근합니다.

"야, 그만 나가 보자."

철이가 먼저 물에서 나왔습니다. 영수도 나왔습니다.

"뛰어가자. 뛰어가."

철이는 매미채를 들고 달렸습니다.

"아니 매미채 빌려 준다고 해놓고 왜 안주는 거야."

영수는 뒤쫓아 가며 크게 소리쳤습니다.

"그래 빌려 줄게."

앞에 달리던 철이가 멈칫 서서 매미채를 주었습니다.

비행기가 윙하며 산을 너머 갑니다. 산속에서는 아직까지 뻐꾸기가 웁니다.

"아니 매미는 한 마리도 안 우네."

영수는 매미채를 둘러멘 채 심심하게 내려 옵니다. 철이는 실로 길게 맨 매미를 날려보며, 휘파람을 붑니다. 내려오는 길에 철이는 여치 몇 마리를 또 잡았습니다.

"내일 또 올께. 안녕!"

철이는 산을 향해 손을 흔들었습니다.

마을 앞 배나무에서 매미가 "맴맴" 울고 그 소리를 듣고 영수는 재빨리 뛰어 갔습니다.

자라 소동

산새 좋고 물좋은 미수동 마을, 바다가 한눈에 펼쳐진 우리 집은 네 식구가 행복하게 살아 갑니다.

오늘은 일요일

아빠가 아침부터 웃옷을 벗고 거실 한 가운데 아담한 실내 연못을 만들고 있습니다.

솟아 오르는 분수 밑으로 자갈을 깔아 용궁도 짓고 오색 구름 다리 밑으로 물방울 튕기며 놀고 있는 아기 금붕어 또 담을 경계로 물레방아 수레바퀴 사이 사이로 귀여운 자라도 키웁니다.

첫째 자라 이름은 꺼붕이, 꺼붕이 애인 쫄순이 그리고 이웃집 자라 쫄쫄이가 사이좋게 살아 갑니다.

며칠 후 아빠가 연못을 들여다보다가

"여보, 자라 한 마리가 없어요."

"잘 찾아 보세요."

"아니 인아가 자랑하려고 밖에 가져 나갔을까?"

"허 허."

이 사실을 모르고 붕어들은 방울 방울 튕기며 물보라 장관을 이루며 예쁜 지느러미를 살레살레 흔들며 담 옆으로는 쫄순이와 쫄쫄이가 일광 욕을 즐기러 바위 위로 올라갑니다.

한편 뒤늦게 꺼붕이가 없어 진 것을 보고 쫄순이는 기가 찼습니다.

작년 이맘때 도망 나와 집안에 한바탕 소란을 피운 적이 있는데 또 행방불명이 되었다니 꺼붕이 도련님 나오기만 해봐 그냥 안 둘테야.

쫄쫄이가 갑자기 내 뒤를 쫓아오더니 이젠 꺼붕이 녀석 잊어 버려요. 저랑 행복하게 살아 예쁜 왕자, 공주 낳아 행복하게 살아요.

뭐예요 우리 도련님 오시면 다 이를꺼예요.

"흥" 제까짓 것이 어디에 있는데.

꺼붕이 도련님, 지금쯤 무얼 하고 계세요. 벌써 집 나간 지 삼일째 허기진 모습이 자꾸 떠올라 못 견디겠어요.

그 우람한 모습과 스타일에 홀딱 반하여 쫄쫄이를 멀리 하고 도련님한테 왔는데 저는 누굴 믿고 살아야 됩니까?

도련님!

어수선하넌 차 구두쇠 아빠가 현상금을 내걸었습니다.

모두가 눈이 휑!

뚜렷한 단서를 잡아라.

아직까지는 집안에 있을 게다 만원이 생긴다고 제각기 방, 거실, 구석구석 찾기 시작하자 엄마는 인아한테 찾는 방법을 귓속말로 몰래 이야기 해주셨습니다.

쫄순이를 연못 밖으로 상륙시켜 그 뒤를 밟아 보아라 뒤에는 꼭 애인이 있단다.

쫄순이를 내보내어 우린 지켜 보았습니다.

사방을 둘레 둘레 살피다가 물똥 직격탄을 퍼부었습니다.

휴, 냄새

"으 윽"

아마 꺼붕이가 이 냄새를 맡고 나오라는 신호인 것 같아요.

한참 후 바스락 소리가 큰돌 밑에서 들려와 막대기로 여기 저기 쑤셔 보았더니 손끝에 이상한 느낌이 와 닿자 쫄순이가 기어 나오는 것이 아니 겠어요.

쫄순아 너 가만 안둘테야 그런데 아까보다 바스락 소리가 귓전에 잘 들려왔습니다.

아마도 꺼붕이가 꼼짝 달싹 못해 애처롭게 119 아저씨 대원들을 기다리는 것 같아 보였습니다.

"야, 여기다."

"아니 어떻게 된거야."

"쯔 쯔"

며칠 전 날씨가 더워 이웃의 금붕어집 담을 넘다가 발을 헛디뎌 그만 담이 무너져 깔리고 말았습니다.

비명을 질러도 붕어들에게 상처를 줄까봐 나에게는 관심이 없었나 봐요. 그래서 언젠가는 구해 줄 것이라 믿으며 기다렸습니다.

"그래 다치진 않았니?"

"발바닥이 쬐금 찢겼어요."

"천만 다행이구나."

꺼붕이는 쫄순이 등 위에 타고 집으로 향했습니다.

쫄쫄이는 기분이 상했는지 물끄러미 쳐다보며 엉금엉금 기어갑니다.

인아는 자라보다도 현상금 만원이 더 좋아 콧노래 부르며 손뼉을 치면서 친구들에게 자랑하려고 밖으로 나갔습니다.

밖에는 소낙비가 내리고 있습니다.

엄마 아빠도 빙그레 웃고 계십니다.

"인아야 일찍 들어와!"

곤충들의 공굴대회

손꼽아 기다리던 여름방학이 돌아와 순희, 양수 모두 웃는 얼굴로 탐구생활, 생활통지표를 받아 콧노래 부르며 집으로 향해 달려 갑니다.

양수는 이 여름방학을 얼마나 기다렸는지 모릅니다. 작년 이맘때 시골에 계신 할아버지 동네에서 여러 친구들을 사귀고, 미루나무에 올라가 매미도 잡고 들녁에 나와 하늘에 떠 있는 잠자리떼를 쫓아다니다 넘어저 다치기도 했습니다. 옥돌이는 잠자리를 잡아 꼬리에다 시집 보낸다고 실을 매어 공중에서 묘기를 보여 주다 그만 꽁지가 떨어져나가 싸움까지 한 적이 있습니다.

갑자기 잠자리 생각이 떠올라 할아버지 집에 가고 싶었습니다. 집에 오자마자

"아빠, 오늘 방학 했어요."

"오냐, 생활통지표를 보자."

"예."

"참 잘했구나."

"아빠, 선물로 내일 할아버지 집에 가요?"

"그래, 다음에 휴가 받아서 가자."

"야! 신난다."

할아버지 집은 서울에서 조금 떨어진 시골이라 기차도 가고 시외버스도 가고 논밭사이 과수원길 지나 대나무골 아래 대궐같은 집을 짓고 삽니다.

밭에는 수박, 참외, 토마토, 옥수수 그리고 포도나무에 포도송이가 주렁주렁, 원두막도 설치하여 지나가는 사람, 자가용 타고 놀러오는 사람들의 쉼터로 제공도 하여, 돈도 많이 버는 구두쇠 영감이라고 소문이 자자하지만 인정 많고 날 귀여워 해주는 그런 할아버지입니다.

마침 사촌형이 서울에 있는 고등학교에 다니기 때문에 우리 집에 놀러 왔습니다.

"형, 형 오랜만이야."

"그래."

"마침 잘 왔거든!"

"왜?"

나랑 같이 할아버지 집에 가야 된다. 아빠는 나중에 오시고 난 형따라 몇 가지 옷을 챙기고 따라나섰습니다. 2시간쯤 차를 타고 갔습니다. 정말 시골은 공기가 맑고 아름다웠습니다.

형따라 논뚝길을 걸어 가다가 갑자기 저 산에서 후두둑 꿩 한 마리가 날아 갑니다. 그것만 아니고 매미 잠자리도 공중에 떠 갑니다.

"형 빨리 가."

"알았어."

"내가 달리면 쫓아와"

"나는 길 잘 몰라"

"그럼 달리기 할까?"

"그래."

흥, 내가 학교에서 달리기 선수인데 모를꺼야.

자! 시작한다 휘–익

아주 빠른 속도로 얼만큼 달렸을까?

헉헉거리며 대문 문턱에서 골 인.

양수는 어떻게 할아버지 집까지 달려 왔는지 모릅니다. 기진맥진 숨을 헐떡이며 대청마루로 올라서자마자 쌕쌕거리며 어디선가 귀에 익은 할아버지가 밭일을 끝내고 오신 것 같았습니다.

그 길로 그만 잠이 들었습니다.

집 뜰 뒤에서는 할아버지의 구슬픈 노래 소리가 들려오고 범나비가 나풀나풀 춤추며 뒷동산 언덕으로 날아갑니다. 나는 나비를 따라 호숫가에 갔습니다.

거기에는 곤충들이 놀러왔다가 노래자랑을 하고 있었습니다. 사회자는 왕눈이 개골이가 진행하고, 무대 맨 앞줄 메뚜기, 베짱이, 방울벌레, 무당벌레, 꿀벌들이 자기 차례를 기다리고, 방청석에는 개미 왕국에서 나온 일개미, 숫개미, 여왕개미가 의젓하게 자리를 잡고 하늘에는 꿀벌들이 진을 쳤습니다.

심사석에는 방아깨비가 인사를 합니다.

첫번째 나오실 분을 소개하는 왕눈이 '개골 개골' 예쁘게 방울 소리 달랑거리며 방울벌레가 노래를 부릅니다.

"방 방 방 피–익 제대로 풍악을 울리듯 날개접고 펴다가 그만 박자를 놓쳤습니다."

"땡"

'개골 개골' 두번째 손님을 맞겠습니다.

"어디사는 누구십니까?"

"나로 말할 것 같으면 윗마을에 사는 베짱이입니더."

베를 짜듯 느리고 길게 신세대 리듬에 맞춰 '베짱 베베베' 하다가 가사를 그만

"땡"

다음은 세번째 여자 손님을 맞겠습니다. 짙은 화장을 하고 윙크를 하며 비치 부라우스에 점 박힌 옷을 입은 무당벌레가 인사 드립니다.

"무슨 노래를 하겠습니까?"

"통일의 그날"

우리모두 힘을 합쳐

백두에서 한라 까지

철마는 달리고 싶어라

아~ 그날이

'쓰으윽 삭삭. 황홀한 꿈의 흐름이 서로 조화되어 관중들을 흥분시켰습니다.

"앵콜 앵콜"

"딩 동댕!"

방청석 뒤에서 친구들이 플래카드를 펴 보이면서 '점순이 대한민국 최우수상' 생글 생글 미소를 지으며 내려 옵니다.

다음은 마지막 손님 매미를 모시겠습니다.

'바람이 불면 쓰르르르 쓰르르르, 선풍기 에어콘보다 시원한 노래였습니다.

"딩 동댕"

다음은 집계를 내는 동안 오늘의 초청가수 노랑나비 순희를 소개하겠습니다.

배꼽까지 내보이며 관중들과 한 덩어리가 되어 손뼉치며 흥얼대다가 잠에서 깨보니 꿈에서 본 곤충들은 어디론지 달아나고 아름다운 잎새의 음악

소리가 들려 왔습니다.

"형. 여기가 어디야" 벌써 해가 서산 너머로 노을을 그리며 너머 갑니다.

높은 곳 산에서 내려오는 골짜기 물에 발 담구며, 우리는 별이 되어 하루를 즐겁게 보냈습니다.

굴렁쇠 소년

상덕이는 오랫동안 끙끙 앓고 누워 있었으나 금년에는 겨우 자리에서 일어나 다닐 수 있게 되었습니다.

새학기 새학년에 선생님과 짝궁이 바뀌어 모두가 낯설고 어리둥절했습니다.

봄날씨 치곤 아침 저녁으로는 제법 추웠습니다. 그래서 햇살이 퍼질 때에는 밖에 나가 놀아도 저녁때에는 빨리 집에 들어오라고 엄마가 말씀하였습니다.

아직은 복숭아꽃 진달래꽃이 피기에는 빨랐으나, 정원에 우뚝선 흰 목련은 눈꽃이 피듯 아름다움을 뽐내며, 봄을 재촉합니다.

상덕이는 오랜만에 밖에 나왔으나 친구들은 먼곳까지 놀러가고 이 근방에는 아이들 소리는 들리지 않았습니다.

뒷길 텃밭에는 작년에 뽑다 남은 배추가 샛파랗게 돋아나있는 것을 보며 걷고 있을때, 갑자기 굴렁쇠가 서로 마주치는 소리가 났습니다,

상덕이는 지금껏 이렇게 아름다운 굴렁쇠 소리를 듣기는 '서울 88올림픽 경기대회' 잔디구장에서 세계 속에 한국의 깜직한 어린이가 굴렁쇠를 굴리

고 나오는 것을 TV를 통하여 보고 이번이 두번째 였습니다.

도대체 어디 사는 누구일까? 저쪽으로 사라지는 아이의 얼굴을 바라보았지만 알지 못한 소년이었습니다. 그 소년이 저쪽으로 사라질 때에는 나를 쳐다보듯 빙긋이 웃는 얼굴이 머리에서 지워지지 않습니다.

"요즈음도 굴렁쇠 굴리는 아이도 있을까?"

굴렁쇠를 굴리며 가는 소년의 그림자는 차츰 멀어만지고 어디로 사라지는지 계속 쳐다보고 있었습니다.

"그 아이는 누굴까? 소년을 생각하고, 언제 우리 동네로 이사온 아이일까?"

궁금해서 견딜 수가 없었습니다.

다음날 아침 일찍 상덕이는 밭에 나가 보았습니다. 역시 같은 시간에 굴렁쇠 소리가 들려 왔습니다. 상덕이는 소리나는 쪽을 바라 보았더니 그 소년은 어제모양 두 개의 굴렁쇠를 굴리며 내 옆을 지나칠 때에는 어제보다 더 다정히 웃어주었습니다. 그리고는 무슨 말을 할듯 하다가 그대로 지나가 버렸습니다.

밭 가운데 멍하니 선 채 소년의 뒷모습을 바라보았으나 소년의 그림자는 한 길 모퉁이로 사라졌으나 그 소년의 환한 웃음이 내 눈에 남아 있었습니다.

"도대체 그 소년은 누굴까?"

"하늘에서 내려왔을까?"

상덕이는 궁금해서 참을 수 없자 옆에서 보고 있던 재련이랑 인아가 하도 딱해 보였는지 물어보아도 아무 말도 하지 않았습니다.

상덕이는 혼잣말로 내일은 꼭 말을 걸어 친구로 사귈 거라고 다짐하며, 저녁때가 되어 집으로 왔습니다.

그날 밤 상덕이는 엄마한테 이틀 동안 같은 시간에 굴렁쇠를 굴리며 뛰어

오는 소년의 이야기를 들려 주었지만 엄마는 믿으려 하지 않았습니다.

상덕이는 그 소년과 친구가 되어 저녁노을 속으로 굴렁쇠를 신나게 굴리며 강언덕 좁은 길로 달려가는 꿈을 꾸었습니다.

새벽녘 온 몸이 불덩이가 되고 끙끙 앓는 상덕이를 업고 엄마는 병원을 향해 달려갔습니다.

엄마야…….

나팔꽃 병정

훈이는 누구보다도 먼저 일어납니다. 여름 방학이 되었다고 형은 늦잠을 자지만 훈이는 그렇지도 않습니다.

해님이 방긋 방긋 떠오를 때면 훈이는 자리에서 벌떡 일어납니다. 훈이가 이렇게 아침마다 일찍 일어나는 데는 이유가 있습니다. 나팔꽃을 세어 보는 것입니다. 어제까지 30송이가 피었습니다.

훈이는 그날그날 공책에다 날짜와 나팔꽃 수효를 적어 둡니다. 방학 때부터 시작한 것입니다. 매일매일 적어 두는 게 퍽 재미있었습니다. 잘 때에도 내일 아침에도 나팔꽃이 몇 송이 필까 생각하면 기쁘기만 합니다. 그래서 훈이는 늦잠을 잘 수가 없습니다.

오늘도 형은 늦잠을 자는데 훈이는 벌써 일어나 담쪽에서 지붕을 타고 올라간 나팔꽃을 세어 봅니다. 아주 큰소리로 하나, 둘, 셋, 넷…… 이렇게 세면 기분도 좋아 한 번만 세는 것이 아니라 두세 번씩도 세어봅니다. 혹시나 잘못 세었나 확인하는 것입니다.

오늘 아침은 55송이가 피었습니다. 어제보다 25송이가 더 피어 공책에다 또 적고

"형, 형 저것 봐. 많이 피고 색깔도 곱고 예쁘잖아."

"어디, 정말 많이 피었네."

훈이 형 돌이도 뜰에 나가 나팔꽃을 세어 봅니다.

"정말이야. 55송이 피었어. 이렇게 피다가는 백까지도 피겠다."

"뭐 그까짓 백까지, 더 많이 피어야지."

"너 더 많이 피면 셀 수 있어?"

"응, 천까지도 아는데."

그러나 그건 거짓말입니다. 훈이는 올해 1학년 신입생이라 천까지는 조금 어려워 셀 줄 모릅니다.

"천까지 알면 뭘 해, 셀 줄 알아야지."

"응, 나도 형만 하면 셀 수 있어."

형은 3학년입니다. 천, 만까지도 셀 줄 압니다.

"형, 형 우리 나팔꽃 병정놀이 해."

"알았어, 내가 엉덩이를 두들길께."

"야! 신난다. 작은북이 됐네."

훈이는 나팔꽃 한 송이 따서 입에다 대고 '또또 따따' 불면 돌이는 뒤따라 가면서 '쿵작짝 쿵 쿵' 하며 엉덩이를 두드리며 북을 칩니다. 다른 나팔꽃들도 방긋 웃으며 일제히 훈이를 따라 나팔을 불기 시작합니다.

"해님이 방긋 웃는 이른 아침에 나팔꽃 아기 도령 또따 따따."

맑게 개인 상쾌한 아침입니다. 우리 집 강아지 토니도 좋아서 꼬리를 치며 멍멍 짖어 댑니다.

황소와 닭과 개

어느 시골 농부네 집 외양간에서 여물을 먹고 있던 황소가 마당에서 쌀알을 콕콕 쪼아먹는 닭을 보고 "얘, 닭아. 우리들은 한 집안에서 몇몇 해를 같이 살면서도 서로 물끄러미 건너다보기만 하고, 여태까지 말 한마디 없이 지냈으니, 퍽 섭섭한 일이다. 그러니, 우리 오늘부터 정답게 지내자."하고 말했어요.

"그것 참 좋은 말씀입니다." 찬성을 했어요.

"그런데, 네게 한 가지 물어볼 게 있다. 나는 무슨 농사를 짓는다. 무거운 짐을 싣는다. 온갖 힘드는 일은 다 하면서도, 먹는 것이란 고작해야 콩깍지에다 지푸라기를 섞어주고, 넌 하루 종일 아무것도 하는 일이 없이 사람들에게 해로운 장난만 하는데, 어째 좋은 쌀만 주니, 그게 무슨 까닭이냐?" 하고 황소가 닭에게 물었어요.

"그건 당신이 모르시는 말씀입니다. 당신은 배운 것이 없어 무식하니까 힘든 일을 해도 입에 들어가는 것은 변변치 않지마는 나는 어려서부터 공부를 많이 해서 아는 것이 많으니까 힘 안 들이고도 잘 먹는 것이 아니요."

황소는 닭의 말을 듣고 아무 말 없이 앉아 두 눈만 껌벅껌벅할 뿐이었어요.

그때, 마침 개 한 마리가 옆에 앉아 있다가 닭의 말을 듣고 분함을 참지 못해,

"요 앙큼한 닭 같으니, 그래 그 따위 소리가 어디 있니? 황소님의 힘드는 일은 이루 말할 것도 없지만, 나만 하더라도 주인을 위해 밤중에는 도둑을 지키면서 겨우 밥찌꺼기나 얻어먹는데, 너 같은 놈이 공부를 해서 잘 먹는다니, 그래 하는 노릇이 뭐냐?" 하고 물었어요.

"흥, 모르는 소리 작작해. 나는 말이다. 이 세상에서 시간을 맡은 벼슬을 했단 말이다. 남 보기에는 퍽 쉬운 듯하지만, 동지섣달 긴긴 밤에는 추위를 무릅쓰고 잠을 자지 않고 시간을 맞춰 울기란 보통 일이 아니다." 하고 닭은 대답했어요.

"애, 네가 높은 벼슬이나 한 줄 알았더니, 그래 고작 시간 알리는 벼슬이야? 그까짓 벼슬 부럽지 않다."

"그건 네가 모르고 하는 소리다. 나를 좀 봐라. 몸에 고운 비단옷을 입고, 머리에는 붉은 관을 쓰고, 눈 위에 주먹 같은 옥관자를 붙였느니, 어디로 보든지 벼슬을 하는 양반이 아니더냐? 그리고 시간은 한 번 가면 다시는 돌아오지 않으니까, 이 세상에서 시간같이 중요한 것이 어디 또 있단 말이냐? 그래서, 나는 날마다 새벽이면 꼬끼요! 하고 시간을 알리는 거란다. 너희들은 무식해서 내 말을 잘 알아듣지 못할 거다."하고 닭은 소와 개를 깔보며 말했어요.

"네 소리는 그렇다 치고, 그럼 내가 멍멍 짖는 소리는 무슨 뜻인 줄 아느냐?" 하고 개가 물었어요.

"응, 멍멍이란 뜻은 멍텅구리라는 뜻이다."

"뭣이 어째! 그건 네가 무식한 탓이다. 내 말을 잘 들어 봐라. 나도 너만 못잖은 양반이란다."

"뭐, 네가 양반이라구? 그래 무슨 양반이냐?"

"나는 개 팔아 두냥 반(25원)이다."

"하하하! 별소리를 다 듣겠구나. 너를 팔아 두냥 반이라니, 그러면 개장수에게 팔려갈 때, 마지막으로

양반이 된단 말이구나?"

개는 그 말을 듣고 화가 나서, 멍멍 짖으며 닭한테 달려들어, 닭의 볏을 꽉 물었어요. 닭은 깜짝 놀라 물린 볏을 뿌리치고 지붕 위로 올라가 개를 내려다보며,

"이놈의 개새끼야, 네가 여기를 올라 올 수 있니? 올라올 수 있으면 올라와 봐라. 용용 죽겠지? 하하하!" 하며, 꼬끼요! 하고 목을 길게 빼고 울며 자꾸 놀려 주었어요.

개는 닭을 놓치고, 멍하니 지붕만 쳐다보며 이리저리 왔다 갔다 하며 멍멍 짖기만 해서 주둥이가 삐쭉해졌고, 소는 또 심술이 나서,

"아, 저런 죽일 놈 봐라!"

하고 분해서 발을 땅땅 구르다가 네굽이 모두 깨졌고, 닭의 볏이 톱니처럼 썩썩 저민 것은 개한테 물린 이빨 자국이어요.

혹뿌리 선생님

혹뿌리 선생님하면 여러분들은 아마 모르실 것입니다. 나도 처음엔 몰랐으니까요.

내가 처음 이 학교에 입학하였을 때는 혹 선생님, 혹 선생님하고 불렀습니다. 그러던 것이 얼마 안가서는 뿌리가 더 붙어 혹뿌리 선생님이 되었습니다.

나중에야 안 일이지만 혹 선생님은 호 선생님을 가르켜 부르는 별명이었습니다. 호와 혹은 비슷하기는 하지만 전혀 다른 이유를 가지고 있습니다. 그것은 호 선생님은 공교롭게도 목 뒤에 자그마한 혹이 한 개 달려 있습니다. 그래서 호 선생님은 혹 선생님이 된 셈입니다.

어쩐지 호 선생님은 그 혹을 가리기 위해서 늘 머리카락을 길게 기르고 다닙니다. 처음엔 그게 보기 흉하고 또 다른 선생님보다도 무서워 보였습니다.

언젠가 한번은 이런 일이 있었습니다.

호 선생님이 수업 시간에 분필이 없자 나를 보고 교무실에 가서 분필을 가져오라고 시킨 적이 있습니다. 그래서 난 교무실로 가서 남아계시는 선생

님한테 말씀을 드렸더니

"어느 선생님이 가져 오시라던?"

하고 물었습니다.

"혹 선생님이 가져 오시래요."

"뭐 혹 선생님이?"

"네."

내가 이렇게 천연스럽게 대답하자 교무실에 계시던 여러 선생님은 모두 날 쳐다보며 혹 선생, 혹 선생 하시며 자꾸만 웃었습니다.

난 무슨 영문인지를 몰라 무안하고 어색해서 그 자리에 더 서 있을 수가 없어서 분필도 갖지 않고 그냥 뛰쳐 나와 교실로 들어왔습니다. 얼굴이 자꾸만 화끈거리고 가슴이 두근두근 했습니다. 그러자 뒤미쳐 교무실에 남아 계시던 선생님이 분필을 가지고 우리 반으로 들어오셔서 혹 선생님한테 분필을 주시며 무어라고 말씀하시고는 웃으시며 나갔습니다. 난 선생님한테 꾸중 들을까봐 겁을 먹고 있는 데 혹 선생님이 반 아이들을 쭉 한번 둘러 보시고는

"너희들 날 무슨 선생이라 부르지?"

하고 물으셨습니다. 난 아직도 마음이 두근거려 잠자코 있으려니까 맨 앞 줄에 앉아 있는 아이가 벌떡 일어서서

"혹 선생님이라고 불러요."

하고 크게 대답했습니다.

다른 아이들도 아무 말 없자 혹 선생님은 쓴 웃음을 지으시고는

"자기 선생님의 이름을 몰라 쓰나, 난 혹 선생이 아니라 호 선생이다. 혹이 아니라 호란 말이야 알겠니? 상급생 형들도 혹 선생이라고 해서 너희들도 아마 그렇게 알고 부르는 모양인데 그건 잘못이야. 선생님이 아무리 혹이 달랐기로니 그렇게 별명을 지어 부르는 것은 좋지 못한 것이니 주의해

라."

선생님은 다른 때보다 화가 나서 큰 소리로 말씀하셨습니다. 우리들은 그때야 비로소 혹 선생이라는 것이 별명이란 것을 알고 어디 혹이 났을까 하고 선생님 혹을 찾아 보았던 것입니다.

"호 선생님 어디에 혹이 있니?"

"글쎄, 나도 모르겠어"

"그것도 몰라? 호 선생님이 왜 머리카락을 길게 기르고 다니는지 아니? 목 뒤에 혹을 가리기 위해서야. 알았어?"

그 아이는 이렇게 알려 주고는 무엇이 좋은지 한바탕 웃어댔습니다. 다음에 자세히 보니 정말 목 뒤에 혹이 한 개 달려 있었습니다. 나는 혹을 보자 그 혹이 미워졌습니다. 왜 하필 우리 선생님한테 혹이 달려 아이들한테 놀리움을 받을까 생각하니 호 선생님이 불쌍하기까지 했습니다.

그 뒤 난, 다른 아이들이 혹 선생님이라고 부르면 어쩐지 우리 선생님이 모욕을 받는 것 같아서 그 아이한테 막 덤벼들었습니다. 그래서 그런지 다른 아이들은 나를 보면 비웃고 비꼬아 말합니다.

그러나 나는 호 선생님을 위하는 일이라면 무슨 말을 듣든지 상관없습니다. 호 선생님도 날 퍽 사랑하십니다. 옛날 이야기도 잘 해주시고 혹 떼러 갔다 혹 붙여온 이야기를 해주신 적도 있습니다.

"선생님 혹도 욕심쟁이고 공부 안하는 아이한테 붙여줄테다" 라고 말씀하시고는 껄껄 웃었습니다. 그러자 공부 안 하고 장난 심한 짱구, 나는 부끄러워 얼굴이 빨개져서는 머리를 벅벅 긁었습니다. 그런데 호 선생님이 군대에 입대하게 되었습니다. 조회 때에 단 위에 오르셔서 전교생을 둘러보신 다음

"이 혹뿌리 선생님도 입대하게 되었다. 너희들도 혹뿌리 선생님한테 지지않게 몸 튼튼히 공부 잘하길 바란다."

모두들 호 선생님의 말씀을 듣고 웃었습니다. 짖궂은 박선생님이 "혹뿌리 선생 만세"를 불렀습니다. 모두들 박수치며 떠들었으나, 난 웃을 수가 없고 눈물이 먼저 나왔습니다.

"짱구야 공부 열심히 해 그리고 선생님한테 편지도 해."

나중에 호 선생님은 내 옆으로 오셔서 내 머리를 쓰다듬으시며 이렇게 말씀하셨습니다. 그 말을 들으니 난 더 눈물이 나와 선생님을 끌어 안고 마구 울었습니다. 이렇게 호 선생님을 보낸 나는 가끔 호 선생님이 군대에서 여러 전우는 앞에서 옛날 얘기 들려주시는 모습이 눈에 선하게 떠오릅니다. 또 혹 때문에 여러 전우들한테 멸시나 당하지 않을까 하는 걱정도 해봅니다. 나는 지금 호 선생님한테 편지를 쓰며 다시 지난 날을 떠올립니다. 혹뿌리 선생님 이 말도 이제는 퍽 다정한 말 같이 들립니다.

행방불명된 새알을 찾아서

붉게 물든 아침햇살이 엉금엉금 기어오르고 온 천지가 조용하기만 하는 하루의 농촌 풍경은 시작됩니다.

동구밖 울타리 안에 벌거벗은 감나무위로 애처롭게 꼭 한 개 달린 감, 씽– 바람이 불면 떨어질 것 같습니다.

아까부터 까치 한 마리가 때갓 때갓 꼭꼭 울어댑니다.

동구 밖 느티나무 아래에서 놀고 있던 준이 영희가 야! 저것봐 손가락을 가리켜 까치가 톡 톡 감을 쪼아먹는 구경을 하고 있을 때 장난이 심한 철이가 돌멩이를 감나무 위로 힘껏 던졌습니다.

푸드득 푸드득 날 노려보듯 하늘로 날아가 버렸습니다. 여기저기서 웅성웅성 떠드는 소리에 동네 아이들이 다 모여 들어 철이가 다방구 놀이 하자며 제의하자 모두 싱글벙글 와와 환호성을 질렀습니다.

이 놀이는 술래가 상대방을 치고 잡히면 벽기둥에 손을 내밀고 또 잡혀온 사람이 있으면 쭉 늘어서 손을 잡고 살려줄 때까지 기다리다가 상대방이 한 눈 팔 때 요기 저기 피해 다니다 다방구 하고 소리치면 잡힌편이 다 살아난다. 전부 잡히면 상대방이 술래가 되어 처음부터 다시 시작하는 놀이로 서울 경기도 지방에서 추울 때 하는 놀이입니다.

우리편에는 키가 작아 달리기도 느림보인 돌이가 끼어들어 술래를 많이 합니다. 운동에는 흥미가 없으나 다른 분야에는 영리하고 똑똑한 아이입니다.

오늘도 무심코 하늘을 바라보다 멀리 감나무 위로 까치밥을 쪼아먹는 새를 발견하고 멍청히 구경하다 또 술래가 되어 옆에 있던 분이가 화를 내,

"돌이야, 너 때문에 온종일 술래만 하잖아."

"미안해."

돌이는 무안해졌습니다. 이대로 물러선다면 남자의 수치이지만 화를 내야 소용없는 짓이었습니다.

때까치는 부리 끝이 갈고리 모냥 구부러져 있고 곤충이나 개구리, 도마뱀 따위를 잡아서 높은 나무에 가시같은 곳에 꽂아 놓고 찢어서 먹으며 가을에 들이나 인가 가까운 나무위에 꼬리를 위 아래로 흔들며 "꾁 꾁 때깟 때깟" 울어대 겨울동안의 생활권을 만듭니다.

이번엔 영희가 끼어들더니

"돌이야, 뭐해? 술래도 안하고 어디 쳐다보니?"

"쉬잇! 저기 보란 말야."

하늘을 가리키며 감나무 위에서 먹이를 쪼아먹던 때까치의 모습에 우르르 눈치 못 채게 큰 바위 뒤로 숨어 어깨를 나란히 붙여 앉아 동작 하나하나 관찰하였습니다. 친구들도 이제는 다방구 놀이가 재미 없는 듯 때까치의 주둥이에어 감을 쪼아먹는 것을 물끄러미 바라보고 있었습니다.

골목대장인 철이가 돌이보고는 너는 과학자 체질이야 말을 걸면서 비비꼬듯 덤벙거리다 주둥이에 짚을 물고 둥우리 쪽으로 가는 때까치가 줄을 서며 보금자리를 만듭니다.

"돌이야."

"저것 봐."

이번에는 철이가 신기하듯 돌이를 보고 말을 하자 돌이는 고개를 끄덕거렸습니다. 다른 까치들은 정신없이 집을 짓고 있지만 흰점 박힌 큰 까치는 혼자 감을 쪼아먹고 있습니다.

갑자기 공중 높이 솟았다가 다시 나무가지에 깃을 세우고 두리번 여기 저기 살피다 둥우리 속으로 들어가 보이지 않습니다.

이튿날 아침 아빠는 밥상을 받아들고 얼굴을 잔뜩 찌푸렸습니다. 공부 안 하고 놀기만 하는 귀염둥이 막내아들 때문에 속이 상했나 봅니다. 그래도 이 눈치 저 눈치 살피며 친구랑 약속이 있어서 몰래 빠져나왔습니다.

휴! 한숨을 몰아쉬며 뒷산에 올라가니 영희, 철이, 성철이 모두들 바위뒤에 숨어서 새들의 동정을 살피고 있었습니다. 돌이는 소나무 숲속을 빙글빙글 맴돌다가 저어쪽 하얀 알들을 발견하고 철이야! 알이야 알. 황금알인가? 모두들 신이나 기뻤습니다.

엄마가 가끔 반찬으로 싸주신 메추리알보다는 약간 적은 흰알과 점박이 알등 여러 개 있었습니다.

모두들 나뭇가지를 줍고 둥우리를 얕은 나무에 설치하고 알을 집어 넣었습니다.

오라! 다음번에는 찾아와서 짚단을 가져와 깔아 줄게. 그때까지 잘 있어. 안녕, 안녕 산에서 내려와 집에 돌아오니 아빠가 어딜 싸돌아다니냐 고함을 친다.

"오늘 선생님께서 과제물로 새들의 알에 대하여 알아 오라고 해서 친구들과 생태 파악과 여러 가지 알을 주어서 둥우리를 설치하고 왔습니다."

아빠는 빙그레 웃으시며 머리를 쓰다듬으시며 기분이 좋아진 것 같았습니다. 이때 준이가 다가와서 형, 형이 거짓말하면 안 된다.

"뭐 거짓말."

"난 다 알아."

"어떻게?"

돌이는 고개를 갸우뚱 절레절레 흔들다. 내가 형 뒤를 미행하고 먼저 집에 왔지. 그리고 철이형은 힘이 약한 우리들을 자주 때린다.

"준아 정말이니?"

"응."

돌인 그 말을 듣고 입을 삐죽삐죽

하늘을 쳐다보니 푸르기만 합니다. 옆에서 이야기를 듣던 아빠는 쩝쩝 입다시며 낫을 숫돌에 썩썩 문지르며

"엄마랑 산에 가 나무 해 가지고 올테니 집 잘보고 있거라."

"예."

"빨리 다녀오세요."

철인 인사를 드리고 눈을 감고 "준아 너도 한번 해봐?"

햇볕이 눈썹 위에 부서져 내리고 눈을 살짝 떠 보니 형은 몰래 집을 빠져 나갔습니다.

산에서 둥우리를 만들어 논 것이 궁금하여 저만치 가고 있을 때 뒤에서 날 부르는 소리에 동네 아이들도 줄지어 모두들 나와 콧노래 부르며 숲속을 향했습니다. 그러나 어제의 그 둥우리를 찾아가 보니 누가 사알짝 짚을 깔아 준 것을 발견하게 되었습니다.

"아니, 누가 해 놓았을까?"

"영희야 네가 깔아 주었니?"

"아니."

"그럼 숙자 네가 했니?"

"아니."

너도 나도 안했다고 하니 참! 궁금하였습니다. 그래도 모두들 기분 좋아

알을 관찰하다가 우리 예쁜 이름 지어주자 “팬텀까치가 어때?” 하늘 높이 나는 무적의 용사 팬텀까치. 모두들 좋아라 박수로서 결정하였습니다.

산에서 내려오다 누가 우릴 보고 바위밑에 숨는 것을 발견하였습니다.

“아니 준이 아냐?”

“그래.”

“형, 까치알인가 새알인가 잘 있지?”

“니가 어떻게 알아?”

“나도 보고 싶어 몰래 뒤쫓아 왔지.”

“그럼 준이 니가 짚 깔아주었니?”

“응.”

역시 나보다 똑똑한 준이, 이제서야 수수께끼가 풀려 동생에 대한 애착심이 강하게 느껴졌습니다.

저녁 노을은 하루일을 거두고 돌아가는 사람들에게 마지막 위안과 아름다움을 주기 위해 오랫동안 머물러 산 마을은 조용하기만 합니다.

엄마, 아빠 모습이 보이지 않자 “휴” 한숨 쉬고 대청마루에서 책을 펼쳐 보고 있을 때 감나무 끝 까치가 때깍때깍 처량히 울고 노을 속에 아빠가 지게에 땔감을 지고 오셨습니다.

며칠 후 궁금해서 가방을 팽개치고 산위에 올라가 나뭇가지 둥우리를 살짝 열어보니 새알이 없어졌습니다. 혹시 철이가 자기랑 안 논다고 훼방을 놓았을까 하는 의심도 가지만 친구를 의심하는 것은 나쁜 어린이라고 말했던 선생님 얼굴이 떠 올라 꾹 참았습니다.

멀리 떨어진 감나무 위에 아까부터 때까치의 처량한 울음소리가 내 귓전에 가깝게 들려 왔습니다. 아빠한테 말씀드렸더니 배가 고픈 들쥐나 뱀등이 왔다 갔다 하다가 몰래 훔쳐 먹는단다하고 말씀하셨다. “예” 하고 깜짝놀란 나머지 친구들을 불러내 맘 달래려고 산 위에 올라가 도화지에다 그림을 그려 자기방에 걸어 놓자고 의논 하였습니다.

"영희가 좋은 생각이라고 말하자."

"철이도 그거 좋지."

모두들 박수치며 자기 방 액자에다 걸어 놓으면 즐거울 꺼야. 시장에서 돌아와 까치 그림을 본 엄마가 누가 예쁘게 그렸을까?

"제가 그렸어요."

"준이는 그림도 잘 그리고 공부도 잘해 이담에 커서는 훌륭한 화가나 과학자가 될 꺼야."

흐뭇한 표정을 진 엄마가 주방에서 고기를 굽고 냄새가 집안에 진동를 쳤다. 갑자기 준이가 아른거리는 까치알 때문에 벽에 걸린 때까치 그림을 보며 눈물을 주루루 흘렸습니다.

노을에 비친 엄마

인아는 혼자 집을 봅니다. 아빠 엄마도 들로 일하러 나갔습니다. 그래 혼자 심심합니다.

그렇게 울고 보채던 동생도 자고 보면 예뻤습니다. 동생 옆에 누워보면 나른나른 금방 잠이 옵니다.

눈을 뜹니다. 햇볕이 쨍쨍 방안 가득이 들어와 조용히 문을 열고 나옵니다.

개나리꽃이 활짝 꽃망울을 터질 듯 이럴 때 친구라도 놀러와 주었으면 좋겠는데 아무도 안와 혼자 놀고 있으면 더욱더 심심합니다.

뜰앞에 돗자리를 펴 크로버 잎도 줍고 개나리꽃도 따 가지고 흙을 모아 그 위에다 얹습니다. 훌륭한 케익이 되어 배가 고파 냠냠 입을 쩍쩍 다시며 먹으니 배가 불러옵니다.

한참 동안 계속해도 해는 기울지도 않습니다. 저녁 때가 되어야 엄마 아빠는 돌아오실 터인데 아직까지 해가 깁니다.

소꿉놀이도 지쳤습니다.

"햇님아 빨리 물러 가라."

"햇님아 빨리 빨리 서산으로 가."

그러나 햇님은 방실방실 웃으며 쨰앵. 인아 얼굴에 비쳐줄 때 뿐 하늘에 그대로 떠 있습니다.

멀리서 갑자기 방울새가 포롱 날아왔습니다. 빨래줄에 앉아 인아가 노는 모습을 보고 생긋 웃어줍니다. 그러다가 포롱 날아가 방울새 친구들을 데리고 다시 날아 왔습니다.

인아는 빙그레 웃어봅니다. 심심하지 않습니다. 방울새가 친구해 줍니다.

낮은 소리로 "방울새야 방울새야 쪼르릉 방울새야" 노래를 부르면 방울새도 예쁜 목소리로 따라 불러 줍니다.

갑자기 방안에서 앙~앙 울음보가 터졌습니다. 아기가 깼습니다. 빨래줄에 방울새가 힐끗 보곤 방안으로 들어갑니다.

또 아기가 울어 등에 업고서 뜰에 나가 보니 방울새는 어디로 날아가 버리고 개나리꽃만 활짝 피었습니다.

아기가 자꾸 보채서 개나리 꽃도 보여주고 까아꿍 달래지만 그래도 울어대 뜰 안을 한 바퀴 두 바퀴 돌아도 아기의 울음은 그치지 않습니다. 이번에는 클로버를 따서 인형을 만늘어 얼랩니다. 잠시 울음 그쳤다 다시 웁니다.

인아는 짜증이 나고 지쳤습니다.

"엄마 미워 미워."

아니 나도 울고 싶어 졌습니다.

어째 엄마가 안 올까 ?

"엄마 엄마."

잠잠하고 아무도 대답해 주지 않습니다.

"아빠 아빠."

고요하고 잠잠합니다. 아무 소리도 들리지 않습니다.

아기만 자꾸 자꾸 울고 있어요 짜증이 나 우는 아기의 엉덩이를 때립니다.

그러면 더 악을 쓰고 울어댑니다.

동구 밖 지나 들길을 바라보면 일 나갔던 아저씨와 소가 돌아옵니다.

"아저씨, 우리 엄마 못보셨어요?'

인아가 다가가서 물어봅니다.

"조금 있으면 돌아올 꺼다."

그리고는 소를 몰고 동구 밖 안으로 들어갑니다.

한참 후 기다려도 모습이 보이지 않아 은근히 걱정이 되었습니다.

"엄마, 엄마."

대답이 없습니다.

"아빠, 아빠.'

역시 대답이 없습니다.

들길을 걷습니다. 보리가 파아랗게 돋아났습니다. 포플러 나뭇가지도 파아랗게 눈을 떴습니다.

먼산을 바라보면 저 들판에서 엄마 아빠가 일하시는 것처럼 보일 듯 말 듯 서서히 노을이 지기 시작합니다.

산 밑에 옹기종기 모여 있는 집에서 모락모락 연기가 피어 오릅니다.

엄마는 아직도 돌아오지 않아 목소리도 쉰 듯 소리가 멀리 퍼져 나가지 않고 입가에서 맴돕니다.

울고 싶어도 빠알간 그림같은 노을이 너무나 곱고 아름다웠습니다.

혼이 빠진 듯 멍하니 나무에 기대어 앞산만 바라볼 때 아기야 울든 말든 태평스러웠습니다.

밭, 논일 나갔던 아저씨 아줌마 삽삽개 토니까지도 노을을 안고 언덕을 넘어옵니다.

"아줌마, 우리 엄마 못 보셨어요?"

인아는 지나가는 사람마다 물어봅니다.

"아니 여태 안 왔니?"

허, 참 이상도 해라. 어린 것들이 얼마나 배가 고플까? 그리고는 마을로 돌아갑니다.

인아는 모두가 미웠습니다. 어째 어머니와 같이 오지 않고 자기들만 돌아올까? 허전한 마음이 듭니다.

엄마, 엄마 미워요. 딴 사람들은 모두 돌아오는데 우리 엄만 왜 안 돌아오실까? 아가의 엉덩이를 마구 때리다 손바닥이 아픕니다.

한참 되었습니다. 이제는 아가도 가엾은 생각이 들었습니다.

"우리 아기 착한 아기. 소록소록 잠들라."

이젠 아가도 보채지 않고 울지도 않고 내 등에서 새근새근 잠을 잡니다.

그러자 저쪽에서 엄마가 노을속에 보입니다. 인아는 그만 뛰어가 엄마의 품에 머리를 박고 엉엉 울었습니다.

놀은 하루 일을 거두고 돌아가는 사람들에게 마지막 위안과 아름다움을 주기 위하여 오랫동안 머물고 있습니다.

산신도사 돌멩이와 두꺼비 사랑

옛날 옛적에 야시골 골짜기 아래 개울가에 가난뱅이 돌멩이 총각이 열심히 살아가고 있었다.

개울가 위에는 대궐 같은 으리으리한 궁전에서 울퉁불퉁한 모습을 한 두꺼비 세 식구가 꺼붕이라는 하인을 거느리고 소문난 부자로 살고 있었다.

그 중 외동딸 흰 두꺼비는 마음씨가 곱고 착해 동네에서 인기가 좋았다. 또 황금옷을 입고 매일매일 꾀꼬리 같은 목소리로 노래를 부르며 지냈다.

거기에 비하면 돌멩이는 가난하고 헐벗은 몸에 집도 없어, 비나 눈이 올 때도 그저 맞고만 있어야 했다.

작년 장마 때 부모 동생을 한꺼번에 잃은 돌멩이는 무척 외롭고 쓸쓸해 의지할 곳이 없었다.

그러나 매일같이 불러주는 두꺼비의 맑고 고운 노래를 들을 때면, 한결 마음이 가라앉았다.

두꺼비는 돌멩이를 위하여 매일같이 노래를 불러 주는지도 모른다. 이처럼 두꺼비는 돌멩이를 따르고 존경했다.

큼직한 몸집, 말 없는 입, 굳은 의지의 사나이 돌멩이가 좋고 믿음직해 금방 친해졌다.

이처럼 서로가 우애를 지키며 지내자 두꺼비네 부모는 야단이었다.

가난뱅이 돌멩이하고는 아예 사귀지도 말고, 그런 못난이하고 말도 하지 말라고 꾸지람을 하였다.

딸 두꺼비는 안타까워 어떻게 하면 돌멩이가 부자가 될 수 있을까 기회만 엿보았다.

오늘도 돌멩이는 찬란한 햇빛 아래 묵묵히 앉아 물장난하는 어린이들을 바라보고 있었다. 작년 장마에 떠내려간 동생들 생각으로 돌멩이는 눈물을 주루룩 흘렸다.

"돌멩이님, 뭘 그리 생각하고 있어요?"

두꺼비가 언제 왔는지 손을 짚고 돌멩이를 쳐다보았다. 그러나 돌멩이는 아무 말 없이 두꺼비만 쳐다볼 뿐 눈만을 껌뻑거린다.

"돌멩이님, 큰일 났어요."

"뭐 때문에?"

"바보, 멍텅구리, 뚱뚱이."

두꺼비는 울고 말았다. 두꺼비 마음을 몰라주는 돌멩이가 얄미웠다.

"울긴 어린애 같이 왜 울어. 그래 아빠한테 또 욕먹었군."

돌멩이는 비로서 무거운 입을 열었다. 두꺼비의 단발머리를 쓰다듬어 주자,

"몰라요."

톡 쏘아 말한다

"글쎄 그러지 말라니까 그래 아빠가 뭐라 했길래?"

"바보 못난이라고 하지 뭐예요."

"바보 못난이면 어때?"

"어째 바보 못난이예요?"

"글쎄 그렇다고 하면 어때."

"싫어요 난 싫단 말예요."

"다 때가 있는 거야."

"난 이젠, 그때가 싫어요. 밤낮으로 그 잘난 때, 그때는 언제 와요?"

"언제고 반드시 오지."

"싫어요 돌멩이 님이 왜 바보예요, 난 그 말이 싫어요."

"바보가 좋아, 잘난 척하면 반드시 물에 빠지는 법이야."

두꺼비는 잠자코 있었다. 돌멩이 말이 옳았다. 굳은 의지 믿음직한 말, "때는 온다, 그러나 그 때는 멀고 초조해" 돌멩이가 측은하고 불쌍했다.

다음날 아침 두꺼비는 돌멩이와 같이 패물을 갖고, 재미있게 놀았다

두꺼비는 집에 갈 때 내일 다시 패물을 갖고 놀자며 아무도 모르게 숲 속에 감추어 놓았다.

그런데 두꺼비 집에서 큰 소동이 일어났다, 두꺼비네 가보(한 집안의 보물, 보배)로 내려오던 패물(몸에 차는 장식물, 노리개)이 없어졌기 때문이다.

딸 두꺼비는 겁이 났다. 그 패물은 자기가 숲 속에 몰래 감춰 두었는데. 사실대로 말했다간 매를 맞을 것 같았다.

더구나 가난뱅이 돌멩이하고는 놀지도 말고, 말도 하지 말라고 꾸지람한 아빠였다. 큰일이다.

딸 두꺼비는 곰곰히 생각하다 묘한 꾀를 생각해 냈다.

"돌멩이를 산신 도사라고 말하자."

"아빠! 도사님을 찾아가요."

"도사님이 누군데?"

"점도 잘 치고 아는 것도 많아 모든 사람이 존경하는 돌멩이 총각입니다."

"뭐 ! 그 가난뱅이 녀석 말이냐"

"예, 믿음직스럽고 잘났어요"

딸 두꺼비는 진정한 마음으로 변명을 하였다.

"잘났다 허허 그까짓 돌멩이가 잘남 얼마나 잘났겠니? 아휴 창피해, 아예 말도 끄집어 내지도 마라."

아빠는 아예 무시해 버리자 딸 두꺼비는 "아빠 미워 미워" 하며 엉엉 울었다. 그러자 옆에서 지켜 보던 엄마가 한 술 더떠 한 마디 해 주셨다.

"한 번 가서 물어보구려, 밑져야 본전인데."

"당신 미쳤구먼, 하나밖에 없는 우리 외동딸이 누군데…."

아빠는 엄마를 힐끔힐끔 쳐다보며 못마땅한 태도로 무시해 버렸다.

"그래도 누가 압니까?"

"참, 당신 무슨 소리를 해도 안 통해요."

"아빤 남을 그렇게 깔보면 안 돼요."

딸 두꺼비가 마음을 몰라 주는 안타까움에 울상이 되어 버리자,

"허허 글쎄, 내가 돌멩이 녀석한테 머리 숙여 빌란 말이냐."

"누가 빌고 머리 숙이랬어요. 패물을 찾기만 하면 되잖아요? 밑실 것 없으니 같이 가서 산신 도사한테 물어봅시다. 이왕이면 다홍치마 누가 압니까?"

엄마가 서둘러 아빠를 당겼다.

"패물만 찾으면 그만 아니에요."

"허 글세, 모르긴 하지만, 돌멩이가 알수 있을까? 그러나 한번 가서 물어봅시다."

아빠랑 엄마가 같이 나오자 딸 두꺼비는 생기가 돌아,

"기회는 이때다. 이 사실을 나의 사랑하는 산신 도사님(돌멩이)한테 찾아가 점을 치는 척하다가 말하라고 알려 주어야지."

딸 두꺼비는 전후 사실을 말하고 아빠랑 엄마한테 들킬까 봐 곧 숲 속에 숨었다.

뚜꺼비 아빠는 점잖게 돌멩이한테 물어보았다.

"우리 집에 대대로 내려오는 패물을 잃어버렸는데 좀 찾아주게."

"글쎄요, 이 바보 멍텅구리가 어찌 그런 것을 알 수 있겠습니까?"

두꺼비 아빠는 마음이 찔렸다. 딸 두꺼비가 돌멩이한테 일러 바쳤나 보다.

"요 앙큼한 두꺼비, 나중에 보자."

그렇다고 애써 땀을 흘리며 왔는데 그냥 갈 수는 없다.

"글쎄 그러지 말고 점 좀 쳐서 알려 주게."

두꺼비 아빠는 부드럽게 딴 사람 대하듯 상냥스럽게 말을 했다. 딸 흰 두꺼비는 마음을 조이며 숲 속에서 몰래 보고 있었다.

"돌멩이가 끝내 고집을 피우면 어쩔까? 때는 좋은 찬스인데."

돌멩이는 숲 속에서 마음을 졸이고 있는 두꺼비와 눈이 마주치자,

"정 그러시다면 어디 알아봅시다. 수리수리 마수리 얏! 두꺼비 아빠! 저기 물이 있으니 물 좀 먹고 합시다."

"예? 기가 막혀서."

물 한 사발을 마시며 앞에 있는 두꺼비 아빠를 쳐다보며 '푸' 하며 뿌렸다.

"예끼, 이 사람아!"

이때 무언가 저 숲 속에서 광채가 보였다.

"두꺼비 아빠, 저 숲 속에서 이상한 물체가 보이지요? 큰 나무 옆 솔방울이 달린 아기나무 밑에 놓여 있으니 얼른 가 찾아가세요."

"고맙네 정말 고맙네."

엄마 아빠는 기뻐서 어쩔 줄을 몰랐다.

이 일이 있은 뒤, 온 동네에 소문이 쫙 퍼져 산신도사는 유명해졌다.

딸 두꺼비는 매일매일 희망을 갖고 고운 노래를 불러 아름다운 멜로디가 온 마을을 덮었다.

이때 당나라에서는 큰일이 생겼다. 하룻밤새 궁궐에 도둑이 들어 보물 열 점을 도난당했다.

단서라면 앞문 창호지가 예리한 칼로 찢겨져 있고, 국사전의 뒤쪽 밑부분에 커다랗게 구멍이 30센티미터나 있는 것으로 보아 범인이 이곳을 통해 침입한 것으로 보인다고 어전 회의(임금 앞에서 각료가 모여 국가 대사를 의논하는 회의)에서 밝혀진 것이다.

포졸과 포도 대장은 국내의 유명하다는 도사, 역술인들을 불러 물어봤으나 역부족이었다.

"상감마마, 도둑을 못 잡은 것은 백 번 죽어 마땅하오나, 조선 나라에 유명한 사람이 있어 초청하여 물어보면 어떨까 하옵니다."

포도청장(당, 조선조 때 포도청의 우두머리)은 임금님 앞에 머리를 숙여 간청을 드리자

"당치 않은 말, 대국의 체면을 생각하시오, 그럴수는 없소."

임금님은 크게 노하셨다.

"황송하옵니다."

포도청장은 말도 더 못하고 물러 나왔다. 한 달이 지나도 범인을 잡지 못하자 임금님은 날로 병이 심해져, 조선에 사신을 보내 보물을 찾아 달라고 부탁하였다.

대국인 당나라에서도 찾지 못한 보물을 찾을 길이 막연했다.

나라 안에 점쟁이들을 불러 물어보아도 역시 찾을 길이 없었다.

며칠 후 한 대신이 임금님 앞에서 읍(두손을 마주 잡고 허리를 굽힘)하였다.

"야시골 골짜기 개울가에 산신도사 돌멩이라는 분이 있는데 알아맞히기가 귀신 같다 하옵니다."

"그래, 그를 곧 대령하라."

"예."

이런 것도 모르는 돌멩이는 개울가에서 흰 두꺼비 아씨랑 매일같이 재미있게 놀았다.

그런데 뜻하지 않은 임금님의 부르심을 받아 허둥지둥 서울로 올라가자, 나라 안에서는 돌멩이 산신도사가 초청을 받아 보물을 찾아 주러 떠난다는 광고가 붙었다.

흰 두꺼비는 기쁘기보다 가슴이 울렁, 생각지도 못한 일이었다. 돌멩이가 늘 말하던 기회가 드디어 오고 말았다.

산신도사 돌멩이가 당나라로 떠나가는 날, 두꺼비 아씨는 밤새 지은 황금 옷을 입히고 국경까지 따라와 전송해 주고 꼭 성공하고 돌아오라고 정표(물건을 보내어 따뜻한 마음을 표함)를 주었다.

당나라에서는 문무 백관(모든 문신과 무신)들이 국경까지 나와 산신도사를 황금 마차에 태워 궁궐로 모시었다.

돌멩이는 혹시 내가 꿈을 꾸고 있는 것이 아닌가 하고 황홀함에 잠겼다.

궁궐에 들어간 산신도사 돌멩이께서는 위엄을 갖춰 당나라 임금님을 맞았다.

"잘 오셨소. 부탁이란 내 보물을 찾아주시오. 후히 대접하리다."

"예, 알겠습니다. 한 달만 여유를 주시면 찾아 드리겠습니다."

"그럼, 부탁하오."

아리따운 궁녀의 안내를 받아 특실로 들어가 보니 난생 처음 호화롭고 사치스러운 침대가 돌멩이를 잡아 당겼다.

"오! 사랑하는 흰 두꺼비 아씨, 그대의 모습이 눈에 선해 고운 노랫소리가 들려 오는 것 같소. 성공하고 돌아오라는 두꺼비 아씨의 부탁은 더 잊을 수 없소."

돌멩이는 긴 한숨을 내쉬며,

'이대로 찾아 주지 못하고 돌아가면 두꺼비 아씨가 얼마나 슬퍼할까? 아니 이것은 개인 문제가 아니다. 한 나라의 중대한 사명이다. 꼭 찾아야 된다.' 하고 마음을 굳게 먹었다.

날은 기다리지 않고, 내일은 약속한 한 달 기한이 되는 날이었다.

돌멩이는 한잠도 못 자고 아무리 생각해도 보물을 찾아 낼 길이란 좀처럼 나서지 않자, 자기의 무능함을 꾸짖는 수밖에 별도리가 없었다.

다음 날 돌멩이는 깨끗한 옷을 갈아 입고 밖으로 나와 죽을 각오를 했다.

하늘을 쳐다보니 맑고 깨끗해 뜨락 버드나무가 더 높아 보였다.

세수를 하고 대야를 들여다보니 버들잎이 떨어져 대야에 둥둥 떠 있었다.

대야에 떠도는 버들잎을 집어 들어 보았다. 벌레가 먹어 구멍이 뚫려 있었다.

"허, 유공엽(버들잎이 구멍이 뚫어졌다는 말)이로구나,"

바로 이때 등 뒤에서,

"예, 죽을 죄를 지었습니다. 제가 유공엽입니다. 그 보석을 훔친 도둑입니다. 한번만 용서해 주십시오.

유공엽이란 험상궂게 생긴 사내가 돌멩이 앞에 쑥 나와 무릎을 꿇고 용서를 빌었다.

"저는 그 보석을 훔친 뒤 조선에서 유명한 사람이 보석을 찾기 위해 우리 당나라에 초청되어 온다기에 마음 조이고 매일 매일 선생님 방 뒤에 숨어 엿보고 있었습니다. 오늘만 지나면 영영 보석은 내 것인데, 지금 선생님께서 도둑을 보고도 가엾게 여기어 임금님께 저의 이름을 말하지 않기에 어찌 죄를 감추오리까. 죽어 마땅하오나 불쌍히 여기시어 한 번만 용서하소서."

도둑은 돌멩이 앞에 머리를 숙이고 돌멩이는 뜻하지 않게 도둑을 잡았다.

하늘이 가르쳐 주신 것이라 생각했다.

돌멩이는 그 도둑을 용서해주고 임금님 앞에 나가 보석을 감추어 둔 소나무 밑을 파 보게 하였다. 보석은 과연 그 소나무 밑에서 황홀 찬란하게 가지런히 놓여 있었다.

임금님 이하 모든 신하들은 돌멩이의 지혜에 감탄을 하였다.

그리하여 후한 상금을 주고 구중 궁궐 궁녀들을 다 모이게 하여 큰 잔치를 베풀었다.

"산신도사 돌멩이는 보통 사람이 아니오"

"황송한 말씀이외다. 저보다 훌륭한 인재가 많으나 보석을 찾는데 큰 사람을 보낼 필요가 없다 하여 임금님께서 제일 못난 저를 보냈던 것입니다."

"아니 그 조그만 나라에서 그런 사람이 많이 있단 말이요?"

"예, 그렇습니다."

당나라 임금은 긴 한숨을 쉬며 돌멩이 말에 감탄하고 부러워했다.

이날 밤 책임을 다하고 돌아갈 수 있는 것은, 모두 두꺼비의 사랑이라 믿고 아름다운 꿈을 꾸며 푹 쉬었다.

임금님은 보물을 찾아 기분이 좋아서 궁녀들을 데리고 산책을 하였다. 그때 연못가에서 흰 두꺼비가 폴짝 임금님 손바닥에 올라 그 두꺼비를 꼭 쥐고 급히 방으로 들어와 돌멩이를 불렀다.

"이 손 안에 무엇이 들었는지 알아맞혀 보시오. 전번 보석을 찾아 줄 때 도둑이 누구라고 말하지 않고 보석만 찾은 것이 의심스러웠지만 이번에는 이것을 알아맞히시오."

요전에는 우연히 보석을 찾게 되었지만. 지금 임금님의 손아귀에 들어 있는 것을 어찌 알 수 있겠는가. 지금까지 돌멩이의 성공을 빌고 기다리고 있을 두꺼비 아씨 생각에 눈시울이 적셨다.

에라! 사랑하는 나의 님 두꺼비나 실컷 부르고 죽자,

"두꺼비 두꺼비!"

돌멩이는 두꺼비 이름을 부르며 쓰러졌다.

"맞어. 대단한 인물이요, 어서 일어나시오. 돌멩이를 의심한 죄를 사과하리라.

돌멩이 산신도사는 어차피 죽을 목숨 그리운 두꺼비의 이름이나 부르며 죽겠다고 마지막 불렀는데 어째 임금님은 돌멩이의 손을 잡아 일으킬까?

돌멩이 산신도사는 가만히 눈을 떠 보니 방 안에서 두꺼비가 폴짝폴짝 뛰고 있었다. 역시 두꺼비가 자기를 살린 것을 알았다.

다음 날 황금 보화를 실은 마차가 당나라를 떠나 조선으로 향하였다.

"우리 조선 만세!"

국위를 떨치고 돌아오는 산신도사 돌멩이의 환영식을 거대하게 베풀어 줄 준비가 다 되었다.

환영식에는 임금님께서 손수, 장한 돌멩이 청년을 맞아 주고 국위 선양을 한 "우리의 영웅 산신도사 만세!" 하며 축하해 주었다.

"짝 짝 짝"

"감사합니다. 고맙습니다."

"임금님 청이 하나 있습니다."

"뭔데 그러느냐?"

"오늘날까지 이토록 저를 아껴 주고 사랑해 준 두꺼비 아씨를 아내로 맞이하겠사옵니다. 주례를 서 주십시오."

"허허허 기가 막힌 착상이다."

내빈석 맨 뒷줄 의자에 두꺼비 아빠의 모습이 보였다. 임금님은 산신 도사 부탁도 들어주고 후한 상금까지 주었다.

두꺼비는 놀랐다. 자기의 아내가 되어 달라는 말을 들으며…

그동안 두꺼비 아씨는 마음을 졸이며 사랑하는 산신도사의 건강과 행복을 기다리며 매일같이 노래를 읊조렸다.

“꾸루룩 꾸욱 꾸우워 꾸우우-.”

황홀히 넋을 잃을 만큼 아름다운 소리. 그 소리가 오늘의 이 영광이 될 줄이야…

갑자기 두꺼비가 몸을 부르르 떨자 눈이 부시게 아름다운 처녀로 변하였다. 산신도사 돌멩이는 세상에서 가장 행복한 사람이 되어 두꺼비처녀와 다시 없는 즐거운 세월을 보냈다.

세뱃돈과 멜로디언

새해 아침! 설날이다. 승민이는 좋기만 했다. 아침 일찍 일어나 아빠 엄마에게 세배를 드리고 큰 돈이 생겼다.

"야 신난다. 이것으로 무엇을 살까? 슈퍼 장난감 총이랑 탱크를 사야지. 또 무엇을 살까?"

승민인 생각할 것이 많았다.

"또 외할머니 집에 가서 세배를 드리면 세뱃돈을 주시겠지."

승민인 부자가 된 기분이 들었다.

오늘은 얼마나 새뱃돈이 생기나 그 돈으로 무엇을 할까?

아침밥도 다 먹었는데 아빠는 오늘따라 꾸물거리기만 한다. 빨리 외할머니집에 가야 할 텐데. 마음만 조마조마 애간장이 탄다.

"아빠 아빠 빨리 가요."

참다참다 못해 아빠의 손을 끌어당기자 아빠는 빙그레 웃음을 지으며,

"세뱃돈 타고 싶냐?"

"예 빨리 갔다 와야 놀게 아네요."

그렇다 외할머니 댁에 가서 세뱃돈도 받고 맛있는 것도 많이 먹고 사고

싶은 것 사 갖고, 친구들에게 자랑할 게 아닌가. 아빠는 승민이 마음을 모른다.

"놀고 싶으면 나가 놀다가 오너라. 아빠 나중에 갈 테니까."

"싫어 싫어 빨리가요. 할머니가 기다리고 계세요."

"일찍 다녀오시구려, 승민이가 저렇게 조르는데."

엄마가 옆에서 거들어 주셨다. 엄마는 승민이의 마음을 잘 안다.

'고마우신 우리 엄마 사랑해요'

아빠는 한복으로 갈아 입으셨다. 승민이는 신이 나 대문 열고 밖으로 나왔다.

승민이는 큰 소리로 설날 노래를 불렀다.

까치 까치 설날은 어저께구요.
우리 우리 설날은 오늘이래요.

앞마당의 눈사람이 빙그레 웃었다. 어제 승민이가 만든 눈사람이었다. 이 눈사람에게 수염도 만들고 중절 모자도 씌우고 담뱃대도 갖다 주어 인자하신 할아버지로 만들었다.

"할아버지 새해 복 많이 받으세요."

"오냐 오냐, 참 착하다."

"할아버지, 세뱃돈 주세요."

"아-니 뭐라고?"

"아아아, 눈사람은 돈이 없나 봐."

뒤미쳐 아빠가 나오시면서 웃으셨다. 승민이는 좀 부끄러워서 주먹으로 눈사람을 쿡 찔렀다. 구멍이 뻥 났다. 승민이는 야단맞을까 봐 저만큼 달아나다 뒤를 힐끔힐끔 쳐다보니 눈사람이 눈을 부릅뜨고 '이 놈' 했다.

"랄 라라라…"

승민이는 어깨를 우쭐우쭐, 한발로 깡충깡충 뛰기도 했다.

역시 기분이 띵호야, 동네 똘똘이 가게를 넘실 들여다보니 꼬까옷과 색동치마저고리 입은 주희가 예쁜 인형을 고르고 있었다.

승민인 호주머니에 손을 넣어 본다. 돈은 그대로 있었다.

"무엇을 살까?"

그렇게 생각하고 가게 앞을 가는데 아빠가 내 손을 잡고 가게 앞을 지나가고 말았다.

"뭐 이따 사지."

승민이는 혼자 중얼거리며 재빨리 뛰어갔다. 저어기 할머니 집이 보인다. 손짓을 하며.

"할머니"

큰 소리를 지르며 초인종 벨을 눌렀다.

"오라 승민이구나. 혼자 왔니?"

외삼촌이 문을 열어 주며 반가워했다.

"외삼촌 언제 왔어요?"

승민이는 외삼촌 어깨에 매달리며 기분이 좋았다. 오랜만에 보는 외삼촌이기 때문이다. 군대 가기 전 보고, 오늘 보니까 작대기 1개 이등병 쫄병이다.

"외삼촌, 휴가 언제 받았어요?"

"응 어제 부대장님이 특별 휴가를 보내 주었지."

"뭐 때문에?"

"그야 이번에 우리 부대에서 우리 내무반이 우수 내무반으로 뽑혀 거기에서 짱구, 덩달이, 숏다리, 롱다리, 나까지 다섯 명이 삼박 사일간 고향으로 가는 것에 합격되었지."

"참 우습다."

"뭐가 우습니?"

"그야 외삼촌이 솟다리 하니깐 누굴 보고 하는지."

"하하, 승민이 다 컸네."

"승민아! 아빠는 안 오시냐?"

"아녜요, 제가 힘차게 달려왔거든요, 아빠는 느림보야, 느림보 거북이지요."

"하하, 녀석."

외할머니는 승민이 머리를 쓰다듬어 주시며 웃으셨다.

"승민아, 빨리 올라와 새배를 해야지."

"예, 할머니 새해 복 많이 받으세요."

"오냐, 옛다 세배돈, 얼마나 줄까?"

"응, 많이 줘야지, 뭐 천원보다 더 많이."

그러는데 아빠가 들어오셨다. 아빠도 할머니한테 새배를 했다.

"어머님 새해 복 많이 받으시고 만수무강하십시오."

"아니 어머니라고? 우습다 우스워, 세뱃돈 타려고 할머니보고 어머니라고."

고개를 갸우뚱거리며

"어른들도 세배를 하나?"

승민이는 우스웠다.

"승민아, 삼촌한테는 세배 안 하니?'

외삼촌은 아빠에게 세배를 드리곤, 나한테 본전을 찾으려는지 내 앞에 의젓한 모습으로 앉았다.

"세배하면 세뱃돈 많이 줄 테야?"

"세뱃돈보다 더 좋은 선물을 줄게."

"뭐? 선물, 그럼 할게."

승민이는 외삼촌한테 꾸벅 절을 했다.

"자, 선물 받아라."

외삼촌은 장롱에서 무엇을 꺼내 주었다. 승민이는 얼른 풀어 보았다.

"야 멜로디언이다. 멜로디언! 삼촌 이건 굉장히 비싼데 얼마예요?"

"십만 원."

"예?'

승민이는 토끼 눈처럼 놀란 표정을 지으며 삼촌한테 고맙다는 인사를 계속한다.

승민이는 좋아서 계속 멜로디언을 어깨에 메고 입으로 불고 손가락으로 건반을 두드렸다.

"우리 외삼촌 만세."

방 안에서 왔다갔다 부엌으로 마당으로 불어 대니, 코올콜 잠자던 메리가 컹컹 짖어 댄다.

"이제 저 멜로디언 때문에 우리 집 시끄럽게 되겠다."

승민이가 멜로디언을 불어 대는 것을 보고 아빠는 입을 쩝쩝 다신다.

"아이들이란 참 그래, 그렇게 구김살없이 명랑하게 튼튼히 잘 자라라."

할머니는 승민이가 대견한지 바라보며 웃으시며 말하였다.

"외삼촌, 삼촌 우리 집에 가서 멜로디언 부는 거 가르쳐 줘."

승민이는 외삼촌의 손을 끌고 밖으로 나왔다.

"이제 멜로디언을 배워서 동네 아이들에게 자랑해야지."

승민이는 기쁜 마음으로 총총걸음으로 집으로 돌아왔다.

새해를 축복이라도 하듯이 눈이 부슬부슬 내리기 시작한다.

앉은뱅이꽃 사연 우체통 박사

나는 우체통입니다. 학교 길목에 서 있습니다.

키는 작지만 난쟁이는 아닙니다.

나는 사철 붉은 바지 저고리를 입고 있습니다. 아침 저녁때만 되면 이 골목은 학교에 가고 오는 어린이들로 떠들썩합니다.

나는 이 골목에서 5년째 자리잡고 있습니다. 누가 장난꾸러기이고 착한 어린이인지 다 압니다. 요 며칠 전에는 영희가 한눈을 팔고 오다가 자동차에 치일 뻔했습니다. 나는 그때 가슴이 두근거렸습니다. 다행히 다친 데는 없었습니다. 영희가 혼쭐이 나 그때부터 조심조심 길을 걸었습니다.

또 춘삼이하고 영수하고 학교에 오다가 싸움 한 것도 이 골목입니다. 춘삼이가 괜히 영수를 때렸습니다. 또 딴 아이들도 때리곤 합니다.

이날도 영수는 잘못한 게 없는데 매를 맞았습니다.

춘삼이는 힘이 세고 심술이 사납습니다. 그래서 딴 아이들도 춘삼이만 보면 슬슬 피해갑니다. 영수도 춘삼이를 피해 가다 그만 붙잡혀 춘삼이가 가만둘 리 없습니다.

"임마, 부르는데 왜 달아나는 거야?"

영수를 붙잡고 춘삼이가 시비를 걸었습니다. 영수는 영리하고 착한 아이입니다.

"학교 늦을까봐 뛰어갔댔어"

영수는 겁에 질려 떨고 있었습니다.

춘삼이는 다짜고짜 빰을 후려 갈겨 영수는 울면서 학교를 갔습니다.

화가 난 영수는 춘삼이를 그냥 내버려 두었다간 이 골목에서 숱한 아이들이 매를 맞을 것 같아 어떻게 해서든지 버릇을 고쳐 놓아야 되는데 내 힘으론 될 수 없는 노릇입니다. 얼굴만 붉어지고 씨근덕거려야 아무 소용이 없습니다.

하루는 춘삼이 담임선생님이 편지를 넣으려고 왔습니다. 그렇지 않아도 선생님을 만날 기회를 엿보고 있었던 참이라 반가웠습니다. 나는 선생님이 편지를 넣고 가는 길에 춘삼이 얘기를 죄다 일러 바쳤습니다.

그러나 선생님은 내 얘기를 듣는 둥 마는 둥 그대로 가버려 안타깝고 답답해 더 얼굴이 화끈 달아올라 선생님이 밉기까지 했습니다. 선생님의 편지를 깔고 앉아 내보내지 않을까 생각도 했지만 그 편지는 급한 편지라 그대로 내 보냈습니다.

저녁때가 되어 학교에서 놀던 아이들도 집에 가고 꾸러기 아이들만 길목에서 놀고 있었습니다.

그런데 은혜가 급한 걸음으로 다가왔습니다. 한 손에는 편지봉투를 들고 슬픈 얼굴 모습을 하였습니다. 남달리 학교에도 일찍 오고 명랑하던 은혜가 어쩐 일인가 걱정이 되었습니다. 은혜는 편지를 넣고 두 손 모아 기도를 올리고 돌아갔습니다. 할아버지 병환이 위독하다는 것을 시집간 큰언니한테 알리는 편지였습니다.

그러고 보면 한달 가까이 이 골목에서 은혜 할아버지 모습은 보지 못했습니다. 할아버지는 은혜를 여간 귀여워했던 것이 아닙니다. 내가 5년 전부터 이곳에 서 있었으나 아마도 은혜 할아버지는 그 전부터 은혜를 데리고 학교에 가고 오곤 했습니다.

은혜는 4학년입니다.

혼자 학교에 오고 집에 갈 수도 있지만 할아버지는 꼭 은혜를 데리고 학교에 옵니다.

그러던 할아버지가 한달 전부터 병환이 나신 모양입니다. 병환도 아주 중병이었습니다.

그래 은혜가 울상이 되어 큰언니한테 편지를 부치러 왔던 것입니다. 나도 은혜 할아버지의 병환이 빨리 나으시라고 빌었습니다.

나는 지금 저녁밥을 먹어 내 뱃속에는 슬픈 편지, 기쁜 편지, 위문 편지, 그리운 편지 등 수두룩하고 그 뿐 만아니라 연하장, 예쁜 카드, 세금고지서도 들어있습니다.

그 중에서도 순이 언니가 순이에게 보내는 편지도 있어서 여러분에게 들려 드리겠습니다. 순이 언니는 작년 봄에 이곳으로 시집을 왔습니다.

사랑하는 귀여운 순이야.

또 앉은뱅이꽃이 필 때가 되었단다. 이 편지가 닿을 때는 아마 공동묘지가 있는 골짜기에 앉은뱅이꽃이 피었을 게다. 앉은뱅이꽃에는 이런 슬픈 얘기가 숨어 있단다.

사람이라고는 찾아온 적이 없는 깊은 산골짜기에 한 소녀가 살고 있었더란다.

그런데 산꼭대기에 눈이 녹고 봄바람이 불자 어디서 왔는지 목동이 피리를 불며 많은 양을 몰고 이 산을 넘어 왔더란다.

그래 그 소녀는 너무나 반가와 이내 그 목동과 친해지고 봄, 여름을 같이 즐겁게 보냈더란다.

그러나 가을이 되고 양이 먹을 풀이 없게 되자 목동은 명년 봄을 약속하고 그 소녀와 헤어지지 않으면 안 되었단다. 소녀는 울면서 산을 넘어가는 목동의 이름을 몇번이고 불렀더란다.

그러면 메아리는 부르는 족족 그 목동의 이름을 대답해 주었단다.

다음해 봄에 그 소녀는 암만 기다리고 기다렸으나 목동은 돌아오지 않고 메아리만 돌아 왔더란다.

몇 해가 지날 동안 소녀는 메아리만 부르며 살았더란다. 그러나 어느 해 봄에 목동을 부른 메아리조차 돌아오지 않아 소녀는 목동이 죽어서 못 돌아오는 줄 알고 자기도 그 목동을 따라 죽어서 앉은뱅이 꽃으로 태어났다고 한다.

그 후 목동은 죽지 않고 소녀를 찾아 왔으나 소녀는 간 곳이 없고, 소녀가 살던 집에는 앉은뱅이꽃만이 피어나 목동을 반갑게 맞아 주었다고 한다.

불러도 돌아오지 않는 앉은뱅이꽃의 얼마나 애달픈 얘기냐? 목동은 소리쳐 소녀의 이름을 불렀으나 메아리조차 대답해 주지 않았더란다.

나는 이 편지를 읽고 나서 눈시울이 뜨거워졌습니다. 앉은뱅이꽃에 그런 슬픈 이야기가 숨어있으리라고는 생각지 못했습니다.

그러고 보면 나는 아는 것이 상당히 많습니다. 불과 5년밖에 이 골목에서 공부는 안했지만 나는 대학을 나온 사람들 보다도 학식이 많이 늘었습니다.

그럴 수밖에 없는 것이 나는 하루에도 여러 차례씩 공부를 해야만 하기 때문입니다. 그것도 복습이라곤 통 없고 시간마다 새로운 것을 배워야 하니 눈알이 핑 돌 지경입니다.

내 뱃속에는 별의별 사연의 편지가 다 들어있습니다. 사연은 고사하고 붓을 속이려는 편지들이 더 많이 내 뱃속에 들어와 있어 속이 편치 않습니다. 그 편지들은 아름답고 착한 편지들을 깔고 앉아 이 좁은 우체통 내 뱃속에서도 제가 잘 났다고 세력을 부립니다.

또 어느 놈은 그자에게 아첨까지 하고 있으니 참 아니꼬운 것이 세상 일인가 봅니다. 그렇다고 그런 편지들을 받아들이지 않을 수도 없는 것이 나의 고통입니다. 그저 꾹 참고 좀 더 좋은 세상이 오기를 저 골목에 있는 순경 아저씨와 같이 지키고 있을 작정입니다.

봄이 되니 어쩐지 어디로 훨훨 여행이라도 떠나고 싶은 생각이 간절합니다. 한곳에만 붙들려 있어 좀 처럼 내 힘으론 걸어다닐 수 없습니다. 그저 내 뱃속에 든 아름다운 봄을 마시며 꿈나라로 가는 것이 나에게 있어 가장 기쁜 일입니다.

나는 될 수 있는 대로 아름다운 꿈을 안고 살아가려 합니다.

내일은 어떤 소식들이 올지 좀 자야겠습니다.

몹시 고단합니다. 내 뱃속의 손님들이 오늘밤만은 들볶지 말아 주시기를 바라며 꿈나라로 가겠습니다, 안-녕!

오월의 선물

훈이가 학교에서 돌아와 보니 아빠가 집에 계셨다.

"아빠, 아빠, 공사장에 안 나갔어요?"

"나갔다가 일거리가 없어 일찍 들어왔다."

"돈 갖고?"

"요샌 돈이 말랐나봐, 일 끝난 후 준다고 하니."

"그럼, 다 틀렸게?"

"뭐가?"

"아빠가 저한테 약속한 거 잊었어?"

"글쎄다 뭘 약속했더라! 생각이 안 나는구나."

"아빠 아빠, 5월달이 무슨 달인지 알지?"

"어버이날과 석가모니 탄생하신 날"

틀렸어요 제가 말할께요.

"오월은 어린이날, 우리들의 잔칫날"

"오~라 맞다"

"그 날 뭐 사 줄까?"

"축구공!"

"그래 사 줄게 밖에 나가 놀아라."

"아빠, 심심하지요?"

"아니."

"그럼 꽃밭 만들어요."

"뭐 꽃밭?"

"예, 꽃이 피고 나비가 날아오고 얼마나 좋아요."

"그래, 그럼 나가서 꽃밭 만들자."

훈이는 아빠의 손을 잡고 밖으로 나왔다. 바깥은 따스했다. 담장 밑으로 졸고 있던 강아지가 훈이를 보자, 반가와 내 품에 안겼다.

훈이는 좋기만 했다. 아빠가 훈이의 말을 잘 들어준다.

훈인 꽃밭을 만들면서도 신이 나 콧노래를 불렀다. 강아지는 저하고 놀아 주지 않아 한쪽에서 엎드려 물끄러미 바라보고만 있었다.

한창 꽃밭을 만들고 있는데 누나가 학교에서 돌아왔다. 누난 학교 선생님이시다.

"선생님 오신다."

아빠가 웃으며 말했다.

"아빠 꽃밭 만드셔요?"

"그래, 어때 보기 좋지?"

"예."

꽃은 방안에서도 볼 수 있으니까 분위기가 새롭다.

아빠는 기분이 좋다. 아까부터 입가에 웃음이 떠나지 않았다.

"누나 누나."

훈이가 불렀다.

"누나가 뭐니? 선생님이라고 불러야지."

"에~ 누나가 선생님이야?"

"너희 학교 선생님은 아니지만 선생님은 선생님이지."

"나보다 아랜 걸."

"뭐가 아래야?"

"누난 3학년 선생님 아냐? 난 4학년인데…."

"하하하! 그래도 선생님이지. 어디 3학년만 가르친다던? 이제 5학년 6학년도 가르치게 될 걸."

"야, 신난다 우리 누나도 6학년 담임선생님도 한다. 그럼 내 친구들은 나한테 까불지도 않겠지. 또 수학여행 가면 선물도 많이 받을 꺼야."

"그런 것 바라면 못 쓴다. 정당하게 떳떳이 돈을 벌어야지."

"아빤 정당하게 벌지요?"

"그럼 정당히 벌고 말고."

"선물 안 들어와도 좋으니 남한테 받을 생각만 하면 마음이 비굴해진단다."

"그럼 딴 사람들은 돈 많이 벌어서 아파트도 사고 자가용도 있는데…"

요즘 세상은 남의 코를 베 먹어야 잘살 수 있다고 한다. 그러니 훈이 아빠가 잘살 까닭이 없다.

"아빠, 돈 없는 사람이 어떻게 마음이 편할 수 있어요?"

아빠가 아무 말 없는 것을 보자 누나가 말했다.

"아빠가 그러잖았어? 돈은 없어도 마음은 편하다고…."

"돈이 없음 학교도 못다니고 밥도 못먹고 병이 날 텐데 마음이 편해?"

"그런 뜻이 아니라 나쁜 짓을 해서 버는 사람은 언제나 마음이 불안하고 옳게 버는 사람은 마음이 편하다는 말이다."

"이제 알겠지?"

"응, 맞아."

"누나도 어린이날 나 뭐 사줘야 해."

"옳아 네가 그런 일이 있어서 그랬구나."

"누난 뭐 사 줄 테야?"

"위인 전기집이나 동화책 사줄까?"

"동화책은 집에 많아, 그보다도 장난감 사줘."

"그런 것 사줌 공부 더 안하게?"

"아냐 더 열심히 공부 잘할게."

"그래, 사줄게."

"응, 꼭이야. 약속해?"

훈이는 다짐을 받고 꽃밭 만드는 것을 거들고 꽃씨는 누나가 심었다. 분꽃, 나팔꽃, 봉숭아, 채송화, 수세미 그리고 해바라기 꽃씨도 뿌렸다.

훈이는 그저 좋기만 하였다.

꽃밭을 만드는 것도 좋은데 아빠와 누나가 어린이날 선물을 사주기로 약속했으니 더 좋았다.

훈이는 손을 닦고 뛰어 나왔다. 인아네 집에 찾아가

"인아야, 우리 꽃밭 만들었다."

훈이는 그것부터 자랑했다.

"뭐! 꽃밭? 우린 벌써 꽃을 심었는데…"

인아는 대단치 않은 듯이 말했다.

"뭐 벌써? 그럼 어린이날에 선물도 받니?"

"선물? 누구한테?"

"누구는 누구, 아빠랑 누나한테 받는 거지."

인아는 이 말에 대답을 못했다. 인아는 선물을 사 줄 사람도 없었다. 엄마! 엄마한테는 바랄 수도 없다.

"넌 그런 약속을 받았지만 난 선물 받을 사람이 없어."

인아는 기운이 없이 풀이 죽었다.

훈이는 괜한 말을 했다고 뉘우쳤다. 인아 아빠는 월남전쟁에 참가하여 베트콩 무리랑 싸우다 나라를 위해 목숨을 바치신 분이다.

어린이날이 되어도 인아는 기쁠 게 없을 것 같았다.

"응, 그렇구나. 그럼 내가 선물 해줄게."

"네가?"

"응 내가 선물하면 안되니?"

"안되긴, 그렇지만 난 선물할 게 있어야지."

"넌 안해도 좋아, 아빠는 축구공 사준댔어, 그리고 누난 뭘 사줄지 몰라 누나가 사주는 거 네게 줄게."

"그럼 내가 미안하잖아."

"아냐 괜찮아, 누난 내가 공부하는 걸 더 좋아하니까 장난감 같은 건 없는 게 낫거든."

"그럼 난 너에게 피리를 만들어 줄게."

"피리? 그래 그것 좋다. 멋지게 만들어 줘."

"응."

인아는 피리를 만든다. 전에도 훈이한테 피리를 만들어 준 적이 있다. 인아는 선물할 게 없으니 피리라도 만들어 주어야겠다고 생각했다.

며칠이 지나 기다리고 기다리던 5월 5일 어린이날이 왔다.

훈이는 아빠의 선물 축구공을 들고 인아에게 찾아갔다. 한 손에는 누나한테 받은 선물도 들고….

"야 멋지다!"

인아는 훈이가 선물로 준 은색 하모니카를 씽 씽 불면서 소리쳤다. 얼마 뒤에 훈이는 버들피리를 불어 하모니카랑 멀리 퍼져 나갔다.

하늘은 푸르기만 했다. 봄은 활짝 피고 아이들의 마음에도….

찢어진 우산

양곤이는 우리 가족 막내둥이, 학교에서 친구들과 사이좋게 잘 지내며 공부 잘하고 운동도 잘해 사나이 중 사나이라 인기도 있습니다.

오늘은 아침부터 비가 계속 오고 있습니다. 새 우산을 가져 가려고 형이 쏜살같이 우산을 갖고 나가버려 입이 툭 튀어나와 울상이 된 양곤이는 헌 우산을 펼치고 집을 나오다 말했습니다.

"엄마, 시장에 가서 새 우산을 사가지고 학교 마칠 때 오세요."

"그래 알았다."

"빨리 학교 가거라."

"형은 깍쟁이야 동생한테 양보도 안하고."

흥얼흥얼 우산을 펼쳐보니 군데 군데 구멍이 나고 찢어져 있어 학교에 닿을 무렵, 옷이 흠뻑 비에 젖어 있는데 자가용에서 내린 예쁜 소녀가 싱긋이 웃으면서 내 옆으로 다가왔다. 그래서 우산을 같이 쓰고 종종걸음으로 뛰어가니 뒤에 오던 친구들이 우릴 보고 놀립니다.

"얼레리 꼴레리, 얼레 꼴레리."

"누구 누구는 좋아한데요."

순식간에 소문은 퍼졌지만 기분이 나쁘진 않습니다.

갑자기 세찬 바람이 불어와 내 우산이 망가지고 뒤집혀져 순이랑 같이 교실에 들어서자 아이들이 또 놀립니다.

"너는 못봤지? 나는 봤다."

"알아 봤다. 흥. 망가진 우산 때문에 옷이 흠뻑 젖어…"

물에 빠진 새앙쥐라며 친구들은 놀리고.

물에 빠진 새앙쥐, 하 하 하. 끝까지 참고 견뎠지만 체면이 말이 아니다.

"야 ! 너희들 정말 까불래?"

"날 약올리는 사람 나와 봐."

"나쁜놈이야."

"뭐! 나쁜놈?"

"그래 어쩔래?"

덩치 큰 철수가 나와 시비를 걸다가 한방에 쿵 넘어져 교실은 조용해졌습니다.

옆에 있던 순이가 귓속말로 고맙다는 눈인사를 한다.

첫 수업종이 울리자 담임 선생님께서 들어오시다 너무나 조용해진 교실에 꽉찬 아이들 분위기가 진지하기만 하여 흐뭇한 표정을 지은 선생님.

선생님! 오늘 재미난 이야기를 해주세요 선생님. 뒤에서 양곤이가 말하자마자 순이가 끼어 들어 또다시 교실은 깔 깔 깔. 그만 분위기가 달라지자 초롱초롱 눈망울을 바라보시던 선생님께서

"자! 여러분. 창밖에 비가 내려요. 우리 모두 동시 한번 지어볼까요. 제목은 〈봄비〉."

늘 주위가 산만하고 공부하면 꼴찌지만 글 쓰는데에는 자신만만한 깨돌이가 신바람이 났다.

한참 후 시 낭송이 있었다. 깨돌이가 자신있게 손을 들어 더듬더듬 읽어

내려가 친구들은 손뼉을 쳤다.

봄비, 봄비는 새싹의 친구
살며시 왔다 돌아간다
다음날 찾아오면
푸릇푸릇
돋아난 내친구
방실방실 춤을 춥니다.

야! 깨돌이 제법이야. 해맑은 표정에 어리둥절한 깨돌이한테 선생님도 용기와 희망을 주었습니다.

수업이 끝난 후 청소 당번만 남고 모두들 헤어졌다.

난 교문 밖 한길너머 건물 모퉁이에서 비를 피하다가 이웃집 돌이엄마를 보았습니다.

"양곤아! 왜 거기 서 있니?"

"엄마가 우산 갖고 온대요."

"내가 데려다 줄까?"

"고맙지만 엄마를 기다리다 같이 가겠어요."

하나 둘씩 친구들이 제각기 우산 쓰고 집으로 가는데 헐레벌떡 누가 달려와 "양곤아. 내 우산 쓰고 바래다 줄게." 했다.

"미안해, 먼저 가."

순이를 태우려고 순이 아빠가 왔다. 뒤돌아보니 '윽' 화경이가 양곤이에게 우산을 씌워주고 있었다.

"아니 저 애가. 속상해."

아침에 고마워서 차 태워 바래다 주려고 아빠한테 전화 걸었는데. 순이가 차창 밖으로 날 바라본다.

"순이야! 미안해."

나는 곱상한 얼굴을 가진 화경이한테 마음이 쏠렸다.

화경이는 그림도 잘 그리고 시도 잘 짓고 특히 남몰래 남을 잘 도와주는 예쁜 소녀입니다.

잠시 후 짓궂은 아이들이 또 우릴 놀립니다.

"곤이랑 경아랑 그렇고 그런 사이래."

"사랑한데요-"

경아랑 나는 못들은 척하며 소곤소곤 이야기를 나누다

"화경아 미안해. 나 때문에 오해를 받아서."

"괜찮아 우린 단짝이니까…."

"내일 만나자, 잘가."

혼자서 울상이 되어 아까 돌이엄마 따라 갔으면 벌써 집에 다 왔을 껄. 이렇게 중얼거리며 혼자 생각하다 다 찢어진 우산을 버리고 걸어가는데 누가 뒤에서 깔깔 웃고 있었습니다.

아까 자가용 타고 갔던 순이가 우산을 들고 다가오는 것입니다.

"젠장 이때 나타날 것이 뭐야."

"안녕! 내일 만나자."

집으로 가는 도중 신호등 횡단보도에 차가 멈추더니 '쫙' 흙탕물을 내몸에 뒤집어 씌우고는 빵소니를 쳤습니다.

"에잇 제기랄."

"봄비가 날 망쳤어."

거울 파는 가게를 지나다가 발걸음을 멈추고 내 모습을 본다.

"하하하"

"이게 내 얼굴?"

“미워 미워.”

누가 볼까봐 두려워 뒤도 안 보며 죽어라 마구 달렸다. 집으로 오자마자 “엄마 엄마” 큰소리로 고함을 쳤다. 주방에서 엄마가 나오더니 “이게 누구야” 하며 눈이 휘둥그레졌습니다.

“아니 비 그치면 오지?”

“온종일 비가 계속 오는데 어떻게 온단 말예요. 미워요, 엄마 온다고 해 놓고 왜 안 왔어요.”

“그렇긴 그렇다. 일기예보가 척척 맞아, 척척박사다.”

휴! 한숨 쉬고 의자에 걸터 앉아 축늘어져 혼자 눈을 지그시 감고 공상에 잠겨 있습니다.

비가 오다 해가 쨍 비추어 빨주노초파남보 무지개가 하늘에 다리를 수놓았습니다. 예쁜 선녀들이 우산을 들고 나타나 왕자님! 왕자님! 어서 오세요. 환영합니다. 나는 용꿈을 꾸듯 왕자가 된 듯 늠름하고 의젓한 모습으로 걸어 가다가 돌부리에 걸려 넘어져 “아야 엄마” 소리쳤다. 엄마는 깜짝 놀라 날 바라보면서

“원 애도 의자에서 잠을 자다니. 어서 옷 갈아 입어라.”

“싫어 싫단 말예요.”

“뭐! 뭣이 어째.”

“엄마가 싫어.”

나는 돌이엄마가 우산을 씌워 준다고 해도 엄마가 왔다가 허탕치고 돌아가면 서운 할 것 같아 안가고 끝까지 엄마를 기다렸는데…

“우리들 보고는 거짓말 하지 말라고 하고 엄마는 약속도 안 지키면 되나요?”

“그래 아빠 들어오시면 우산 사달라고 해라. 엄마도 집 볼 사람만 있으면 갔지. 또 급한 전화오면 어떻게 하고?”

엄마한테 떼를 쓸 필요가 없습니다. 엄마는 양곤이의 옷을 벗기고 품안에 꼭 안았습니다.

비에 젖은 풀향기와도 같은 포근포근한 사랑의 냄새가 훅 끼쳤습니다.

창 밖을 보니 아까보다는 빗줄기가 약해져 아빠한테 마중을 나갔습니다.

카랑카랑한 개 소리가 멀리서 들려오더니 희미한 불빛 사이로 아빠가 선물 한뭉치와 새 우산을 들고 날 부르고 있습니다.

"아빠, 고맙습니다."

집으로 향해 발걸음이 빨라지고 대문을 여니 온 집안이 환해졌습니다.

토니는 내 친구

구름이 둥둥 떠 있다가 햇볕이 쨍쨍 일기 시작한 화창한 봄날입니다.

수동이는 아침 일찍 일어나 체조를 합니다.

"하나 둘 셋 넷"

토니도 좋아라 껑충껑충 뛰며 꼬리를 치며 멍멍 짖어 대 수동이 주위를 빙글빙글 돕니다.

수동이는 초등학교 4학년 개구쟁이지만 영리하고 씩씩한 사내 대장부입니다.

오늘은 꽤 심심했습니다. 뜰에 나와 있으니 노랑나비 한 쌍이 너울너울 춤추듯 꿀만 뜨고 어디론지 훨훨 날아갑니다. "에이…" 혼자 중얼거리다 토니랑 놀려고 개집으로 갔습니다.

토니란, 수동이가 귀여워하는 개의 이름입니다. 예쁘지는 않지만 수동이에게는 사랑받는 개입니다. 그러나 토니가 갑자기 병이 났습니다. 수동이네 식구랑 동네 아이들까지 귀엽게 대해 주던 토니가 오늘은 '끙끙' 앓고 꼼짝 않고 있습니다.

공을 던져 굴리면 번개처럼 달려가 냉큼 물어오고 훈련도 잘 된 토니가 눈만 껌뻑이며 기운 없이 아무것도 먹지 못한 채 멍하니 쳐다만 보고 있습니다.

수동인 급히 엄마한테 뛰어가

"엄마 엄마! 토니 좀 살려 주세요."

"왜 그러니?"

"토니가 다 죽어 가. 불쌍해요.""

"그럼 가축 병원에 데려가거라."

"돈을 줘야지요."

"지금, 돈 없다. 아빠 들어오시면 돈달라고 해라. 그때까지 기다려 보자."

"뭐라고요?"

수동인 온몸에 힘이 쭉 빠졌습니다. 아빠 오실 때까지 기다리면 토니가 더 불쌍해 눈앞에 아른거립니다. 비상 수단을 써서 엄마한테 잘 보이려면 공부밖에 없습니다.

"엄마 엄마. 6 · 25에 대해 설명해 주세요. 내일 숙제인 걸요. 그리고 앞에 나가서 발표도 해야 해요."

엄마는 수동이가 자꾸 되풀이하여 묻고 물어, 밥도 하고 빨래도 많이 밀려 귀찮지만 한편으로 대견스러웠습니다.

엄마는 수동이의 마음을 알아챘습니다. 그래서 장롱 서랍에서 돈을 꺼내 토니를 병원에 데려갈 수 있도록 해 주었습니다. 수동이는 힘이 절로, 신바람이 났습니다.

"덩더쿵 덩더쿵 야호야호. 우리 엄마 최고야."

함성을 지르며 재빨리 토니를 안고, 병원에 가서 진찰을 받으니 홍역에다 잔병이 겹쳐 며칠간 입원하면 나을 수 있다고 합니다. 떼를 쓰며 병원까지 찾아왔는데 돈이 있어야 입원할텐데 치료만 받고 약 타 가지고 맥없이 돌아왔습니다. 또, 입원시키자고 말하면 엄마는 병든 개를 집에 두면 재수 없다며 시장에다 내다 팔 것 같은 느낌이 들어 답답하였습니다

"아빠가 빨리 들어오셨으면…."

혼자서 토니 걱정을 하면서 약과 밥을 주어도 '끙끙' 거리고 쫑긋한 귀도 힘없이 축 처져 불쌍했습니다.

어제는 비가 억수같이 쏟아졌습니다. 천둥도 '쾅' 번개도 '번쩍번쩍' 치고 오늘도 비가 마구 쏟아집니다.

토니가 궁금해서 우산을 들고 토니 집으로 가 '토니 토니' 불러도 아무 기척도 나지 않았습니다.

"엄마 엄마, 토니가 없어졌어요. 엄마 미워요 토니를 없앴지요?"

"아니 그게 무슨 말이냐?"

"나는 다 알아요, 병 들었다고 팔았지요"

"수동아 어제 비가 많이 와서 아빠가 부엌에 가마니를 깔고 그곳에 두었단다."

"예."

아빠가 고마웠습니다. 수동이가 왜 토라졌는지 엄마는 금세 알아챘습니다. 수동이는 쏜살같이 부엌으로 달려가 토니를 불렀습니다.

토니는 하루 만에 나를 보고 꼬리를 흔들며 밥그릇도 깨끗이 비워 놓았습니다. 이젠 정신이 들고 병도 나아진 것입니다.

엄마 몰래 고깃국에 밥을 말아서 주고 생선도 주니 잘도 먹었습니다.

"멍 멍 멍"

야! 신난다. 며칠 후 우리 집에는 카랑카랑한 목소리로 힘차게 짖어 대는 토니의 목소리가 울려 퍼지며 내 마음을 포근히 만들어 주었습니다.

토니를 데리고 뒷동산에 올라 소나무를 빙빙 돌면 토니는 뒤에서 '멍 멍' 짖으며 잘도 놉니다. 또 공을 던지면 재빨리 뛰어가 냄새 맡고 물어 옵니다.

이제 나의 다정한 친구 토니는 앵두알보다 커다란 두 눈과 쫑긋한 귀, 복실복실한 하얀 털을 자랑하듯 뽐내며 우리 집을 지켜 줍니다.

눈 위의 발자국

철수와 순이는 4학년 학생으로 한 마을에 살았습니다. 매일 10리 길이나 되는 학교를 산을 넘어 같이 걸어 다녔습니다.

눈길은 몹시 미끄러워 순이는 자주 넘어졌습니다 그러면 철수는 얼른 일으켜 눈을 털어 주었습니다. 순이는 혼자 일어날 수 있으면서도 철수가 일으켜 주기를 바라기도 했습니다

순이가 산 위에서 미끄럼을 타고 내려오면 철수는 더 빨리 미끄럼을 타고 내려와 순이를 뒤에서 껴안고 나동그라집니다. 그럴 때마다 순이는 철수를 때렸습니다. 아프라고 때린 것이 아닌 줄 뻔히 알기에 순이의 언주먹을 끌어다 입에 대고 호호 불어주면 순이는 눈만 지긋이 감고 살며시 웃음을 지었습니다. 순이가 웃으며 뛰어가면 눈위에 예쁜 발자국이 납니다.

그 모양이 좋아서 철수는 뒤쫓아 순이가 밟고 간 발자국을 하나 둘 소리 높이 세면서 밟고 지나가면, 학교 길도 멀지 않아 가고 오고하는 것이 늘 기쁘고 퍽 재미있었습니다.

둘 중에 누가 아파서 학교에 못가는 날은 심심하고 우울했습니다. 혼자 학교에 가기도 싫고 학교 길도 멀었습니다. 자주 넘어지고 눈을 꽁꽁 뭉쳐

마구 내던졌습니다. 그렇게라도 하지 않으면 울음보가 터졌을지도 모릅니다.

이렇듯 오누이같이 비가 오나 눈이 오나 정답게 학교에 다녔습니다. 그게 어제 일같이 생각되는데 순이가 없습니다. 순이는 아직 피난터에서 돌아오지 않았습니다.

사년 전 일이었습니다. 철수네와 순이네는 6 · 25 때 피난을 못 나갔다가 1 · 4후퇴 때에는 먼저 서둘러 보따리를 쌌습니다. 오늘같이 눈이 펑펑 내린 아침이었습니다. 순이는 보따리를 이고 철수는 짊어지고 마치 한집안 식구마냥 눈길을 걸어 산을 내려갔습니다. 철수네는 친척이라곤 하나도 없었습니다. 그저 무작정하고 남으로 남으로 내려가는 수밖에 없었습니다.

그러나 순이 아버지가 아무데 가면 별 수 있느냐 그래도 이웃사촌이니 같이 경상도로 내려가서 서로 의지하고 살자고 철수 아버지에게 같이 가기를 권하였을 때는 철수도 순이도 기분이 좋아 깡충깡충 뛰었습니다. 그렇지 않아도 서로 헤어질까봐 걱정하고 있던 참이라 순이 아버지의 이 한 마디가 어린 가슴에 몹시 기쁘게 새겨졌습니다.

이틀을 꼬박 한데 잠을 자고야 겨우 기차에 올라 탈 수가 있었습니다. 그러나 뚜껑도 없는 기차라 세찬 바람과 눈이 휘날리자 많은 사람은 다 이불을 뒤집어쓰고 눈과 바람을 막았습니다.

기차에서 내려서도 10리길을 걸어 들어가 겨우 순이네 외삼촌 집에 닿았습니다. 외삼촌네는 큰 아들이 군대에 있고 큰 딸이 초등학교 6학년, 밑으로는 여섯 살 난 아들과 같이 행복하게 살았습니다.

순이네는 건너방에 들고 철수네는 뜰아랫방에서 피난 보따리를 풀었습니다.

며칠은 6 · 25때 겪은 이야기로 엄벙덤벙 지냈습니다. 그러나 돈을 벌지 않으면 안 되었습니다. 한두 달은 가지고 온 것으로 먹고 지낼 수도 있었지만 언제 어떻게 될지 모르는 일입니다. 더구나 일하던 사람이 가만히 앉아서 날을 보내기란 퍽 지루했습니다. 그렇다고 일자리가 그렇게 쉽게 생기지 않았습니다. 곡식도 모두 걷어들인 지 오랜 때라 할 일이 없었습니다. 철수아버지와 순이 아버지는 이런 산골에 있을 것이 아니라 식구들만 남겨 두고 부산 같은데 가서 부둣가에서 막노동이라도 하자고 의논을 하였습니다 그러나 순이 외삼촌과 가족들은 여기까지 피난 와서 이 겨울에 노동을 하다가 죽으면 무슨 보람이 있느냐고 극구 만류했기 때문에 그럼 봄에 떠나자고 주저앉고 말았습니다.

철수와 순이는 할 일이 없었습니다. 귀희(외삼촌의 큰 딸)는 학교에 그대로 다니는데 철수와 순이는 갈 학교가 없었습니다. 어떻게 말 잘하면 들어갈지도 모르나 피난온 처지라 그렇게 하지 못하였습니다. 심심한 그날그날을 보내는 수밖에 별 도리가 없었습니다. 처음에는 가지고 온 책으로 복습도 하였으나 나중에는 그것도 싫증이 났습니다.

귀희는 학교가 멀어서 일찍 밥을 먹고 갑니다. 그날도 그러했습니다. 철수와 순이는 귀희가 학교간 뒤에 따라 나섰습니다. 지난 날 고향에서 둘이 정답게 학교에 다니던 생각이 간절했습니다. 눈 깔린 벌판입니다. 철수네 고향같이 산만 없을 뿐이지 마찬가지 산촌이었습니다. 철수는 전과같이 순이의 눈발자국을 밟으며 걸었습니다. 그러나 옛날같이 기분이 나지 않았습니다.

철수와 순이는 이대로 정처없이 마냥 걷고만 싶었습니다.

얼음판에서 팽이를 돌리던 아이들이 철수와 순이를 번갈아 보며 중얼 중얼거리고 있지만 둘은 본체만체 하였습니다.

귀희네 학교가 보입니다. 누가 보지 않을까 주저했으나 마침 공부시간인지 운동장에는 아무도 없었습니다.

눈사람만 운동장 끝에 우뚝 서 있고 아카시아 나무와 오동나무가 눈꽃을 피우고 있을 뿐입니다.

철수네 학교보다 오히려 작은 편이었습니다. 묵묵히 서서 학교 안을 들여다보니 공부하는 아이들이 부럽기만 합니다 .

학교에서 공부를 할 수 없다 생각하니 몹시 서글퍼 지난 날 순이와 같이 눈길을 걸어 학교에 다니던 그리운 시절이 눈앞에 삼삼합니다.

시간이 끝났는지 갑자기 떠드는 소리가 쫙 퍼져 나와 철수와 순이는 온 길을 되돌아 줄달음 쳤습니다. 남의 학교를 숨어서 엿본 것이 무슨 죄나 진 것처럼 가슴이 두근거렸습니다. 아까 얼음판에서 팽이를 돌리던 아이들은 보이지 않고 까치가 앞질러 날아갔습니다.

날이 제법 풀렸습니다. 얼었던 땅이 녹아내려 질퍽질퍽합니다.

철수 아버지와 순이 아버지가 전에 약속한 대로 부산으로 떠나는 날. 부산에 가도 아는 사람이 없지만 그렇다고 이대로 있을 수는 없었습니다. 부산에 가면 어떻게 되겠지. 설마를 믿으며 떠나면서 부산에 가서 품팔이가 잘 되면 식구들도 데려올 셈 치고 당분간 순이 외삼촌 집에 남은 식구들을 맡겼습니다.

순이 외삼촌이 같이 이곳에서 농사나 짓고 밭일이나 하면서 살자고 하였으나 마음이 편치 않아 떠났습니다.

철수와 순이는 그 전날 밤에도 의논을 했습니다. 같이 아버지를 따라 부산에 가서 철수는 신문팔이나 구두닦이를 하고 순이는 찹쌀떡 장사를 하여 잘 되면 다시 학교를 다니자고 비장한 결심을 하자 철수 식구들은 모두 반대를 했습니다. 어린 것들이 어떻게 그런 일을 하겠는가 하고 철수 어머니와 순이 어머니는 가엾어서 울었습니다.

우선 철수 아버지와 순이 아버지를 먼저 내려가서 형편 보아 연락하겠다고 하고 비장한 마음을 먹고 떠나갔습니다.

그 뒤 부둣가에서 노동을 하게 되었다는 편지가 왔습니다. 외삼촌네에 남은 어머니와 순이 어머니는 품팔이를 하였습니다. 철수와 순이도 많이 도와주었습니다.

몇 달이 지나고 장대비가 퍼붓는 날이었습니다. 철수 아버지가 급히 부산서 돌아왔습니다. 기뻐하던 얼굴들이 뜻밖의 일로 금세 창백해졌습니다. 순이 아버지가 비 오는 날 무거운 짐을 나르다 짐짝에 깔려 넘어져서 입원을 시켰는데 생명이 위독하다는 말에 외삼촌과 철수 아버지는 바로 부산으로 떠났습니다. 순이 어머니와 순이도 같이 가겠다고 우는 것을 차비도 들고 당장 가야 있을데도 없으니 설마 죽기야 하겠냐고는 순이 외삼촌이 말렸습니다.

순이 아버지는 순이 외삼촌과 철수 아버지가 병원에 도착한지 몇 시간도 안 되 한 마디 말도 못하고 세상을 떠났던 것입니다. 순이 외삼촌은 순이의 어머니를 데려오지 않은 것을 무척 후회했습니다.

순이 어머니는 땅을 치고 순이도 발버둥을 치며 울다가 혹시 아버지가 돌아올까 하고 뒷 곁에 나가 아버지 아버지를 부르며 또 울었습니다.

철수는 어찌 할 바를 몰랐고 순이는 철수 가슴에 얼굴을 파묻고 자꾸 울었습니다. 순이 외삼촌과 철수 아버지는 먼 산만 바라보았습니다.

자고 나니 더 허무했습니다. 철수 아버지는 부산에 다시 가지 않고 순이 외삼촌과 같이 농사를 지었습니다.

그해 가을에 대한민국 정부가 서울로 올라갔습니다.

철수네는 봄이오자 다시 고향으로 돌아가고 순이네는 그냥 남았습니다. 순이는 철수와 같이 가자고 울면서 졸랐으나 순이 외삼촌이 좀 있다 가라고 말려 떠나지 못했습니다.

계절은 바뀌어 봄, 여름, 가을이 지나도 순이네는 돌아오지 않았습니다.

새해가 되었습니다. 새해에는 순이가 꼭 돌아 올 것만 같았습니다.

함박눈이 펑펑 내리는 이른 아침에 산모퉁이를 돌아간 발자국은 메워졌습니다. 그러나 오늘 또 새로운 발자국이 났습니다. 철수가 걸어간 발자국입니다.

철수는 자기가 걸어간 발자국을 딛고 순이가 돌아 올 것만 같았습니다. 이제라도 금방 산위에서 순이가 철수를 부를 것만 같은 생각되었습니다.

산 위를 또 바라봅니다. 그래도 순이는 오지 않습니다. 눈을 꽁꽁 뭉치어 힘껏 내던집니다. 그렇게라도 하지 않으면 우울함을 풀길이 없습니다.

철수는 눈길을 바라봅니다. 철수가 걸어간 발자국은 내리는 눈에 덮여졌습니다. 철수는 발자국이 지워지면 다시 걷습니다. 혹시 순이가 밟고 오지 못할까봐 새 발자국을 남겼습니다.

순이와 같이 몇 해를 두고 다니던 학교 길로 나가봅니다. 정다운 길이지만 순이가 없습니다. 철수는 제 발자국을 순이의 발자국인 양 다시 디디며 돌아오며 하나, 둘, 셋 소리 높이 셉니다 그러나 역시 우울함은 가시지 않습니다.

산 위에 올라와 미끄럼을 타 봅니다. 중간쯤 내려가다 일부러 나동그라져 보지만 역시 아무도 철수를 일으켜 주지 않습니다. 느끼자 철수는 그만 엉엉 소리 내어 울었습니다. 산 꿩이 푸드득 날아갔습니다. 눈은 온 종일 내릴 것 같았습니다. 눈내린 산길에 오고 가는 사람도 없지만 그나마 철수가 밟고 다닌 발자국도 이제는 없어졌습니다. 새하얀 눈만 종일 내립니다

순이야 어디 있니 보고 싶다. 너와 네가 학교가면서 눈 올때 같이 부르던 동요 구두발자국을 멍청이 서서 그곳만 내내 바라보며 불렀더니 목이 메인다.

순이야…….

마영 김철민 교장 정년퇴임 기념문집

깊고 푸른 숲

김철민 문학세계

시

귀신도 통곡한다

하늘이 뚫여 폭우를 몰고
와르르 쾅!
산자락 잘려
휴지조각처럼 구겨진
황토빛 물 바다
망연자실한 어머니의 무표정

"전쟁과 폐허"
엿가락처럼 휜 뼈대
황혼이 지나간 자리
홀로 남으신 村老
원 세상에
'우린 어찌 사나'

사람의 냄새
어둔 공간에서 死神
내 영혼 七色 무지개 엮어
무리지어 살던
크고 작은 내 발자취
슬픔과 분함

달도 별도 사라진
깜깜한 밤하늘
'죽은 며느리와 아들'
가슴에서 떠나 보내지 못해
神은 그렇게 드러내
살아 있기에
충격에서 깨어나
꿈속에나마
슬픈 느낌표를 찍는다.

고 향

코스모스 소슬바람
춤을 추고
또르르르 또르르르
가을은 성큼 깊어가고
온세상
황금옷 갈아 입는다

고향 생각
작은 가슴앓이하며
어릴적 추억
필름이 머릿속 스친다

내 연필 끝에서
잠시 쉬고 있는
이 가을 밤!

뒷뜰에는
무가 크고
감나무 아래에는
버섯이 크고

귀뚜라미 잠을 자는지
문창호지엔
달빛만 마냥 큰다

사랑의 아픔이 아직까지

눈쌓인 산속에 겨울정취 가득한
눈녹을 기미조차 보이지 않자
장작불 지핀 벽난로 옆으로
어두움 밀어내
은은한 향기 정열의 키스 두잔!

아무 일 없었던 무언의 미소
얼어붙은 체온마저
빼앗긴 지 이미 오래

서서히 울며 다가와
날 일으키며 손 잡는 순간
찡!
심장박동 일으켜
할 말을 잊은 채
영원한 밀어 속으로~~~~~

당신은 진정 나를 사랑하고 있을까

가을바람이 내 살을 스쳐 지나
기다림에 많은 것들이 그리워
그렇게 나그네 되어
가슴을 열어 사랑한다 해도
모든 것이 사랑할 수가
초조의 뜨거운 전율을 느끼며
난 아무 말을 못했습니다.

새벽녘 피어난 안개자욱
사춘기 콩닥거리는 마음과
반짝이는 눈빛 속
그 길로 따스한 체온 속을
지울 수가 없습니다

남을 사랑하지 않고
흘려 내린 눈물자욱
삶에 지친 그대로 모습
그렇게 잠 재워
늘 함께 살아온 당신
진정 뭘 알고 싶었을까?

고향 가는 길

아가 등에 업고
양손에 꾸러미 보따리
미어 터지는
혼잡한 기차
귀성객 싣고
칙칙폭폭 칙칙폭폭

손수레 끌고
비좁은 통로
들락날락
'김밥이요, 호도과자'
고래고래 소리치는
떠벌이 아저씨

어느새
논두렁 밭두렁 지나
산너머 언덕아래
호박넝쿨 사이로
눈에 띈 쬐그만 마을

차창 밖으로
고향 찾는 설렘
구겨진 어머니 얼굴
보였다 사라지고
치-익-찍

어머님

휘영청 휘둥거리고
잠결에 은은히 들려오는
뱃고동 소-리
뿌-웅 뿌-웅

동틀 무렵
어머님, 주섬주섬
옷 챙겨 입고
외진 갯가 망태들고
갯벌에서 꼬막을 줍는다.

세월의 주름살
늘어가는 흰 머리카락
고생과 역경
맘 편한날 없고.

'싱싱한 생선'
'맛있는 고기'
시장가 오가는 사람들에게
비린 생선 풍기며
억센 손으로 단골손님 맞는다.

황혼 질 무렵
고개너머 비탈길
마중나온 막내딸
먼 사랑 가까운 정 느끼며
굿굿이 살아가신다.

통일의 그날

눈물로 뒤엉킨 한의 반세기
응어리진 가슴 얼싸 안으며
고향찾은 긴-긴 세월
떨리듯 북받쳐 흘러내린 눈물

달빛 속 어둠이 짙게 깔리며
보일 듯 말 듯
허허 백발된 눈가의 주름살
50여 년 생이별의 한이
급히 떠나느라 연락도 못해
칼로 벤 아픔의 상처 였습니다

오늘의 만남을 잊지 않기 위해
빛바랜 흑백사진 한장!
가슴에 묻어둔 채로
하루하루가 천년같은 그리움
고향 산천 떠 올리며
내 뇌리에 머물고 있습니다

설레임과 기다림이 커
한라에서 백두까지

가깝고도 먼 그날
가슴에 새기고
꼭 살아만 주십시요!
아버지, 어머니……

노을에 가려진 여인

하늘을 미끄러져 가며
강물위에 내 그림자 이고
나의 빛
푸라다나스 고목처럼
더부룩하게
숲속을 비추듯
보드라운 웃음 떠 올리며
보였다 사라지고
다시 떠 오르는 얼굴

불빛에 물결따라
흘러 내리듯
아름다운 이 황혼
빨간 저 노을
물들은 하늘가
나의 작은 꿈
사랑의 수 놓아
아른 거리는 그님
내 뇌리에 떠나지 않는다.

사랑한다고 이제 말할 수 있을까

하늘빛 가득찬 당신의 눈빛 사이로
치자꽃 향기 그윽한
들녘을 거닐며
당신의 생각으로
사랑에 빠져 있으면서
사랑을 알지 못한 그 시절

임 곁에 안기울 뜨거운 마음
만지면 부서질 이 하얀 꿈!
일렁이는 가슴 가득 퍼져오는
너의 까만 눈동자
나를 보며,
사랑한다고 말하고 있잖아

금빛줄 사랑의 눈빛
당신의 빠알간 입술
꽃망울 터질,
못다 한 사랑의 열매속으로
황혼이 엷게 퍼진
노을을 향해 달려갑니다.
아! 사랑이란…

바닷가에서

陰地와 陽地
거기서 우린 발버둥 치며
허울적 거렸다
五色 깃발들고
東西로 이어지는 통발 漁船
파도결에 밀려오는 신선한 내음
더 높은 理想의 世界.

그리움 젖고
수평선 저멀리 힘찬 발돋움
아픔 딛고 일어선
生命의 고동 소리
며칠 후,
뱃–새 모퉁 시끌벅적
거긴
까맣게 그을린 아내 모습
달빛 뽀얀 얼굴
이내 웃음으로 맞는다.

밝아오는 새벽
모래성 쌓으며

수평선 저 너머 미래향해
나래를 펴 본다
쏴야 쏴야
출렁이는 바닷가에서-

내 고향 미륵산

메마른 세월에 깔려
수많은 초록빛
수풀 내음

산길 가득 찬
아침 햇살 가르며
남해안 종점
용화사 미륵산

이름 없는 산
무뚝 무뚝 떠받친
산 아래
관음사 미래사 약수 맛

기운 돋아
오고 가는 산객
휴식처의 등산로
안개 벗은
아름드리 저 소나무
천만년 만만년
말없이 숨쉬고 있다

산봉우리 올라
뱃길 따라 펼쳐진
한산도 비진도 앞바다
여기서
거북선 할아버지
세계에서 가장 먼저
거북선 만들어
왜군을 격퇴
내 조국을 위해
용맹 떨친
세계의 인물!

지금 흩어져 있는
작은 섬들 사이사이
거울 같이
잔잔한 물결

해안선 모퉁마다
들고 나는
뱃고동 소리
한려수도 물길에
푸른 정기 숨어 있다.

고독한 마음

몸 서리진 아픔
잃어버린 歲月 속
돌아 앉은 얼굴들

해저문 바닷가
어둠 깔려
조용한 安息과 고요한 時間들

고뇌 찌들린 夕陽빛 속에
고독과 고독으로 엮는
실오락 뜨거운 눈빛 주며
그녀 앞 다가설 때
누군가 울고 있었다.

당신 그– 사랑
연약한 두손 마디마디
와닿는
孤獨의 時間
꽃망울처럼 부풀다
저 높은 하늘

구름 타며 지나간다.

밤 하늘 별을 세며
나의 작은 꿈 꾸면서….

가자! 땅끝 마을로

좍 뚫린 고속도로를 지나며
영호남의 맥 섬진강휴게소
잠시 쉬었다 가세
아지매 재첩국 빨리 주이소
참말로 좀 기다리랑 깽

구불구불 77번 국도를 타고
'여기가 거긴가 강진'
'거기가 여긴가 해남'
황산에서 겨우 해질 무렵
갈끔히 포장된 추억의 도로 달리다
이정표 땅끝마을은 왼쪽

눈 앞에 펼쳐진 해안절벽을 따라
기역자로 길게 이어진 탐방로
천년 묵은 고목들이 즐비해
자연이 스스로 연출하듯
온갖 귀한 보물이 가득

하늘 위 올라선 듯
가슴이 뻥 눈알이 뱅뱅

우리 땅 끄트머리
갯바위 닿아 부서지는 파도소리
보길도를 바라보며
어부사시사 고산의 혼!
한반도 최남단 육지에 석양이 진다

태극기 휘날리면

먼동이 트면
천년을 감돌아 굽이굽이
한반도에 핀 푸른 집념
단군할아버지의 영혼이 깃든
신의 날개 펼친 독도 갈매기

찬란한 풍요로 산
황금 보물!
동해상의 화산섬
뱃길 열려 물꼬 터져
한반도에서 세계로
조국의 심장
지켜나가자 영원히-

흔 적

온 누리에 흰눈 내려
뚜렷이 찍힌
하이얀 내 발자국

시각과 거리가 먼
길 떠난 나그네
미워도
사랑해도
지워지지 않아

사는 동안
밝은 내일을 향한
큰 발자국!
일렁이는 물결의 흔적처럼
아무 말 없이 아무 생각 없이

님의 목소리

오늘도 종일 비가
아직까지 비는 내리고
주위가 어둑해질 무렵
보일 듯 말 듯
발걸음이 잠시 주춤거려

우리 집 뒤뜰엔
자연의 숨소리
밤이건 낮이건 들려와
늦은 시간 살그머니
뒤적뒤적 소리 안 나도록
발꿈치 들고

언제나 부르면 올 것 같은
'사랑의 별빛'
따스한 말 한 마디
가슴속 깊은 샘
아름다운 세계를 펼치며

아웅다웅 살아가는
고단한 삶!
나그네 세상
잔잔히 이는 일렁임
칸막이를 치우고
밤길이 어둡지 않으셨습니까?

임마중

산기슭에 수줍은 듯
피어난 하얀 꽃송이
눈 내리는 모습
하얀 미소 머금고
누가!
예쁜 꽃을 피울 수 있을까?

미소를 머금고
은회색 스커트와
조화로운 맵시
옷깃을 여미는 정으로
봄 햇살보다 아름다움을
비로소 알게 돼

사랑의 예감을 뒤로
나는 안개 속으로
가슴이 닿지 않는 자리
살포시 품 안으면
귓전에 들려오는
낯익은 발자국 소리

언제나 내게 소중한 당신

노을 물든 하늘가에도
황혼의 아름다운 풀잎 향기가
달빛에 조용이 부서지는 순간
눈 맞춘 아릿한 속삭임
붙잡지 못하고
난 매일같이 기다리기만 하는지

나폴리 핑크빛 속으로 칵테일 한잔!
미운 정 고운 정 길지 않은 짧은 시간
다이아 보석을 발견한 것처럼
아무런 대가 없이 키워온 나의 사랑
당신에 대한 사랑이 얼마나 깊은지

거대한 산처럼 느껴졌던 당신
오늘따라 그리 작아 보였는지
내 마음을 송두리째 빼앗아
향스런 모습 여린 빈 웃음만
왜 예뻐 보였을까?

그래도 당신의 그림자로 살아갈
가슴속에 핀 사랑
이 세상 다하는 날까지

My Darling, Ever Precious to Me

Even when, on the edge of the sky
tinged pink with sunset,
Fragrance of the beautiful wild flowers
Is scattered quietly around by the moonlight,
Whispers dazzling in the meeting of the eyes,
How I wait for them day by day,
Without catching a sound?

Toast with a glass of cocktail into the Napolitan pink!
Showing affections and hatreds from time to time,
Never long, though,
As if I found out a gem of diamond,
I have nourished my love for you
With no wish for reward.
How deep my love is for you!

You, who were felt as big as a huge mountain,
How small you look today!
You, who stole away all my heart,
With fragrant feature,
Have given only fragile and empty smiles.

How could you look so charming?

With love blooming in my heart,
I will live as your shadow
Until the end of this world.

가을 여인

사랑의 길을 따라가면서
바위틈 사이 새빨간 담쟁이
바위산 물들이고
황금빛 무르익은 농부의 땀방울
단풍색과 함께 가을은 언제나
소리없이 다가와

가을산행 한줄기 바람소리
눈에도 안 뵈는 바람 같은 것
그 모두를 기억하기 위해
하루를 꼬박
마음은 항상 열고 움직이었지

매혹스런 미소 머금고
너의 숨결 소리 가슴에 안으며
나는 말했지
별 뜻 없이 모든지 다 줄게
나도 그럴게 으응!
우리 둘만이 역사의 밤은 깊어가

기쁨도 잠시
너의 행복했던 얼굴을 그리며
나 정말 미치도록 사랑하나봐
가슴 찢겨지듯 오늘은
너에게 영원한 보석으로 남으리라

아! 지리산이여

닭의 울음소리 홱!
숲속의 아침 대원사 지나 유평리 새재마을
산허리 휘감은 그림 같은 雲霧
사계가 아름다운 치마 두른 조국강산
전라북도 전라남도 경상남도 3도가 모여
늘 푸른 하늘아래 피고 지는 거대한 山

오랜 세월 속에 묻혀
내 민족이 젖은 눈물 애끓음
뱀사골의 아픔은 반선마을 전체로
짐승같은 빨치산 침략의 흔적을 지우고
눈물 콧물겨운 자연의 저항한 흔적들
큰나무들이 둘러서 말없이 내려다보고
자연과 시간이 시작된 지금!

'대원사에서 천왕봉까지'
고독의 낭만을 즐겨 봉우리 타고 산 정상
하늘이 잠겨 하늘문 열어
하늘자락 끝없는 구름위 꽃밭
치솟아 오른 태양은 더없이 붉고 찬란해
구름으로 벽을 두른다

山은 늘 그 자리
두둥실 떠있는 길 잃은 구름하나
남북으로 해를 안고 영혼을 달래
섬진강을 한눈에 바라보면서
먼 능선으로 나를 부른다
아! 사랑하고 사랑받는 지리산이여…

6월이 오고

응어리진 한!
칼로 벤 아픔
붉은 피 흘리며
나라를 지켰던 무명용사들
영혼이 아픈 날
6 · 25 벌써 잊었는가?

당신이 가신 뒤
그 작은 가슴에 큰 상처
그림자를 안고 산
혹독한 60년 세월
후손들 삶의 흔적 남겨 둔 채
절박함을 보면서 나도 모르게

초록 향기 머금고
보은과 나라 큰사랑
그분들 떠올려 마음의 아픔을
인생의 덤 같은 시간!
이젠 평화의 종소리 땡 땡 땡
지구상에 종지부 찍자.

옷 갈아입다

갑자기
차가워진 날씨
두꺼운 코트로 갈아입고

가을을 뽐내던
나뭇잎도 서둘러
노랗게 빨갛게
예쁜 옷 갈아입어

산이 불탄다.

마영 김철민 교장 정년퇴임 기념문집

깊고 푸른 숲

김철민 문학세계

수 필

현대인의 양심

양심은 동심이요 동심은 곧 양심이다. 동심이 있는 곳에 양심이 있고 양심이 있는 곳에 동심이 있다.

동심은 천사의 마음과 통하고 천사의 마음은 곧 양심과 통한다.

국어 사전에는 양심은 사람으로서 마땅히 가져야 할 바르고 착한 마음, 동심은 어린이의 마음 즉, 어린이와 같이 순진한 마음으로 쓰여져 있다.

우리는 이 세상에 나올 때 실오라기 하나 몸에 걸치지 않고 나왔다. 또 세상을 하직할 때 역시 빈 손으로 가는 것이 천칙이다. 그리고 우리가 이 세상에 태어날 때는 동심인 양심만을 지녔을 것이 틀림없다.

그런데 어째서 흑심이 생기는가? 여기에 물질이 작용한다고 할 수 있다.

먹기 위해 사느냐 살기 위해 먹느냐 하는 달걀 논법을 빌려올 필요도 없이 인간은 역시 생명을 유지하기 위해서는 물질을 소유하지 않으면 안 된다. 이 소유욕이 곧 인간의 선악인 양심과 흑심을 낳게 한다.

자기가 잘 살기 위해서는, 또 잘 되기 위해서는 남의 것을 부당히 뺏고 남을 짓밟아도 가책을 느끼지 않는 양심아닌 양심이 사회가 발달하면 할수록 더 심해가는 경향은 어떤 풍조일까.

그것은 사치가 뒤따르기 때문일 것이다. 또 누구나가 사치스럽게 살기를 원하지 않는 사람도 없을 성 싶다.

정당한 수입으로 정당한 방법으로 사치를 한다면 누구나가 긍정할 수 있다. 그러나 사치스럽게 살기 위해 부당한 방법으로 치부를 한다면 누군가가 피해를 입었을 것이 확실하다.

남에게 피해를 입히면서 까지나 자신의 영예를 위해 양심을 외면해 버리는 사고방식이 현대화해 가고 있는 것이 오늘의 실정이라 하겠다.

흔히 양심만 가지고는 살 수 없는 세상이라고 한다. 악착같이 살려고 해도 살 수 없는 판국에 양심이 어디있느냐고 경멸해 버리는 경향이 요즘 와서 부쩍 증가한 것 같다.

그래서 그런지 부당하는 것을 뻔히 알면서도 양심을 속이고 합리화하려 드는 무리가 늘어가는 세상이 되었으니 개탄할 노릇이다.

작게는 개인 크게는 단체 더 나아가서는 국회에서 까지 곧 잘 양심을 저버리는 의원들도 있는 것을 우리도 보아 왔다.

표를 산다는 말은 곧 그 사람의 양심을 산다는 뜻이 된다. 그런데도 표를 파는 사람은 물질만을 생각했지 양심을 생각하는 사람은 거의 없다고 할 수 있다. 밑져야 본전인데 돈 안들이고 벌었으니 그런 장사도 흔한 것이 아닐 것이다.

그러나 당장은 이익이 있으나 나중에 자기에게 몇 갑절의 손해가 온다는 것을 깨닫는 사람이 얼마나 있을지

내가 이렇게 말하면 그것은 나중 일이고 당장 눈앞에 이익이 생겼는데 손내밀지 않는 사람이 어디 있는가 반문할 지 모른다. 그러기에 양심을 잊고 사는지 모른다. 오늘날 같이 양심을 팔고사는 장사가 번창할 때도 드물것이다.

'왕창 세일' 염가 대매출의 양심!, 신문광고와 전단지에 고객을 현혹하는

얄팍한 상혼, 사은품 끼워주기에 너도나도 몰려들어 북적북적 장사통에 질서의식은 사라지고 매일 매일 휴지는 이쪽 저쪽 날린다.

요즈음 돈을 주면 얼마든지 양심을 살 수 있는 세상이 되어 도덕도 헌신짝 같이 말하는 사람은 구세대의 무용지물로 취급하려는 신세대가 왔다.

서로가 믿고 의지하고 존경하던 시대는 옛날 일이다. 요즈음새 시대는 서로가 불신하고 헐뜯고 배척 해야만 현대인으로써 자격을 구비한 성 싶지만 아직도 묵묵히 성실하게 자기일을 솔선수범으로 진솔한 삶을 영위하는 사람도 있다. 누구나 제 잘난맛에 산다고 하지만, 남을 위할 줄 모르고 자기가 제일이라는 사조에서 불신을 낳지 않을까 생각한다. 또 무슨 때마다 야금야금 물건 값을 올리는 약삭빠른 상인의 양심!

악품이 양품을 축출한다는 말이 있거니와 양심은 물들기 쉽다. 그렇다고 꼴뚜기마냥 눈알을 뽑아 뒤통수에 붙일 수도 없고 현대를 외면할 수도 없지 않은가!

그렇다면 현대에 살고 있는 우리 자신들 보다 아름답고 참되게 살기 위해 양심을 되찾는 운동을 벌이자

그 소녀

새벽에 일어나 하루가 시작되는 시간, 잠을 깨어도 정신은 어정쩡하다.

이른 아침 안개가 자욱한 연수원 뒷길을 돌아 논둑길로 가다보면 밭두렁 논두렁은 보이지 않고 마지막 가는 길에 씨 뿌려놓은 밭에 누군가가 그물을 쳐 놓았다.

갑자기 파다닥 소리와 함께 참새, 꿩, 산비둘기가 걸려들어 한참동안 날았나 주서앉길 몇 번 그물 속에서 지친 모습으로 눈만 멀거니 뜬 채 살려달라는 눈빛이었다.

그물친 곳을 풀어주고 싶은 마음은 있었지만 함부로 손을 대면 언제 주인이 나타나 왜! 허락도 없이 남의 밭에 들어와 그물에 손을 대느냐고 따지면 난 억울하게 도둑이라는 누명을 쓰게 될 것이다.

세상의 인심이 자꾸만 황폐화되어 가는 현실에 서글퍼지지만 한편으로는 오죽하면 그물을 쳐 놓았을까 하는 나름대로 이해는 간다.

지난번 TV를 통해 참새 떼들이 설쳐 밭곡식을 다 망쳐 싹이 나오지 않아 피해가 속출하고 있다는 방송을 들은 적이 있다.

농부들의 논가는 소리 여긴 아직도 누런 소가 써레질을 하고 할머니 따라

삽살이가 과수원 지키는 전형적인 시골의 모습이었다.

다시 신작로를 향하여 달려 언덕을 넘으면 내가 목표로 설정한 곳에 다다른다.

거긴 뚝 아래 커다란 저수지가 있는데 한길 모퉁이 눈길이 머무는 곳이 있어 쳐다보니 어린 소녀가 웅크리고 앉아 있었다. 불이나서 타버린 집과 새벽부터 오고가는 차들을 바라보고 또 나를 쳐다보았다.

가던 길을 멈추고 너 어디에 사니 물었더니 저 앞이라고 대답한다. 어디냐며 또 물었다.

그런데 집들은 보이지 않았다. 깜짝 놀란 것은 불이나 없어진 집옆에 천막을 씌워 놓고 여기가 우리 집이라고 한다. 아직도 이런 집이 있을 줄 누가 일겠는가. 딱해 보이고 불쌍해 보였다.

땅바닥에다 엄마 어디 갔어. 빨리 오세요 라고 쓴 낙서에 나도 모르게 가슴이 아팠다.

엄마는 대천에 가셨어요! 뭐? 대천은 충청도 땅인데 경상도에서 꽤 먼데 거길 왜 라고 묻자 코때묻은 얼굴이 갑자기 울음으로 변한다.

아마 아빠가 술먹고 아내가 없자 홧김에 불을 질러 집이 홀랑 다 탔던 모양이다.

난 대충 물어보고 더 이상은 묻지 않았다. 공부 열심히 잘하면 엄마는 돌아온다고 새끼 손가락 걸고 도장을 찍은 뒤 나설 수가 있었다. 학교는 폐교가 되어 본교에서 차가 이곳까지 와 태워다 준다고 한다.

아직까지 그 소녀는 쪼그려 앉은 그대로의 모습으로 날 쳐다 보았다.

숙소는 변두리에 있어 그런지 가는 길이 더욱 더 무섭고 아직까지 한 밤중 이었다.

이름도 알지 못하고 4학년이란 것 밖에 모르고 내 머릿속에서 지워지지 않자 나중에 학교를 무작정 찾아 나서 묻고 물어서 겨우 찾았다 학교에 들어서니 아름드리 향나무와 해송들이 교정을 가득 메워 긴 역사와 전통을 말없이 자랑하고 아름답고 깨끗하며 내실을 다져가는 작은 학교였다. 중앙 현관으로 들어서자 여선생님 한 분을 만날 수가 있었다. 대충 새벽에 있었던 일을 말하니까 여선생님께서는 불이난 학생 집을 눈치 채는 것 같았다.

2층 교실에 담임 선생님이 있으니 한번 올라가 상의 해 보라고 하셨다. 마침 학교 재량활동 시간 운영으로 자기 생각키우기로 매달 1회씩 시사성 있는 특정한 주제를 주어 그림과 글짓기를 통하여 아동 개개인의 사고력을 증진하며 창의적인 열린학습에 생동감이 넘치고 모두가 열성적이었다.

담임 선생님께 대충 이야기하고 오늘 새벽에 아저씨 만난사람 손들어 보랬더니 맨 뒷줄에서 수줍어 하던 그 소녀가 손을 들었다.

선생님께 이야기하고 그 소녀를 데리고 나와 문구점에 가서 학용품, 그림물감, 스케치북, 일기장을 사주고 언제 만나러 올지 모르니 이 종이에다 너 이름이나 써 보렴. 그리고 아침은 먹었냐고 물었더니 역시 내 생각이 맞았다. 그 무슨 밥을 먹으랴! 빵과 우유랑 돈까지 주고 열심히 꿋꿋하게 살아 건강한 웃음을 잃지 말아 라며 운동장 벤치에서 잠시 그 소녀와 이야기를 나누었다.

이제부터는 어떠한 경우에도 포기하지 말고 희망을 가지고 할 수 있다는 자신감으로 살아가면서 꼬박 꼬박 일기를 적어 가난한 것에 대해 부끄럽다거나 원망을 하지 말라고 용기도 주었다

소녀를 보내고 무거운 발걸음으로 교문을 나섰을 때 그 소녀가 환하게 웃음을 지으며 손을 흔들어 주었다. 돌아오는 걸음 속에 나는 벌써 10년, 20년후의 그 소녀 모습을 상상하니 흐뭇한 생각에 빙긋이 너털 웃음을 지을 수가 있었다.

그리운 고향

푸른 산에 둘러싸여 한적하고 고요하기만 한 이곳 산촌은 마음의 고향을 찾은 것 같이 흐뭇하기도 하다.

마중 나온 사람도 없이 허름한 술집에서 소주를 찔금찔금 혼자 마셨다.

이럴 때에는 친구라도 있으면 인생의 보람을 느끼게 되지만 혼자 고독을 씹는 것도 싫지는 않다.

내가 자란 고향은 서울마포 논밭이 많아 가끔 달구지 끄는 사람, 아스팔트 곳곳 쇠, 말 똥들이 길 위에 덕지덕지 붙어 있었던 모습도 잊지 못할 삽화다. 논에는 벼가 알알이 영그러질 때 주인 몰래 이 논 저 논으로 메뚜기 잡으려고 설쳐댔던 까까중 소년의 그 풍경들을 이제 그 시절 그곳에서 살았던 사람들의 기억 속에 빛바랜 흑백사진 몇 장으로 남아 있을까?

그 옛날 아직도 희미하게 나타나는 그 모습 마포강에는 인천에서 목선으로 새우젓 드럼을 가득 싣고 선착장에 새우젓 장사진이 우루루 한바탕 소란을 피고, 셋강에서 흘러 내려온 물은 어찌나 깨끗하고 맑은지 양손을 오므려 물을 받아 먹으면 그 물맛이란…….

큰 바위 아래 아낙네들은 큰 다라이에 빨래감을 즐비하게 늘어놓고 정담을 나누며 방망이로 '뚝딱뚝딱' 두들겨 빨던 그 소리가 나에게 정서적 꿈을 키워 주었다.

그런데 세월은 흘러 서울 마포 거리는 미국의 맨하탄, 동경의 긴자거리 만큼 인물 전시장 및 빌딩의 숲으로 변했다.

지금은, 내가 사는 곳은 갯바람에 어둠이 깔리는 노을진 해변가에 신들린 꽃바람이 고독에 울어대는 초목을 잠재울 때 하루를 싣고 온 통통배가 물의 애환을 반기고 한려수도의 빼어난 저녁 경치를 한아름씩 안고 수백 개의 크고 작은 섬들은 한 폭의 동양화처럼 감탄스럽지 못해 기가 막힐 정도로 장관을 이루고 청정 해역바닷가의 포구 새벽을 여는 통영 샛터시장에는내 어머님같은 분들이 여기저기서 고무통에 파다닥 거리는 싱싱한 생선을 플라스틱 바구니에 담아 '지금 잡아 왔습니다, 어서 오이소' 외쳐대는 그 목소리 정겹기 그지없는 말로 살아간다.

고향을 국어사전에서 찾아내면 하나는 태어나서 자란 곳, 둘은 조상 때부터 대대로 살아온 곳, 시골 향리.

지금은 고향을 떠나 봐야 시간을 되돌아보듯 거울에 비친 반백의 나이에 흰 머리카락만 늘고 가슴에 파고드는 정 때문에 흘러만 가는 세월은 아쉽기만 하다.

벌써 교직에 몸담은 지 30년 타향살이에 내 고향은 어디 메고 그시절 회상하면 옛노래 가락에 친구들의 모습이 눈에 선해 전에 느껴보지 못한 오만가지 그리움이 마구 되살아나 코흘린 어린 시절이 그리워진다.

예향의 도시

우리 나라 지도를 펼쳐 통영을 찾아보면 경남 남해안 끝지방에 위치한 한려해상 국립공원의 중심 도시로 수려한 자연경관과 이 충무공의 우국충절이 살아 숨쉬는 역사와 관광의 고장이다.

산양일주도로 돌아 달아공원 올라 시 한 수 읊조리고 비단같은한 폭의 동양화 한산도의 제승당. 사량도의 옥녀봉, 욕지도 천황산의 동백나무, 점점이 수놓인 크고 작은 140여 개의 섬들이 옹기종기 다도해를 이루어 아름다운 우리 고장의 전통문화 예술 계승발전에 초석이 된다.

동양의 나폴리라 불리는 가장 아름다운, 형형색색 구름 같은 운하교, 바다 밑으로 해저터널을 지나 예술의 정감이 넘치는 예향의 그윽한 향기를 맛보며 관음사 도솔암을 거쳐 용화사를 돌아오는 미륵산(472m) 북쪽으로 여황산 영주산 천암산이 병풍처럼 둘러싸고 동으로 매일봉 남으로 남망산 공원 충무공의 얼이 담긴 세병관, 충렬사 사당이 있다.

풍요롭고 아름다운 예술의 도시를 빼어난 자연경관 속에 살아온 통영 사람들 패기가 넘쳐 바른말 잘해 배포가 큰 남자와 온순하면서 인정이 많은 아낙네의 커다란 꿈을 가져 살아간다.

이 고장 출신 한국문단의 큰별 박경리. 세계적인 음악 작곡가 윤이상, 시인 김춘수, 시조시인 김상옥, 박재삼, 유치환, 작가 김용익, 극작가 유치진 등 훌륭한 문단의 거목들이 산새 좋고 물 좋은 바다가 펼쳐지는 통영 땅에서 배출되었다.

백석 시인의 통영모습 명정골은 산을 넘어 동백나무 푸르르 감로같은 물이 솟는 명정샘이 있는 마을. 여기서 노벨 문학상 후보 작품에 오른 「토지」의 작가 박경리 여사의 고향 명정동의 안골이 나온다. 그 동안 고향에 가지 않은 이유가 있다면 『내 의식 속에 새겨진 고향땅 명정골 맑은 샘물이라든가 바닷가 안온한 풍경들은 파괴시키고 싶지 않았기 때문이라 할까요. 그런 파괴는 창작에 도움이 되진 않는 줄 알기 때문입니다.』 그러나 언젠가는 꼬옥 고향에 돌아오실 것 같다.

청정해역으로 지정, 미국 FDA이란 수식어도 옛말이 되어버릴 지경으로 통영은 몸살을 앓고 도시의 곳곳은 시민의 문화공간이나 휴식공간보다는 유흥가나 소비지향적 상가가 번창하여 도시경제가 물질만능 기반없는 기형적 산업구조로 변질되어 과소비만 조장된다.

문학예술은 소중한 우리 일상생활의 본질이다. 이 고장의 향기와 빛깔을 캐는 예술 문화 향상과 적극적인 관심을 기울여 문학의 생활화를 주변에서 찾아 우리 아이들이 무엇을 배우고 느낄 것인가, 승전무로 흥을 돋구어 시민들의 문화적 혜택을 누릴 수 있도록 하루속히 시민문화 회관이 완공되어 잊혀져 가는 예향 통영의 자존심을 회복시켜야 한다.

良心과 修身

서울의 거리는 세계에서 인구밀도가 동경, 대만, 뉴욕 다음으로, 이합집산으로 모여든 인물전시장이라고 한다.

근래에 와서 사회변동 템포가 빨라지고 있음을 피부로 느끼며, 생활 리듬이 시간에 쫓겨 좁은 생활공간에 맴돈다. 각 관공서나 회사에서도 건강에 대한 관심이 날로 높아져 흡연장소를 따로 설치해 애연가들이 이 눈치 저 눈치 봐 가며 설 자리를 잃고 있다.

온 국민이 건강에 대한 관심이 날로 높아져 에어로빅, 헬스크럽 실내 수영장, 테니스장 등 남성보다 여성들이 활동을 더 많이 하는 것을 볼 수 있다. 젊은 여성들은 짧은 치마에 짧은 상의를 입고 날씬한 몸매로 젊음을 과시한다. 오늘을 사는 여성은 거의 모든이가 개성있는 연출가로 유행의 최첨단을 걸으면서 거리의 마술사로 변해 가고 있다.

패션 모델처럼 등장하는 배꼽티 입은 젊은이들의 모습을 보고 세대마다의 반응은 각각 다르다.

"야! 멋있다." (10대)

"생색내면서… 부럽다 부러워." (20대)

"니 주제에 꼴불견이야." (30대)

"세상 많이 바뀌었네. 제기랄!" (40대)

"허허 기가 막혀." (50대)

"에이 망측해." (60대)

한 포기의 이름없는 풀도 제자리에 있으면 아름답다. 그런 모습을 갖추지 못한 사람들이 구세대며 X세대에 끼지 못하는 시대에 우린 살고 있다. 어쩌면 제멋대로 살아가는 젊은이들에겐 고리타분한 늙은이들의 걱정으로밖에 보이지 않을 것이다.

거리에 나가면 엉덩이가 보일락 말락한 미니 스커트가 위태롭게 출렁이고, 아가씨도 아니고 아줌마도 아닌 중산층의 묘한 차림새의 젊은 주부들은 누군가가 미시족이라 이름 하고 있다.

요새 인연은 거리에서 옷깃이 스쳐 눈이 마주치면 뽕도 따고 님도 볼겸 친절과 미움이 엇갈리며 친구들간에도 희안한 말들이 오간다.

"야 빈대떡 안 사줘?"

이건 여대생이 남학생에게 하는 말이다.

"半半이다."

"아니 어떻게 반반이냐, 난 술을 한잔 밖에 안 먹잖아."

"그래도 나보다는 안주를 두배 이상 먹잖아."

이래서 어스름한 뒷골목 술집에서 가끔 珍風景을 볼수 있다.

男女 친구사이 술집에서 내 돈가지고 술마시고 빈대떡에 낚지볶음 먹는데 무슨 참견이냐고.

'허허 세상 많이 달라졌구먼'

누구나 모두들 제 잘난맛에 산다고 하지만 남을 위할 줄 모르고 자기만이 제일이라는 思潮에서 不信이 남지 않을까 하는 생각이 든다.

生의 보람을 찾아 아파트, 지하철 공사판 이 곳 저 곳 땀 흘리며, 묵묵히

現場에서 열심히 살아가는 사람과 그늘 속에 묻혀 자기일에 책임지고 꿋꿋하게 바삐 움직이는 근로자들의 살아가는 모습을 우리들은 볼 수가 있다.

겉만 아름답게 보이기 위해 거리를 활보하는 사람들이 알몸뚱이 人間으로 거추장스런 옷을 벗고, 목욕탕에서 인간의 가치를 무엇으로 평가하며 품위의 지위 고하를 따지겠는가! 어려운 환경과 이기기 힘든 조건에서도 良心만은 게을리 하지 말아야 한다. 자칫 겉치레에 쏠려 마음의 중심을 잃지 않도록 노력하자. 그리고 다른 사람에게 조금이라도 육체적 · 정신적 괴로움을 주었다면 먼저 미안한 생각을 가지자. 사람이 사람다워야 사람답게 살수 있 듯 자라나는 세대를 올바르게 이끌자.

"良心과 修身"

도덕적인 가치를 판단하고 正善하여, 마음과 행실을 바르게 닦아 수양하는 줄기찬 노력이 절실히 필요하다.

여행을 하면서

나는 가끔 총각 시절로 돌아 간다면 얼마나 좋을까 느껴진다.

아무런 부담없이 어디론가 훌쩍 여행이라도 떠나고 싶을 때 사색의 길잡이가 되며, 모르는 사람과 인연이 되어 이야기 나누며 정이 들면 펜 벗으로 그리움을 전한다.

여름 휴가철을 맞이해 시골을 다녀오려고 영남지방 어느 역에 잠시 기차를 바꿔타기 위해 내렸다. 퍽 쓸쓸한 고장, 앞에는 산이 있고 그 산에는 뻐꾸기, 소쩍새가 울고 농부들의 모내기가 바쁘게 움직인다.

꽃들이 만발한 푸른 들판을 지나 꼬불 꼬불 험한 길 헤메다 그만 기차를 놓쳐 불청객 고아가 되었다.

하주 다른 관습과 언어 사투리 말로 혼쭐이 난다.

허름한 주점과 여인숙의 빛 바램 사이 그 아래 졸졸졸 흐르는 내, 발 담구어 옛임을 생각한다.

내 님은 누구일까…

신세 타령인가 아무래도 기분이 좋다.

다음날 아침

행선지를 바꿔 고향 내음 만끽하면서 걸어 걸어서 어느 촌역에 닿아 기차를 타 다시 항공편을 이용 비행기를 탔다.

비행운을 뿌리며 제주에 몸을 실려 솟아오르고 유유히 움직이는 날개와 커다란 동체는 느린 듯하나 무서운 추진력으로 하늘을 오른다. 한복 차림으로 예쁜 얼굴로 생글생글 관광객들에게 친절한 서비스와 안내 방송

Che Ju Visit Korea

한저 옵서예 (어서 오십시오)

민속문화와 더불어 자연 경관이 뛰어나 하얗게 반짝이는 바닷가 모래밭, 코발트 색 같은 넓은 바다 검은 바위들 웅장한 절벽을 따라 짙고 유리빛 나는 해안선 가운데 장엄하게 솟아 오른 한라산, 수세대를 이어 내려오는 민속문화들은 찾아오는 방문객에게 매우 즐거운 추억과 체험을 재공해준다.

겉은 옥색 바다 점점히 깔려 있는 크고 작은 섬들마다 사철을 두고 신혼객, 관광 낚시꾼, 여행객들이 찾는 2시 2군이 있고 인구는 약 50만 명에 면적은 약 1,820㎢ 우리나라 최남단에 있는 유인도와 40개의 무인도로 이루어진 제주도.

국립공원 한라산(1,950m) 에 백록담이 자리해 화산으로 인한 괴석들이 즐비해 수정같은 맑은 물들이 계곡따라 흐르고 숲과 들판에는 노루, 사슴, 꿩, 멧돼지 등 야생 동물들이 사람을 무서워하지 않고 있었습니다.

몇 년의 세월 또 찾아온 성산 일출봉에 오르면 깎아 세운 듯 아슬아슬한 장관은 한 폭의 수채화 같은 그림이다.

'원더풀 원더풀'

외국 관광객들의 환호소리, 또 카메라 작동이 빨라진다. 찰카닥 찰카닥

멀리서 내려다 본 인어공주처럼 섹시해, 날씬해 멋져 보인 해녀들

갓 잡은 해삼과 멍게, 소라, 전복으로 술도 한잔 쭉 입맛을 돋군다.

구름 한점 없는 맑은 하늘가. 크고 작은 무수한 별들이 금방 쏟아질 것처

럼 파들대며, 달은 중천에 떠 물빛이 한데 어울린 바다는 가벼운 숨을 내쉬듯 모든 사람들 넋에 빠져든다.

가끔 여행자 일행중 한사람을 찾기 위해 전체가 다음 코스로 떠나지 못해 버스안에서 지체되, 고래고래 목청에 힘주고 떠드는 사람 각지각색이었다.

또한 추억을 고히 간직하고 싶은 마음으로 사진을 찍고 몇 자씩 메모하는 분도 눈에 띄고, 여행의 동반자로 자연스레 친하다 헤어지고 또 만날 기회는 드물지만 그의 따뜻한 마음을 오랫동안 가슴에 남겨 둔다.

오랜 경력으로 지혜와 철학을 터득해 인품 자체도 존경스러워 인생을 안 사람 몸에 밴 세련미를 본받아야겠다.

가슴과 가슴, 눈과 귀를 모으고 천만년 만만년 이어사는 기쁨의 영광을 자손들에게 물려주어 세계로 향해 꼭 한번은 가보고 찾고 싶은 따스한 남쪽 나라….

오색 비단 조각을 잇대어서 만든 어린이 저고리와 우리나라의 고유한 의복을 입은 두 어린이 색동이와 초롱이 '94년 한국 방문의 해' 가 저물어 간다.

좋은 책을 많이 읽자

일년 열두 달 중 도서삼여라고 하여 겨울 밤, 비오는 날은 누구나 한 번쯤 책 읽을 시간적 여유가 생기며, 깊은 사색에 빠져 보고픈 충동을 느낀다.

비록 세상살이가 메말라 있을지라도 시민 정서에 근접한 책을 통해서라면 즐거움을 느낄 수 있을 것이다.

책을 읽는 것은 우리와 속삭이는 연인의 밀어처럼 우리의 사랑이 끊임없이 펼쳐지는 한 폭의 수채화의 그림처럼 꿈을 키우며 포근한 마음을 달래주는 것과 같다.

사랑하는 사람 그리워 보고픈 사람들, 머리 빡빡 밀고 일본식 교복에 모자쓴 남학생, 덧칼라 교복에 단발머리 여학생 잔디에 빙 둘러 앉아 정다운 이야기 나누다가 의견이 대립, 서로가 다투며 의기소침했던 꿈많은 학창시절은 잊혀져만 가고, 몽롱히 옛 친구들 모습이 떠올라 무척 그리워진다.

책을 통해 인격향상과 진리 추구의 밑바탕을 마련하게 된다. 책은 어릴 때부터 읽는 습관부터 길러 주어 아직까지 사물을 판단하기 어렵고 사상이 건전하지 못한 어린이들은 가정과 학교에서 어떤 책을 읽혀야 하는지 망설이게 된다.

자라나는 세대들을 올바르게 이끌려면 가정, 학교, 사회교육의 삼박자가 맞아야 되며 특히 인성교육에 있어 가정교육과 유아 교육을 먼저 찾으며 정서를 풍부히 가꿔 심성이 착하도록 성장한 사람은 사람다운 인간으로 행복을 누려야 된다.

학교 공부와 다양한 대중문화의 홍수속에 생활하는 어린이들은 불량만화, 저질TV프로, 폭력비디오, 음란성 전자오락기 놀이에 빠져 듬으로써 정서적 공해는 어제 오늘에 제기된 사회문제는 아니지만, 그 심각성이 날로 발전되어 독서에 대한 흥미를 잃은 지 오래다.

동심까지 파고든 퇴색 저질문화에 빠지고 성과 폭력을 주제로 한 일본 만화를 복제하는 악덕업자와 일부 만화가, 저속한 방송 언어와 과잉 노출 선정적 및 불법 비디오를 마구 유통시키며 청소년 정서에 악폐를 끼쳐 학부모, 교사들이 불량만화 감시에 나서므로 애들이 배울까 저녁시간을 통해 독서 토론장이 되도록 가족이 모투 책을 읽으며 느낌도 나누어 책에 몰두하면 좋겠다.

책을 만들 때 여러 독자층의 반응을 여러모로 분석해 양보다는 질 좋은 책을 만들어 국민들 모두가 부담없이 보고, 읽고, 마음으로 해독해 사회문화 현실에 큰 도움을 주어야 된다.

시험에 찌들리면서 전반적으로 즉각적인 흥미를 추구하는 사회풍토 속에서 아이들은 쉽게 읽히는 책, 현실 도피적 책, 적당한 흥미를 일으키는 책, 이를 눈치 챈 몇몇 출판사들은 이런 심리를 더욱 부추기는 책을 만들고 아무런 여과 과정도 없이 이름만 빌려 쓰는 책이 없지는 않다.

환상적이고 외설적인 말초 신경을 자극하는 비현실적인 내용 등 돈만 벌리면 무엇이든 찍어내는 일부 업자들이 있다는 것은 국가 장래를 위해 슬픈 일이 아닐 수 없다.

오늘날 산업사회 속에는 상당부분 부모의 역할을 대신하는 것이 출판물이다.

문학 속에는 사람을 착하게 키워주는 정서, 지식보다는 가치가 높은 자에 실천의 에네르기인 용기 등 인성교육의 비중을 차지하는 영양분이 들어 있다.

우리는 마음의 양식을 얻고 기쁜 마음으로 읽으며 책을 아끼고 사랑하는 사람이 되어야 한다.

책 속에는 글쓴 사람과 책을 꾸민 사람들의 정성과 숨결이 들어 있어 그 의도를 충분히 생각해 내 것으로 만들어야 한다. 흥미 본위의 대중문화 속에 무방비 상태로 노출된 우리의 청소년들….

우선 책을 볼 때는 먼저 확실한 계획과 목적을 가지고 읽을 것인가, 손에 잡히는 데로 아무거나 읽을 것인가, 그것도 성격과 환경에 따라 읽는 방식도 각자가 다르기 때문에 무슨 책을 읽어야 좋을지 중대한 문제에 놓이게 된다

지금까지 학자나 교육자들도 독서 토론회를 통해 좋은 의견이 제시되어, 발표도 많이 하였으나 이해 충족시키지는 못했다.

책을 가까이 한 위인들을 보면 우리나라의 율곡, 이퇴계, 중국의 공자, 맹자, 그리스의 소크라테스 등은 강인한 정신력과 도덕적인 삶을 살아 후세에도 존경받는 이유도 자신의 가르침을 스스로 철저히 지켰기 때문이다.

좋은 책은 인간의 역사나 자연과 사물에 대한 지식을 넓혀가며, 좋은 책을 통해 얻은 기쁨은 마음속 깊이 자리잡아 살아가는데 큰 힘이 되고, 스스로 자신의 영혼을 살찌워 미래의 문을 여는 열쇠가 된다.

유태인 어머니들은 하루의 일과를 보내고, 잠자리에 든 아이들에게 책을 읽어 주고, 보람찬 내일을 꿈꾸게 한다.

우리 어머님들도 자녀들에게 어릴 때부터 좋은 책을 읽어 들려주어 언제

나 즐거운 이야기가 마음속 깊이 읊조리거나 부르는 동안, 작품에 친숙하며 아름다운 의미들을 음미해 인성교육에 큰 도움을 준다.

톨스토이 《전쟁과 평화》, 헤세의 《데미안》 청년시절에 큰 감명을 받은 두 소설은 아직도 잊혀지지 않고, 나를 문학의 길의 발걸음이 되어 주었다.

도시에서 자란 청소년의 정서를 바로 세워주는 일이 무엇보다 중요함을 느낀다.

책은 많고 날마다 쏟아져 나오지만 막상 그 또래들에게 '이거다' 하고 내세울 책은 별로 없다.

'사람의 됨됨이는 그의 책꽂이를 보면 알 수 있다' 는 옛부터 내려온 말이 있다. 좋은 책이 책꽂이에 꽂혀 있는 사람은 그 사람의 일상 생활을 보지 않고도 능히 그 사람됨과 몸가짐을 짐작할 수가 있는 것이다.

오늘의 심각한 정서적 공해로부터 아이들을 보호하고 조화로운 인격 형성에 이바지할 수 있는 것은, 좋은 책을 많이 읽을 수 있도록 어머니의 관심과 따뜻한 정성이 선행되어야 한다.

김철민 문학세계

칼 럼

건전한 성 문화

예로부터 동방예의지국이라 일컬어지던 우리나라에서는 순결과 절개를 목숨처럼 지켜왔다. 만약 한 여성이 부당하게 한 남성으로부터 강제 추행 당했다면, 며칠을 고민하던 끝에 자결을 결심하고 스스로 목숨을 끊는 사례가 많았다. 여성 부모님들 역시 자기 딸이 혼전 성경험을 갖는다는 것은 용서할 수 없는 야만 행위로 생각하여 수치심을 참느라 전전긍긍하였다.

조선시대 여인네들이 장도를 소지하고 다녔던 것은 만일의 사태에서 자기 몸을 더럽혔을 때 스스로 자기의 목숨을 끊겠다는 결연한 의지로, 순결을 얼마나 귀중하게 여겼나를 보여주고 있는 것이다.

해마다 3월에는 봄바람이 불면서 성향략과 퇴폐풍조가 확산되고 학교나 생활 주거지까지 침투되어 기성세대 및 청소년 등 삼삼오오 짝을 이루어 학교는 가기 싫고 가출을 하여, 여관이나 자취방 등지에서 간섭 받지 않고 담배 피고 술 마시고 혼숙하며 포르노 잡지 음란 비디오를 보고 흉내를 내기도 한다. 그리고 집단 생활중 성범죄를 일으켜 주민신고로 경찰서에서 조사를 받고 가정과 학교로 연락이 오면 다행이지만 이미 순결을 잃고 방황하는 아이들이 잘못 판단하여 다방 노래주점 유흥업소 등 향락업소에 취업 또는 기생하면서 불행한 인생을 보낸다. 대부분 결손 가정의 자녀들로서 생계 유지가 힘들고 의지할 곳 마저 없어 비행의 악순환만 거듭되고 있는 실정이다.

인간은 동물과 달리 이성을 가지고 있다. 그러므로 순결에 대해 충분히 교육을 하여 자신의 의지로 순결을 지키게 하고 과거처럼 다른 성을 가진 사람을 억압하고 구속하는 도구로 사용해서는 안 된다. 그러나 아직까지도 순결은 여성들만 지켜야 한다는 생각이 우리사회에 만연해 있다.

성폭행을 당한 피해자인 여성에게 모든 책임과 질타를 하는 경우와 미혼인 자녀가 성폭행을 당했을 때, 가해자에게 법적으로 벌을 요구하지 않고 그냥 숨기는 경우, 이런 경우에는 성폭행 당한 이후의 정신적 고통도 혼자서 감수해야 한다. 따라서 이런 청소년 및 여성분들은 성교육을 통한 의식의 전환이 필요하다. 또 사랑과 인격을 바탕으로 한 봉사자가 올바른 견해를 가지고, 성과 순결에 대한 생명의 소중함을 일깨워 주어야 한다.

순결은 남녀 모두가 지키는 것이 가장 이상적이며 건전한 가정을 만드는 기본이다. 그리고 절대시되고 강요되어져서도 안 된다고 생각한다.

앞에서 말한 것 같이 순결에 대하여 아들 딸 가리지 않고 가정에서는 어릴 때부터 성에 대한 교육을 바로 시켜서 자신의 의지로 순결은 꼭 지켜야 된다는 것을 배워주어야 한다.

첫째, 성의 상품화를 감시하고 고발하는 주인정신이 필요하다.

둘째, 왜곡된 성지식에 대해 올바른 견해를 갖고 학생, 학부모, 교직원의 참여폭과 기회가 넓혀질 수 있는 방안이 모색되어야 한다.

셋째, 성경험으로 받는 고민과 불만, 애로사항이 무엇인지 면밀히 파악하여 대화를 통해 문제를 사전에 해결하려는 자세가 필요하다.

이상과 같이 자유로움과 독립성을 보장 해 주고 건전한 성문화를 이룩하기 위해서는 순결은 꼭 지켜야 된다.

편지 쓰기

그리움은 그리는 마음, 즉 사랑하여 간절히 생각한다는 뜻이다.

생활이 어렵던 과거 30년 전 전화도 없던 시대, 우리는 멀리 있는 사람들에게 편지를 보내고 받으며 정을 듬뿍 나누곤 하였다.

정성들여 쓴 깨알같은 글자 한자 한자에 그리운 마음을 담아 편지를 보내면 몇날 몇밤을 애타게 상대편의 답장을 기다리며 그리움의 시간을 보내곤 했다.

그러나 그토록 기다림과 그리움의 편지 주고받음을 생활해 왔던 지난날들은 어느 틈에다 우리 주위에서 사라져 갔고 이제는 그때 그 시절이 추억 속의 낭만으로 남아 있게 된 것이다.

전국이 1일 생활권으로 변해갔고 전화 한 통화면 안부나 소식을 주고 받을 수 있게 된 시대에 우리는 살고 있다.

팩스로 주고받는 것에서 나아가 컴퓨터로 모든 생활의 정보나 대화를 나눌 수 있게 된 시대에 편지를 쓰고 답장을 기다리는, 그리움의 가슴졸이는 시간들은 아예 사라져 가고 있다.

편지쓰는 것도 귀찮은 일이되었고 만나는 것도 아침 비행기로 갔다가 만나고 다시 오후 비행기로 돌아오면 되는 초고속 정보화 시대로 나아가고 있으니 이와 비례하여 인간의 유일한 정서나 애정, 사랑마저 문명의 이기에 빼앗기게 될까 걱정스럽다.

이제 다시 펜을 들고 고갈되어가는 마음의 샘물을 길어다붓는 심정으로 가깝게 또는 멀리 있는 사람들에게 정성스럽고 그리운 마음의 대화를 편지로 써 보내는 여유를 가져보자.

하늘이 맑고 푸르른 날은 그리운 사람을 그리워하듯 전화나 팩스, 컴퓨터로 보내는 그리움의 무게보다 손수 적어보내는 정겨운 편지가 몇배의 무게로 가슴에 와닿는다는 사실을 직접 체험해 보자.

사람과 사람간의 만남도 점차 이기적이고 딱딱하게만 변해가는 오늘의 이 잃어가는 낭만과 여유로움, 진솔한 대화의 부재를 우리는 결코 방관만 해서는 안될것이다.

그리움의 뿌리는 고향만큼이나 소중한 것이다. 인간에게 그리워하는 마음이 없다면 어떻게 될까? 살벌한 사회 분위기 속에서 인생의 보람도 느끼지 못할 것이다.

이제 소중한 자신만큼 가꾸는 심정으로 그리운 마음들을 편지로 써 주고 받는 생활을 펼쳐봄이 어떨까 권유하고 싶다.

동심을 찾자

푸른 산에 둘러싸여 한적하고 고요하기만 하다. 마음의 고향을 찾는 것만같이 흐뭇한시간, 마중나온 사람도 없거니와 조용한 여관을 찾아 손님이라곤 나 한 사람뿐 고요하기만 하다.

저녁상이 들어오기 전에 소주를 혼자 찔금찔금 마셨다. 이럴 때 친구라도 있었으면 어릴 적 이야기 나누며 지낼텐데, 혼자 고독을 맛보는 것도 그리 싫지는 않다.

무엇인가 예기치 않았던 자기의 귀중한 추억을 더듬는 것도 이 한 순간인지 모른다.

나에게 꿈을 주고 인생을 맛보게 한 수많은 노래 중 동심을 찾아 그 옛날 부르던 동요는 아직까지 좋다.

어린이가 부르는 노래도 마찬가지지만, 동요는 많지만 거의 부르지 않고, 가끔 TV에서나 Radio에서 흘러나오는 것이 고작이다. 소풍이나 수학여행에서도 초등학생은 동요보다 팝송, 재즈를 더 잘 부른다. 거기에 어른들은 찬사를 보낸다.

저속하고 비생산적인 성인 문화권 속에 어린이들의 정서는 멍들어가고 있음을 알면서도 그것을 감지 못하고 있다.

그러나 이것저것 따질 것 없이 그저 소박성, 진솔성, 순진성 등 동심의 드러남이 바로 그것이다.그래서 마음과 귀를 기울이고 힘들고 어려움이 있을 때 어머니들은 골목길에서 고무줄놀이에 동요를 즐겨 불렀다.이에 정서적으로 우리의 마음을 붙들었다.

어린이들을 무조건 잘 해주는 것만이 사랑은 아니다.

마음 가득히 따스한 사랑이 응어리진 곳을 매만져주어, 어느 순간에 자신의 모습을 발견하여 깨달음을 갖으면 어린이들은 바르게 잘 자라날 것이다.

자연을 사랑하자

나에게 꿈과 낭만을 주고 인생을 맛보게 한 수많은 사람들은 어디서 무엇을 하고 있을까? 흘러간 세월이 아쉽기만 하다.

오늘날 도시에서 자라는 아이들은 차량의 홍수와 소음, 온갖 공해 그리고 많은 인파 속에 아스팔트와 시멘트에 둘러싸여 그 마음이 날카롭게 찌들고 메마르다.

가을 들판의 마른 잔디밭에서 시들은 잡초 사이에 피어나는 샛노란 들국화의 모습을 생각하며 인간의 아름다운 가슴속 정분이 아닐까? 그러나 지금 떠나와서 되돌아 보니 자연은 괴로움과 추함이 없고 언제나 우리를 포근한 품으로 안아주지만, 여기에 두 가지 문제가 있다.

첫째로는 자연이 인간에 의해 침해당하고 짓밟혀 있고, 두번째로는 인간의 일은 괴롭다고 눈감아 버리거나 모른 척 산장에 들어가 보면 깨끗이 청소가 되고 나무도 한구석에 조금 쌓아 놓아 이 나무로 추울 때 우선 피우라는 것이다. 자고 나면 반드시 깨끗이 청소하고 한 구석에 나무를 쌓아 놓고 나아간다고 한다. 그러나 실망하지 말자 산길을 걷노라면 나무를 사랑합시다, 자연보호, 산을 깨끗이 합시다. 또, 산길에서 만나는 산악인들은 알든 모르든 "안녕하십니까?" "수고하십니다"라고 인사를 주고받을 때가 있었을 것이다. 얼마나 기분이 확 풀리겠는가를…….

우리가 자연을 보호하면 자연은 우리 인간을 위해 무한한 혜택을 줄 것이다. 그러나 사람들은 알게 모르게 자연을 더럽히고 파괴해 다시 한번 깨달아야 하고 이 기회에 국민 모두 반성하고 노력하기 바란다. 이렇게 하여 사람의 힘을 더하지 않은 천연 그대로의 상태를 유지하여 자자손손에게 물려줍시다.

시대에 부응 '맑은 삶' 회복

낮이 가고 밤이 온다. 밤이 가고 낮이 온다. 인생은 이 허공의 테두리 속에서 晝夜를 가리지 않고 늙어간다.

어찌 이 귀한 시간을 무의미하게 보낼 수 있을까.

하나의 삶을 위해 공사장일터 직장 사무실에서 귀중한 시간들을 쪼개고 발버둥치며 애쓰는 사람이 있는 반면 진실을 외면하고 온갖 부정으로 돈과 권세, 지위와 명예를 사면서 子子孫孫 富를 누리는 물질 만능 주위에 물든 者, 무조건 돈으로 해결하려는 者들도 있다. 국가는 이들의 재산을 환수하고 이 땅에서 추방해야 한다.

과거 중국의 국민당 정부가 본토에서 밀려난 것은 中共의 무력에서가 아니라 고위공직자와 정치인들의 안일 무사 부정부패에 기인하고 있다. 이게 장개석 총통은 부정에 관련된 자기 며느리를 처형했다. 지금 우리 나라에서 일고 있는 공직자 윤리법안이 조만간 임시국회에서 처리되어 재정부 개혁에 걸맞은 제도적 발판이 마련될 것으로 보인다. 여기서 우리는 眞實이 무엇인지를 생각해볼 필요가 있다. 사전을 찾아보면 '바르고 참됨, (불) 헛되지 아니함, 절대의 진리' 라고 쓰여있다.

거짓말을 해서 성공하고 행복하게 살게 되는 것은 이 세상에서 흔히 본다.

칸트는 일찍이 "정직하게 양심적으로 살수도 없지만 성공하고 행복하게 산다는 것은 바랄 수 없다"고 한탄했다. 또한 정직하게 거짓말 않고 양심적으로 살아야 한다고 했다. 거짓말은 드러나고 거짓말로 행복해 진 것은 거짓 행복이다는 뜻이 담겨져 있는 지적이다. 이렇게 되려면 인간의 영혼은 불멸해야 하고 神은 우주의 윤리적 기반으로서 존재해야 한다.

중국의 옛 어느 聖賢은 '하루에 세 번 자기를 반성하라' 고 말했다.

나의 생활 환경으로 보아 1주일에 최소한 한번은 내 마음의 거울을 찾아야 할 것이다. 이 말은 우리 모두가 내 마음의 거울을 들여다보며 거기에서 참된 나를 찾아보자는 뜻이다. 먼저 내 자신부터 평범한 인간으로서 다른 사람들에게 폐를 끼치지 않고 내 생활은 내가 유지해 가면서 끝없이 나의 할 일을 솔선 수범하여 내가 먼저 실천, 민족 정기를 바로 잡아야 한다. 올바른 가치관을 정립하여 잘못 된 점을 개선, 다시 한 번 진실한 자기의 모습을 거울로 비춰보고 듣고 말하는 것을 때와 장소에 따라 억제할 줄도 알아야만 교양 있는 사람이라 할 수 있다.

자기의 말에 책임을 지도록 정직과 성실이 이기는 살기 좋은 세상으로 바꾸어 나가야 할 것이다. 이러기 위해서는 활짝 웃는 얼굴로 어린이의 눈처럼, 맑은 물처럼 살아야 한다.

과연 이 시대에 부응하는 깨끗한 시민으로서 내 마음의 거울을 바라볼 수 있을까를….

어린이와 만화책

말을 배우고 글씨를 쓰게 되면 가장 가까운 친구가 되어주는 것은 만화책입니다.

어린이 여러분, 누구나 한 번쯤 만화책을 읽어본 적이 있겠지요?

만화책은 어린이에게서 떼어놓을 수 없는 좋은 친구입니다. 그러나 가정의 부모님들이나 학교의 선생님들이 한결같이 이 만화책을 어린이들에게 못 보게 하는 원인이 어디에 있겠는가 다같이 생각해 봅시다. 어느 가정에서나 어린이는 있습니다. 또 우리 어른들은 언젠가 한 번은 어린이의 과정을 거쳐온 것입니다. 그러나 어른이 되면 쉽게 그 과정을 잊어버리고, 눈앞의 이해관계에 혈안이 되어 어린이의 장애는 어찌되든 이익부터 챙기려는 악덕출판업자들이 자라나는 어린아이들에게 좋지 않은 영향을 주는 왜색만화 · 불량만화 등을 마구 찍어내고 있습니다.

차마 눈뜨고 볼 수 없는 장면들도 많습니다. 만화를 보면서 충동을 일으키는 것은 당연한 현상입니다.

남의 어린이는 고사하고 자기집 자녀에게도 좋지 않은 결과를 가져와 자식을 키우는 부모, 교육을 담당하는 선생님께서도 불량만화를 배척하지 않으면 안될 사회문제라 하겠습니다.

어린이는 감수성이 예민하고 모방작용이 강하며 행동파입니다.

한 나라의 번영을 잘 이룩하려면 어린이부터 잘 지도하고 잘 키우기 위해서는 좋은 책을 읽어 나아가도록 해야 합니다.

우리 어린이들은 남을 속이지 않고 남에게 속지 않는 사람, 또한 어느 누구보다도 가장 착한 사람이 되어야 합니다.

저질내용 많아 동심 멍들게

가정 · 사회 모두의 관심 필요성과 폭력을 주제로 하는 불량만화 (주로 일본 · 중국 만화의 복사판) 는 어린이의 동심을 멍들게 하고 어릴 때부터 왜색저질문화에 빠져들게 합니다. 게다가 요즘은 여성들의 과잉노출 그리고 불법비디오까지 마구 유통되고 있어 착한 어린이들이 보고 배울까 걱정이 앞섭니다.

괴테는 도중에 잘못도 있고 실패도 있지만 한결같이 뜻이 있다면 차차 진리의 빛 앞에 다가서게 된다고 말씀하셨습니다.즉 거짓이 없고 참되게 살자는 뜻입니다. 만화제작업자와 만화가들은 좋은 만화책을 많이 찍어 어린이들이 기쁜 마음으로 만화책을 접할 수 있도록 해야겠습니다.

각 가정에서도 자라나는 어린이들이 각자 자기 취미에 맞는 건전하고 아름다운 꿈이 영글 수 있는 좋은 책을 많이 읽도록 어머님들의 관심과 따뜻한 정성이 선행되어야 하겠습니다.

책임을 지자

인간은 태어날 때부터 완성된 존재가 아니라 미완성의 존재이다. 그러므로 성장해 가면서 어떤 방향을 선택하며 만들어 가는 존재이다. 그러기에 어떤 학자는 희망의 존재라 한다. 이 말은 보다 밝은 바람직한 방향으로 배움으로써 인간이 되어가는 것이다. 민주주의 사회에서는 모든 사람의 권리를 동등한 것으로 인정하고 각 개인의 이해와 관심, 취미와 특기 삶에 대한 가치관이 서로 다르다는 것을 인정하고 있다. 어느 단체건 의무와 권리가 정관에 써져 있다. 이것을 이행라고 내가 먼저 솔선수범했을 때에 융합이 잘 된다.

특히 의견의 차이가 양쪽의 이익에 관계 되는 것일 때에는 바로 자기 자신의 이익만을 주장하여 치열한 대립을 벌이다가 마침내 영원히 등을 돌려 원수같이 지내는 경우가 가끔 있다. 나와 의견을 달리하는 사람에 대해 너그럽게 대해 주는 관용은 다른 사람들도 나와 같은 능력을 가지고 있고 나와 같이 잘못 생각할 가능성이 있다는 것을 깨달을 때에 생긴다. 그러므로 내가 있고 사회가 있고 국가가 있다고 생각하는 사람과 나라가 있고 사회가 있고 내가 있다고 생각하는 사람 중 그 어느 쪽이 내 가슴에 와 닿을까?

나를 앞세우고 단체를 뭉치는 것보다는 단체를 앞세워 뭉치는 마음이 곧 나를 위하고 단체를 위해 나아가서는 미래에 올바르게 가르칠 수 있는 새로운 도약의 발판이 된다.

책이란 나이에 어울리는 과업을 맡아 해낸다는 말이다. 책임을 진다는 것은 곧 성숙하다는 것을 의미하므로 성숙된 인간으로 기르려면 책임을 가르쳐야 한다. 그리고 자기 자신에게 책임을 지는 것이요 가족 친구 동료에게 책임 지는 것. 또 사회에 책임을 지는 것이니 이것은 어릴 때부터 가르쳐야 된다.

율곡의 어머니 신사임당은 자녀 교육 중 어렸을 때부터 좋은 습관을 갖도록 일상생활의 계획을 엄격히 세워 이를 지키게 하였다. 오늘 네가 한 일은 내일이면 고치기 어렵고 아침에는 지난 행위를 뉘우치면서도 저녁이면 또 고치기 어려우니 부디 행동을 조심하여라. 그런데 요즈음 매사에 책임을 지려는 사람이 없다. '삼풍백화점 사건?' 또 아랫사람이 윗사람을 몰라 본다면 상하 관계 질서가 무너져 머슴이 주인 행세를 하고 학생이 선생 노릇하며 자식이 부모에게 떵떵 큰 소리를 친다면 그 나라는 망조가 든다.

도덕이 땅에 떨어져 이런 개탄의 소리가 이 땅에 메아리 친지도 오래다. 먼저는 자신이 스스로를 잘 다스려 올바로 세우고 난 다음, 상대방을 예의 바르게 할 때 비로소 사람다워지는 것이다. 책임있는 사람으로 잘못이 있으면 용서를 빌며 성숙한 사람으로 자라나도록 서로 도와 사랑과 온정이 넘치는 살기 좋은 세상에 동참하자.

X세대

X세대란 신세대보다 더 새로운 세대, 즉 행동이나 사고가 전혀 예측 불허해 X라는 명칭을 붙인 것이 아닐까?

최첨단의 유행을 낳으면서 짧은 치마에 짧은 상의, 배꼽이 나오는 걸 자랑스레 여기는 못 말리는 젊은이들의 모습이 지금 우리나라 전역에 물살처럼 번져가고 있다

그런 모습을 갖추지 못한 사람들이 오히려 구시대적이고 X세대에 끼이지 못하는 부류로 취급되는 시대에 우리는 살고 있다.

어쩌면 제멋대로 살아가는 젊은이들로 비쳐보이는 안타까움은 늙은이들의 고리타분한 걱정으로밖에 보이지 않는 것일까?

그들의 입맛 또한 외식에 길들여 있다.

유명 피자나 치킨, 핫도그점은 젊은이들로 호황을 누리고 있고 비싼 커피숍 아니면 들락거리지 않는 풍습이 어느 틈엔가 자리잡아가고 있는 실정이다.

그래서 일반 커피숍, 즉 다방은 거의 고급 커피숍으로 전환을 했고, 아니면 카페로 혹은 요즘 같이 노래방이 잘되는 추세에 따라 노래방으로 바꾼

곳이 많다.

어디를 가나 주위를 아랑곳 하지않는 젊은이들, 불순하고 불량한 행동을 하는 그들보다 오히려 보는 쪽에서 미안해하고 고개를 돌려야 하는 상황에 처해 있다.

급작스런 서구문명이 물밀 듯 밀려오는 바람에 너도나도 그 물결에 젖어 흐느적 거리는 X세대들, 이들에 질세라 새로운 유행어가 생겼으니 바로 미시족.

아가씨도 아니고 아줌마도 아니 것 같이 보이는 중산층의 묘한 차림새의 젊은 주부들을 누군가 미시족이라 이름하고 있다.

거리에 나가면 엉덩이가 보일락 말락한 미니스커트가 위태롭게(?) 출렁거리고 경제가 부유함을 그들의 모습에서 읽을 수가 있다.

광복 50주년을 맞게 된 올해 우리 민족의 뼈아픈 지난날을 X세대는 얼마나 알고 있으며 알려고 할까? 옛날은 옛날이고 현재는 현재라는 단순한 생각속에서 오늘의 현실에만 만족하며 살아가고 있지는 않을까.

어제의 선인들도 흘린 조국광복의 아픔이 있었기에 오늘의 이 풍족함과 평안을 만끽하고 있음을 X세대, 그들은 가슴 저리도록 느끼고 또 교훈으로 삼아야 할 것이다.

독서의 취미

사람은 누구나 제각기 다양한 취미를 가지고 있다.

취미란 정취를 이해하고 감상할 수 있는 힘과 그 사람의 직업에 관계없이 그 인간성에 의해 가지는 것으로 볼 수 있다.

취미생활에는 예술 감상, 예술 창작 수집 등 이루 다 들 수 없을 만큼 많은 취미들이 있다. 그러나 이러한 여러 가지 취미 중에 누구나 다 가져야 할 취미로 독서를 꼽고 싶다.

그것은 가히 무궁한 여러 방면의 지식과 교양에다 무진장한 깊이를 마련해 주는 것이기 때문이다.

문명인이란 이름은 문명의 환경 속에서 산다고 해서 누구나 얻을 수 있는 것이 아니다. 문명인은 오랜 역사 속에서 헤아릴 수 없을 만큼 과거 사람들의 공적을 알고, 그보다 더 좋은 것을 해낼 수 있어야만 참된 문명인이 될 수 있을 것이다.

그러기 위하여 우리가 알아야 할 가장 중요한 것들은 오직 책 속에 간직되어 있다고 생각한다. 아무리 화려하고 귀중한 사실이라도 책 이외의 방법으로서는 알아내기가 어렵다.

독서는 과거와 현재를 통하여 가장 지혜로운 것들을 즐기고 배울 수 있는 길이다. 유명한 베스트셀러 소설을 읽는다고 해서 문학만을 좋아하는 사람으로 규정지을 것은 아니다. 각종 책을 통하여 우리는 무한한 세계를 들여다 보고 고귀한 온갖 것으 배울수가 있다.

독서는 꼭 문학에 한정된 것만은 아니다. 모든 분야의 일을 알고 이해하며 거기서 새로운 지식을 찾아내어 즐길 수 있고 책을 통하여 우리들의 눈을 기르는 길이 곧 독서인 것이다.

어릴 때 책을 읽는 습관을 기르지 않르면 성장해서도 읽지 않는다. 그런 사람은 아무리 현대인인 척해도 몇백 년 몇천 년 전 사람만도 못한 빈 정신으로 살아가는 사람일 수밖에 없다.

자녀들에게 어릴 때부터 좋은 책을 많이 읽게 하고 또 들려주어 언제나 즐겁고 꿈이 있는 이야기를 마음속 깊이 읊조리고 되새기는 동안 작품에 친숙해지고 아름다운 의미들을 음미함으로서 인성교육에 큰 도움을 주게됨을 생각해 보자.

취미 중에 독서의 취미를 가장 큰 보람으로 알고 넓은 눈과 밝은 귀로 항상 새롭고 더 많은 양식을 값진 것이 되도록 책읽기를 생활화해 보자.

자식 사랑

어떤 가정에나 어린이는 있다. 또 자기 자식을 사랑하지 않는 부모는 이 세상에 없을 것이다.

그러나 어떤 것이 자식에 대한 진실한 사랑인가를 깊이 생각해 보는 부모는 그리 많지 않는 듯하다.

얼마 전에 급한 일이 생겨 비행기를 탔다. 안내방송을 할 무렵 저쪽에서 조그만 아이들이 긴 통로를 괴성을 지르며 뛰어 다녀도 모두가 본체만체 하고 있었다.

이 광경을 지켜본 어느 노신사가 격앙된 목소리로 애들 엄마 없어요? 하고 호통을 치자, 그 소리를 들은 젊은 엄마가 무슨 참견이냐는 듯 소리나는 쪽을 향해 노려보고는 코웃음을 치며 자기애를 데리고 자리에 앉았다.

영국에서는 아이들이 잘못된 행동을 했을 때 남 앞에서도 매를 들어 당당하게 바로 잡는다고 한다. 그들은 엄한 가정교육에다 지극한 자녀 사랑이 몸에 배어 있다는 글을 읽은 기억이 난다.

그런데 요즘 젊은 어머니들은 어떤가? 손님 안 보는데로 끌고가 눈을 부릅뜨며 야단치는 것이 고작인가 하면 욕설을 퍼부어 아이의 기를 꺾어 놓기도 한다.

어린이는 어린이의 세계가 있고 어른은 이 세계를 침범하면 안된다. 어린이의 교육은 거의 어머니 손에 달려 있으며 그러기에 어머니의 역할이 중요하다.

어릴 때부터 인성교육을 올바르게 해야 심성이 고와진다. 그리고 어린이를 어른의 장난감이나 노리개로 여겨 무릎에서 재롱을 부리는 것에 만족해서는 안된다. 좀 더 어린이들을 이해하고 보호하면서 사랑의 매로 한 발자국씩 생활의 용기를 알게 해주는 교육이 필요하다.

그러므로 어린이들의 마음속에 제일 필요한 것은 정서이다. 정서없이 자란 사람은 살벌한 인간으로 타락하지만 사랑을 많이 받고 정서가 풍부하게 성장한 사람은 인간다운 사람으로 자라게 된다.

'크게 될 나무는 떡잎부터 안다' 는 옛말처럼 비행기내에서 괴성을 지르며 소란을 피우는 아이를 그냥 자기집 안방에서의 재롱으로 보고 태연했던 그 어머니, 아이에게 쏟을 교육이 앞으로 얼마나 잘 될지 공연히 걱정스러워 진다.

'귀한 자식일수록 매로 키워라' 고 했던 옛 선인들의 말씀 하나하나가 요즘처럼 가슴에 와 닿는 적이 없다.

고운 말

그 나라의 문화수준을 알려면 그 나라의 욕설부터 연구하라는 말이 있듯 욕설이란 남의 인격을 헐뜯어 말하는 것이지만 반대로 애교로 하는 말도 있다.

경상도 사람이 쓰는 말 중에 '문둥이', '머시마', '가시나' 등이 그렇다.

그런데 세상이 험악하면 할수록 욕설이 늘고 거칠어지는 것이 요즘 세태인 것 같다. 우리 나라처럼 야비하고 입에 담지 못할 욕설이 많은 나라도 드물 것이다.

미국에서는 'Goddamn you'(나는 너를 저주한다)가 최고의 욕설이고 'Bull Shit'(똥같은 소리) 등이 있다. 같은 동양권 일본에서는 '바가야로, 칙쇼'(바보 같은 놈, 짐승의 욕)를 쓰지만 우리 나라는 악락하고 입에 담지 못할 말들을 함부로 지껄인다.

부끄럽게도 다른 나라에서 쓰지 않는 남녀의 생식기를 가지고 욕설을 해 얼굴이 화끈거릴 때가 한두 번이 아니다.

천진난만한 어린이까지 아무 거리낌 없이 무턱대고 마구 남녀의 생식기를 가지고 욕을 하는데 아연실색하지 않을 수 없다. 본래 어린이는 욕설을 모른다. 아버지와 어머니가 가정에서 싸우는 말을 듣고 자기도 다른 아이들한테 욕을 하고 싶은 충동이 호기심처럼 도사리게 돼 싸움을 할 때에 그 욕이 저절로 나온다.

욕을 들어 마땅한 사람과 늘 남에게 욕을 듣는 사람, 남을 이간시켜 이익을 취하려는 사람들은 한번쯤 남의 인격을 존중하고 자신을 자제해 보면 나쁜 말은 나오지 않을 것이 아닌가.

욕설 등 나쁜 말들은 무식한 사람이나 하는 것으로 옛 사람들은 생각해 왔는데 문명사회인 지금에 와서도 TV나 매스컴에서조차 신성한 의사당의 주먹다짐, 멱살을 잡고 욕설을 퍼붓는 모습을 보도하고 있으니 한심한 일이다.

또 요즘 학생들이 주고받는 말을 들어보면 야비하기 짝이 없다. 고운말을 쓰면 체면이 깎이는 것일까. 괴상망측한 말만 골라 쓰는 학생들이 부쩍 늘어만 가고 있어 걱정스럽다.

자식을 잘 기르기 위해서는 먼저 자신이 모범을 보이고 언행을 조심하는 풍토가 필요한 오늘이다.

책을 읽는 마음

가을철은 독서뿐 아니라 일하는데도 춥지도 덥지도 않아 알맞고 하늘은 높고 푸르기만 하여 정신까지 맑아진다. 또 사색의 계절이라고 하여 꿈과 낭만을 피우고 내 할 일을 곰곰이 생각해 보기에 알맞은 계절이다.

우선 책을 통해 인격향상과 진리 추구의 밑바탕을 마련하여 자라나는 청소년들은 어떤 책을 읽을 것이며 어떤 꿈을 키우려는지 다 함께 생각해 보면 확실한 계획과 목적을 가지고 잘 선택해 읽을 것인지, 그렇지 않으면 아무책이나 손에 잡히는 대로 읽고 좋은 것은 얻고 나쁜 것은 버리는 것이 좋은것인지 하는 문제가 나온다.

여기에 대해 학자나 교육자들이 독서 토론회를 통해 좋은 의견이 많이 제시 되어 발표하였지만 모두 개인의 문제이고 누구에게나 다 통하는 좋은 충고의 말은 못 들었다. 왜냐하면 그 사람의 성격과 환경에 따라 읽는 방식도 다 다르기 때문이다.

내 얘기를 한다면 나는 손에 잡히는 대로 아무 책이나 읽어 알 수 있는 것도 있고 모르는 것도 많았다. 그러나 어릴때는 기억력이 강해 지금도 그때의 글을 기억하고 있다.

또 하나 나에게 도움이 된 것은 독서 노트를 만들어서 좋은 문장이 나오면 오려 놓거나 발췌해 둔다.

지금도 나는 이것을 계속하고 있으나 그때의 감격해서 읽은 글도 뒤에 읽어보면 보잘것없는 글도 있다 . 어째 이런 글을 그땐는 그렇게 감격해서 읽었을까? 어쨌든 내 자신이 얼마만큼 발전 되었는지 알아보는 하나의 방법으로서 나쁘진 않다.

요즘 거리에 나서면 책 대여점이 눈에 띈다. 책을 읽는 사람이 늘어난다는 면에 내심 기분 좋은 일인데 책도 상품일까? 하루가 다르게 쏟아져 나오는 책의 홍수 속에 막상 그 또래들에게 이거다 하고 내세울 책은 별로 없다.

우리 주위는 늘 새롭게 변해 알게 모르게 우리 삶과 밀접한 관계를 맺어온 책속에 삶보다 위대한 예술은 없다는 명언이 새삼 가슴 속 깊이 와닿아 잊혀만 가던 그 꿈 많은 까까머리 단발머리 옛 모습 떠올라 그리움에 눈물이 난다.

유태인 어머니 들은 하루의 일과를 보내고 잠자리에 든 아이들에게 책을 읽어주고 보람찬 내일을 꿈꾸게 한다. 우리 어머님들도 자녀들에게 어릴 때부터 좋은 책을 읽어 들려주어 언제나 즐거운 잉댜기가 마음속 깊이 읊조리거나 부르는 동안 작품에 친숙하며 아름다운 의미들을 음미해 인성교육에 큰 도움을 준다.

좋은 책은 인간의 역사나 자연과 사물에 한 지식을 넓혀가며 좋은 책을 통해 얻은 기쁨은 마음속 깊이 자리잡아 살아가는데 큰 힘이 되고 스스로 자신의 영혼을 살찌워 미래의 문을 여는 행복의 열쇠가 된다.

어떤 책이든 읽기 시작하면 반드시 끝까지 읽어야 되며 무슨 책이든 누구라도 맨 첫 쪽부터 마지막 한자 끝까지 읽어서 인내심을 기르도록 한다.

하나의 친구

사십대 후반의 고개를 넘기고 별스리 친구라는 것을 헤아리게 된다.

'나의 참다운 친구는 과연 누구일까?'

가끔 이런 저런 생각을 가지며, 국어사전을 찾아 보면 오랫동안 가깝게 사귀어 온 벗, 親故, 親友로 쓰여진다.

그럼 내 주위에 오랜 세월을 두고 같이 동행하던 친구들이 오히려 나를 배반하지는 않나 하는 적막감과 더불어 울고 싶은 심정이 든다.

친구를 아끼고 친구를 위해 변명하는 사람이 있는가 하면, 또한 개, 돼지 새끼 몰아 세우듯 체면이나 명예를 손상시키는 사람도 있다.

솔직히 말해서 평범한 인간으로서 다른 사람에게 폐를 끼치지 않고 내 생활은 내가 유지해 가면서 끝없이 전개 될 나의 할 일을 천천히 실천해 갈 뿐이다.

'많음을 찾지 말고 오직 하나의 참됨을 찾으라' 는 聖人의 말이 있다. 하나보다는 둘이 좋고 둘 보다는 열이 좋은 것이 세상 인심이라 할지라도.

미지근한 친구 열 사람보다는 오히려 진실된 친구 하나 갖는 편이 훨씬 행복하다. 나는 그 친구와 더불어 세상 일을 즐기며 착한 마음을 오랫동안 간직하고 순진한 어린아이들 처럼 동심으로 간다면 오죽 좋을까?

삶의 의미는 단 하나에서 찾을수는 없다.

어떤 것이 옳고 어떤 것이 그르며, 그것이 왜 옳고 왜 그른지를 생각해 보자. 그리고 그러한 사고를 통해서 얻은 신념들을 생활의 원리로 삼아 스스로 실천해 보면, 우리는 인격을 성숙시켜 나가는 기쁨을 맛보게 될 것이다.

우리가 살아 가는데 남의 부탁도 하고 받기도 하는데 옳고 바른 일이면 선뜻 나서서 해결하는데 간혹 안 되는 일을 가지고 부탁하는 경우가 있다.

이때는 친구간에 섭섭하더라도 기분 상하지 않게 이해와 설득을 시키는 것과 사실을 이야기 듣고 나서 냉정히 거절하면 다음부터는 무리한 부탁은 없을 것이다.

이제 자신을 소중하게 생각하고 남도 자신을 가볍게 보지 않도록 친구간에 깊은 신뢰와 진솔한 마음으로 참된 우정을 쌓아 그리운 사랑을 주고 받읍시다.

그리운 친구야! 허름한 집 따끈한 안방에 모여 대포잔에 귀를 기울이고 옛정을 더듬고 길고 짧은 인생의 멋과 추억의 아름다운 멜로디를 들을 수 있다면 이 각박한 세상살이와 살아가는 방식이 달라도 친구들과 같이 만나고 어울린다면 얼마나 좋겠습니까?

이제 새삼스레 친구를 그리며 찾고 있으니 나도 半白이 들었나 보구나.

아! 人生 無常이여….

사랑의 대화

대한민국 어느 학교에나 경영목표가 있다. 그러나 거창하고 멋진 목표가 있는 것이 중요한 것이 아니라 얼마만큼 실천하느냐가 중요하다. 우리 학교의 경영 목표는 미래사회를 주도해 나가는 진취적이고 창의성을 지닌 인간을 육성하고 학교를 민주적인 지식공동체로 만드는 것이다.

나는 학교를 꿈을 키우는 교육의 장으로 만들고 싶었다. 교육의 길로 들어서 전문직을 거쳐 교장이라는 자리까지 왔으니 교육자로서의 최고의 길에 다다른 것이다. 이제 어떻게 하면 학생들에게 꿈을 키울 수 있는 신바람 나는 학교를 만들어 줄 것인지 고민한다. 농 · 산 · 어촌 소규모 학교, 50여 명의 우리 아이들에게 21세기 정보화 사회에서 살아나갈 힘을 길러주면서 개개인의 개성과 창의성까지 키워줄 수 있는 교육을 하고자 앞장서서 지역사회의 인재를 끌어들여 다양한 체험학습과 현장체험을 할 수 있도록 하였다.

학생들은 대체로 순하고 착하나 간혹 싸움과 비행을 저지르는 학생들도 있다. 이런 학생들에게도 내 자식 같은 관심과 사랑으로 대화를 한다. 한 생명이 열등의식에서 벗어나도록 인성교육에 비중을 주고 지도하며, 성격이

난폭하고 삐뚤어진 학생도 깊은 잠에서 깨어나도록 관심 있게 지켜보며 대화와 시낭송과 편지쓰기 등을 통해 마음의 양식을 얻고 진심으로 이야기하는 법, 마음을 여는 법을 함께 익히고 있다.

나는 화초를 좋아한다. 보는 것도 좋지만 가꾸기를 좋아한다. 때로는 발품 팔아 구해 오기도 하고, 예쁜 꽃과 신기한 꽃을 발견했을 때는 당장이라도 마당 어귀에 심고픈 마음이다. 하지만 꽃집 주인은

"지금 옮겨 심으면 죽어요. 봄에 심어야 잘 살죠."

한다. 주인은 자기 자식을 보듯 자애 넘치는 눈으로 꽃을 바라보며 또 말한다.

"사람들이 생활하는데 의식주가 우선 해결되어야 하듯이 이런 꽃들도 의식주를 해결해 주어야 합니다. 그때그때 꾸밈없는 마음으로 다가가야 하는 사랑처럼요."

무한하고 꾸밈없는 사랑으로 화초를 가꾸어야 한다는 주인. 감동이었다.

교육은 경제적으로나 지식으로나 능력이 있다고 해서 되는 것이 아니다. 장기적으로 희망을 가지고 노력할 수 있도록 격려해주고, 아름다운 마음을 가슴 속에 담아 영원히 그 소중한 끈을 이어가도록 만남을 통해 가치관을 심어 주어야 한다. 화초를 가꾸듯 아이들을 어루만지고 마음의 의식주를 그때그때 해결해 주어야 한다.

"어려움 속에서도 바르게 자라준 네가 얼마나 고마운지 모르거야. 사랑해."

이 말은 가정 교육과 학교 교육을 접목시켜 모자라는 마음을 채우는 일이며, 외로움에 지친 일상에 위안을 주며, 보이지 않는 미래에 희망을 심어 준다. 어디에도 마음 두지 못하는 학생들에게 칭찬과 격려는 변화의 밑거름이 된다.

힘들고 어렵고 느리더라도 우리 아이들이 마음의 문을 열고 이웃과 더불

어 살아가는 고운 심성과 바른 가치관을 가질 수 있도록 노력하자. 한 마디 말, 진심이 담긴 사랑의 말 한 마디가 메마른 가슴에 단비를 주고 잠들었던 인성의 싹을 틔울 수 있다.

사랑을 받아본 아이가 사랑을 한다. 사그락거리는 아이들의 아주 작은 소리에도 관심을 가지고 사랑의 마음으로 용기와 희망의 이야기를 나누어보자. 누구나 학교를 통해 잘 가꾸어진 멋진 화초가 될 수 있다는 믿음과 희망을 가지고 사랑의 대화를 시작하자.

憂道不憂貧의 뜻을 알자

'우도불우빈' 이란 말이 있다. 가난함 속에서도 바른 삶을 중히 여긴다는 뜻이다. 옛 선비들은 자신의 이익을 추구하여 부유함을 얻기보다는 가난하지만 바르게 사는 길을 택했다.

비록 어렵게 살아도 부에 대한 욕심으로 선비의 도를 벗어나지 않았고 정도의 길을 걸었던 것이다. 그런데 지금 대한민국은 어떠한가? 세계가 공황에 빠진 지금, 실업자는 사상 최대로 늘었고, 자고 일어나면 문 닫는 가게들이 줄을 이었다.

중소기업 가동률은 수치 측정 이래 최저로 떨어졌다. 창창한 젊은이들은 자립하지 못하고 끝 모를 취업준비생(?)의 길을 걷고 있다. 또한 각종 끔찍한 사건사고들이 연이어 터지면서 대한민국 사회는 불안 속에 추락하고 있다. 국민들이 이런 경제적 위기와 심한 가치관의 혼돈, 인간성 상실이라는 혼란을 겪고 있는 동안 대한민국 국민을 대표한다는 정치인들은 무엇을 하고 있는가?

누구 하나 위기 해결을 위해 나서지 않고 아직도 정치적 권위주의를 내세우고 당파싸움으로 혈세를 낭비하고 있다.

참으로 통탄할 일이다. 옛 선비들은 나라와 사회를 짊어지는 지성인으로서 백성들의 살아갈 바를 걱정하고 백성의 귀감이 될 수 있도록 검소한 생활을 실천하였다. 흉년에는 기꺼이 자신의 창고를 열어 백성을 먹여 살렸고, 풍년에는 큰 잔치를 열어 함께 즐겼다.

"거짓말을 하지 말고 남을 속이지 말고 자기가 맡은 일을 게을리하지 말고 몸소 행하여 민족의 영광을 높이는 인물이 되라"는 남강南岡 이승훈 선생의 말을 정치인들은 기억하고 실천해야 할 것이다. 지금처럼 어렵고 힘든 상황 속에서 국민을 대표하는 인사들의 바른 길, 정도는 백성을 위해 뛰는 것이다. 국민들 또한 어렵고 힘들수록 서로 나누고 보듬어서 함께 견뎌나가도록 노력하는 것이 바른 삶의 길이다.

너무 힘들고 어렵지만 어디 나 하나만 그러랴. 모두 그러하니 삶에 대한 성실한 자세와 노력, 분수에 맞게 행동하며 남을 위하는 일이 곧 나를 위하는 일임을 명심하여 이 어려운 난국을 함께 이겨나가야 할 것이다. 초야에 묻혀 있더라도 불의에 굴하지 않고 옳지 않은 일에는 정정당당히 맞서 싸우며 현실을 비판할 수 있는 깨어 있는 국민이 되어야 하겠다.

분수에 맞게 행동하고 사람다운 사람이 되자. 남을 위하는 일이 곧 나를 위하는 일이라는 것을 명심하고 힘들더라도 바르게 살아가자. 공은 바닥에 부딪치면 튀어 오르고 파도도 바닥을 향해 내려가야 더 높이 솟구칠 수 있는 법이다. 지금 어려운 것은 더 나아질 내일을 위한 과정이라 생각하자.

반드시 나아질 것이다. 반드시 나아질 것이므로 조금만 더 참고 견디자. 그리고 나아진 날에 부끄럽지 않도록 어려워도 사람답게 살도록 노력하자. 비리와 폭력, 잔인한 사건 사고들로 경제적 어려움 속에 인간성마저 무너지는 그런 안타까운 일은 더 이상 없어야 하지 않겠는가.

다가올 좋은 날에 부끄럽지 않겠는가. 각자의 자리에서 가장 기본적인 것부터 하나하나 충실히 지켜나가며, 이웃과 나누고 보듬고 살아가는 지혜가 너무나 필요하다.

우리말 바로 알고 바로 쓰자

한 사회의 정신문화는 그 시대의 언어형상이 그대로 반영되어 일상에서 우리가 사용하는 한국어 속에는 우리 민족의 정신과 얼이 배어 있어 우리말을 바로 알고 바로 쓰자.

한글날 하면 먼저 떠오르는 인물은 주시경 선생님이시다. 한글의 문법을 정리하고 체계화시킨 국어학자요 애국지사였다.

한글은 우리가 만든 우리 세대의 자산이 아니다 우리네 삶의 무늬가 생생하게 박혀 있는 선조들이 물려준 유산이다.

10월 9일은 한글날이다. 1940년 경북안동에서 발견된 훈민정음 원본 말본에 적힌 11년 9월 상한 세종 28년 9월을 환산하면 10월 9일이 되어 이 날을 한글날로 정했다. 그리고 1946년부터 10월 9일을 한글날로 확정하여 이 날을 기념식을 행하고 1949년 법정공휴일로 지정되고 1982년은 법정기념일로 되었으나 1990년 8월 24일 정부가 한글날을 공휴일에서 제외시킨 뒤부터 기념일로 축소, 그러나 우리 민족 문화의상징 올해 한글날은 다시 법정국경일로 지정하자는 공청회가 많이 열리고 있어 김춘수님은 '꽃' 이라는 시에서 내가 그의 이름을 불러 주기 전까지는 하나의 몸짓에 지나지 않았지만 이름을 불러준 뒤로 그는 나에게 꽃이 되었다고 했다. 타인의 이름을 불러주는 의미는 그 사람의 존재를 인정하고 관심과 애정이 있음을 드러내는 일이다.

이렇게 아름다운 말로 표현하는 시인도 있고, 또 함흥, 평양면옥, 통영옥 따위의 간판도 일본식 모방이다. 차라리 함흥, 평양집 통영집이 얼마나 듣기 좋은가?

먹구리-먹을거리- 먹거리로 변하듯 때로는 우리말과 글도 잘못 쓰이고 있다 말이 잘못되어 글도 따라 틀리기도 하지만 거꾸로 글을 잘못 써서 말까지 틀리는 수가 있다.

요즈음 학생들이 주고받는 말을 들어보면 한심하기 짝이 없고 듣기가 거북해 바르고 고운 말을 쓰면 체면이 깎이는 것일까?

쌤삥(죽이는데), 와리깡(각자 부담), 야린다(째려본다), 열나(많이), 뒷 당긴다(뒤에서 남을 욕하는 것), 싸가지(예의가 없다), 오야붕(우두머리), 꼬붕(부하), 무데뽀(경솔함), 뗑깡치네(투정하네) 등 우리말 속 일본어 잔재 속어들이 버젓이 사용하니까 기가 찰 노릇이다.

예를 들면 싸가지란 어린아이가 버릇이 없고 예의도 모르고 자기 멋대로이면 크게 되기 힘들다는 말인데 우리는 무턱대고 어른들은 싸가지라는 일본말을 많이 하지만 첫째도 조심 둘째도 조심하자.

일본 제국주의 때 우리말과 글을 빼앗겨 지하실에 숨어 한글을 배웠던 선조들이 이런 말을 듣는다면 어떤 호통을 치실까?

나랏말은 겨레의 얼이다 우리말과 글, 표준어와 경어를 바르게 사용하도록 가르치는 것이 국어 교사만의 의무는 아니다 아이들에게 가장 좋은 스승은 어머니라면 누구보다도 먼저 어머니가 변해야 된다. 어떻게 하는 것이 자식을 하나의 독립된 인격체로 온전하게 성장하는 것인가를 느껴야 할 것이다. 우리의 다음 세대들을 잘 가르치기 위해서는 먼저 어른들이 모범을 보이고 언행을 나부터 조심하는 풍토가 필요한 지금, 한글날을 맞아 욕설 없는 부드럽고 양심과 정직한 사회, 우리말을 병들게 하는 욕설 있는 일본말과 국적 불명의 외래어 사용은 바로 쓰고 바로 알아 내 나라 사랑 이야기를 세계 속에 대한민국 사회나 학교 가정에서 앞장서 틀에 얽매이지 말고 어른들부터 생각을 진솔하게 바꾸어 보자.

우리가 나라의 주인이라면 한글날을 맞아 아이들에게 행동으로 모범을 보이고 우리말과 우리글을 아끼고 사랑하는 마음을 가져야 한다.

양심과 정직이 살아가는 사회가 되자

이 세상에 태어나 인간은 그 나름대로 삶을 영위하다가 한 줌의 흙으로 돌아가지만 인간은 작은 핏덩이 첫소리는 이 지구 위에 몇십 억 분의 일이 되는 하나의 생명 살아 있는 소리다.

어떻게 하면 짧은 인생을 행복하고 보람되게 살 것인가 고심한다. 그러나 양심도 없이 행복하게 살려고 노력한다면 이 세상은 불행으로 힘들게 살아갈 것이다. 따라서 양심과 정직을 지키며 사는 것이 살기 좋은 아름다운 세상을 만드는 길이다.

국어사전에는 양심良心이란 사람으로서 마땅히 가져야 할 바르고 착한마음, 정직正直이란 거짓이나 꾸밈이 없이 마음이 바르고 곧음이다. 이 세상은 많은 유혹의 손이 뻗치고 있어 단 한번의 거짓말을 하여도 일생을 살수가 없게 된 사람도 있다.

학창시절에 용돈이 필요해 참고서 값을 부풀려 용돈을 타가지고 먹고 게임방 가고 점점 나쁜 친구들에게 빠져 인생을 망치는 경우도 있고 세무공직자가 기업체 사장으로부터 청탁을 받고 억대의 금품을 받아 끝내는 쇠고랑 차는 일, 또한 학력을 뻥튀기 인기연예인, 방송인 , 교수 등 하루 지나면 또

터져 이 사회는 비일비재하게 일어나지만 모두들 용기가 안 나서 구질구질한 변명을 되지만 더 이상은 안 속는다.

이와 반대로 꺼져가는 생명을 부여받고 시골 예배당 종지기로 갖은 고생을 다한 몽실 언니 인기작가에게 아동문학상을 안겨주려는 문단에게 "우리 아동문학이 아이들을 위해 무엇을 했기에 이런 상을 주고받느냐." 상패와 상금을 되돌려 보낸 일, 전집을 펴내자는 지인들에게 그런 식으로 하면 조그만 출판사는 다 죽는다며 거절했다 생전에 유언장을 작성 전해온 말에는 인세가 나오면 북한 어린이들을 위해 써 달라고 남으면 세계의 굶주리고 떨고있는 어린이들에게 썼으면 좋겠다는 기사를 읽었다.

고로 나부터 '言則信實 行必正直' 실천하자 '말은 믿음이 가야(진실되어야) 하고 행동은 정직해야 한다' 는 뜻이다. 정직이란 말을 일찍이 어렸을 때부터 부모님 스승님으로부터 수없이 듣고 들어왔지만 내 피부에 닿고 터득이 된 것은 자식 셋을 낳고부터 그런 뒤에는 정직과 양심을 갖고 행동하도록 노력하겠지만 100% 실행을 옮기지 못하여 후회도 하고 부끄럽게 생각된 일도 있다.

때로는 거짓이 나를 부정한 것으로 유혹하기도 하지만 그때마다 옳고 그름을 가려 정직이라는 양심의 소리를 판단하여 부패한 곳에 발을 들여 놓지 않고 깨끗하게 살아가니까 인생을 살아가는데 어떻게 사는 것이 행복하고 훌륭하게 사는 것인지 자로 재는 척도가 있겠지만 정직이라는 잣대로 이 세상을 살아간다면 비리와 부정한 방법을 아름다운 사회를 만들 수 있다. 정직은 양심과 행복한 삶의 척도란 것을 꼭 명심하고 반성하는 모습을 보이자.

부모님의 가르침은 만 권의 책보다 값지다

우리가 훌륭한 일을 한 사람들의 전기를 읽어보면 반드시 그 뒤에 어머님의 가르침이 컸다는 것을 알 수 있습니다.

우리가 잘 아는 이율곡 선생의 어머니이신 신사임당께서도 그러했고, 또 천자문을 지으시고 붓글씨가 뛰어난 한석봉 선생의 어머니와 정몽주 선생의 어머니 또한 그러했습니다.

그러나 훌륭한 사람이 된 까닭은 그 어머니의 가르침을 마음 깊이 새기고 실천한 까닭이라 하겠어요. 맹자의 어머니 또한 훌륭한 어머니였습니다.

우선 맹자가 보고 듣고 배우는데 혹 잘못된 점이 없는가 살피고 또 맹자가 공부하는데 방해가 없었을까?

맹자의 어머니 는 맹자를 옳게 가르쳐 세상에 뛰어난 사람이 되게 하기 위해 세 번씩이나 이사를 했어요. 이것은 세상에서는 맹자 어머니의 삼천지교, 세 번씩 이사를 하면서 가르쳤다는 뜻입니다.

맹자는 나이가 들어 먼 곳에 가서 어머니와 떨어져서 글을 배우러 갔었고, 어머니가 보고 싶어 중도에 돌아온 일이 있지만 때마침 베틀에 올라 앉아 베를 짜고 있던 어머니는 맹자가 중도에서 돌아온 것을 보고 꾸짖는 말

한마디 없이 칼로 베를 잘라 버렸어요

"어머니, 베를 짜다 말고 왜 자르십니까?"

"이것 말이냐? 짜던 베를 칼로 자르면 못 쓰게 되지만 네가 학업을 중도에서 그만두면 마치 이 자른 베와 마찬가지가 아니겠느냐?"

맹자는 어머니의 말씀을 듣고 크게 깨달은 바 있어 어머니에게 사죄하고 그 자리에서 다시 집을 떠나지요 그 뒤로 맹자는 더욱더 열심히 공부에 힘써 후세에 이름을 남기고 뭇사람들의 존경을받는 그 이면에는 이와 같은 어머님의 가르침이 있었지요. 그러기 때문에 어버이의 가르침은 만 권의 책보다도 값지다고 하겠어요.

그러나 우리들은 어버이의 가르침을 잘 지키고 그대로 실천해 왔는지 반성해 보고 어버이의 가르침을 한 귀로 듣고 한 귀로 흘려버리지나 않았는지 다시 한번 생각해 보아야 할 것입니다. 하늘이 어떤 사람에게 큰 책임을 맡기려 할 때에는 반드시 먼저 그 마음을 고달프게 하며 그 몸을 고생시키니 마음을 단련시키고 참을성을 길러 능력을 크게 하기 위해서이다. 그러니 어버이의 가르침을 실천에 옮기도록 다같이 노력하는 착한 사람이 됩시다.

마영 김철민 교장 정년퇴임 기념문집

깊고 푸른 숲

김철민 문학세계

평론 및 논문

童心 老心이요 老心 童心이다

우리에게 만약 시가 없다면 우리가 쓰고 있는 언어가 오늘날처럼 아름답게 갈고 닦이지 않았을 것이다.

그만큼 시는 그 나라 겨레의 언어를 빛나게 해 준다. 사람들은 아름다운 풍경이나 거리를 구경할 때 침착하게 걸어가며 하나 하나를 차근차근 뜯어보듯 구경을 한다.

이 동시를 읽으면 모든 생활이 즐겁고 사물을 바라보는 눈을 넓혀주어 아름다운 마음씨를 가지며, 한마디 한 구절의 말들이 제각기 독특한 빛깔과 냄새가 매끄러운 말 소리와 더불어 여러분 귀에 또는 눈 앞에 선하게 나타난다.

그러므로 어린이의 마음과 생활을 그려내는 시 작업이 어렵게 느껴지지만 나이가 들수록 어린이의 세계를 깊이 이해하는 데 관심을 두고 어린이의 마음은 노인의 마음으로, 노인의 마음은 어린이의 마음과 같다고 한다.

김해성 교수의 동시는 크게 두 갈래로 나눌 수 있다. 그 첫째는 상훈이를 통한 어린이의 참된 삶과 순진한 꿈을그린 일련의 작품들이 그 한 부류이고, 둘째는 자연의 아름다움과 시적 서정을 노래한 그의 애절한 마음을 담은 작품들로 묶여진다. 물론 향수 어린 고향이야기도 적지않음을 발견하게 된다.

그의 〈상훈이와 나비〉란 동시를 살펴보자.

마알간 하늘에는
수많은 나비가 난다

노랑나비
호랑나비
흰나비

원을 그려 멀리서
꽃밭이랑 배추밭에
춤을 추며 앉는다

작년봄도 올 봄도
훨훨훨 산과 들로만
나비떼는 곱게 난다

상훈이의 집 앞뜰
수많은 꽃들이 피고 있으면
또 나비떼가 날아온다.

위 시를 읽으면 누구나 쉽게 쓸 수 있듯 어려운 말이 없고 아주 재미가 있다.

화사한 봄철이 오면 꽃이 피어나고 거기에는 꼭 아름다운 나비떼가 꿀벌과 함께 모여 일년 중에 가장 화창할 때에 자연의 향연을 펼치는 자리처럼 꽃과 나비들이 어우러져 춤추며 봄날은 정말 아름답고 즐거우며 생기가 솟아올라 나비는 봄의 천사로써 꽃과 잎을 피워내는데 새 생명의 불꽃이 된 것이다.

이것은 자연에 대한 깊은 애정과 나비에 대한 사랑이 없이는 상상도 못할 시의 세계인 것이고 우리에게 가장 귀한 동심이 아니고 무엇이겠는가?

아름다운 자연의 계절의 모습(특징)을 노래한 시 한 편을 살펴보자.

산꽃

산꽃
산꽃은
무덤이 많아서
외롭지 않나 보다

산꽃
산꽃은
칡덩굴, 찔레순
마구 얽힌 속에 피나 보다

산꽃
산꽃은

으슥한 산골에
홀로 숨어 피나 보다

산꽃
산꽃은
뻐꾹새 울음에
단꿈이 깨나 보다

위의 시는 모두 자연을 소재로 한 것이다. 자연과 접했을 때 어린이는 많은 호기심을 갖게 되므로 그 상황에 맞는 시를 준비해 두었다.

고향 가는 길, 어릴 때 뛰놀던 동산에 올라 무덤을 지나면 여기 저기 빨강, 흰, 노랑빛깔의 꽃과 꽃나무마다 온갖 빛깔과 갖가지 모양의 꽃이 피어나 꽃을 사랑하는 마음을 어린이들이 쉽게 갖을 수 있고, 동심의 세계로 산에 산에 피는 꽃을 감상할 수 있는 착하고 고운 세계라 하지 않을 수 없다.

땅 재먹기

원을 그린다
네모를 그린다

순이와 석이
마주보고 앉는다

가위, 바위, 보

가위, 바위, 보

한뼘, 두뼘, 세뼘
땅을 서로 재 먹는다

흙과 친하던 내 조상들
조금이라도 땅을 더 갖고픈

부지런한 마음이여
땅을 갖고픈 마음이여.

시인 자신이 시골서 자라난 동심을 그려낸 작품 같다. 옛날이나 지금도 가끔식 학교 파하고 집으로 돌아오는길에 이웃공터에 쪼그려 서로 이마를 마주 대고 앉아 땅 재먹이 한다. 가위 바위 보, 서로의 땅을 차지하기도 하고 빼앗겨 내놓기도 해 한치 땅을 놓고 그 열기가 대단해 옆에서 가만히 보고 있으면 그건 스포츠 게임같이 승부 집착이 대단하다.

하루 해가 기울어 어두워질 때까지 땅 재먹기 놀이를 하다 더 이상 할 수 없으면 빼앗던 땅을 썩썩 뭉개고 일어난다.

땅! 조상들이 지킨 땅덩어리 21세기를 향한 통일에 대한 우리들의 소원이 꼭 이루어져 남과 북 얼굴 맞대며 열심히 살아보자는 뜻이 담겨졌다.

책가방

너는 나의
등 뒤에서

곤히 잔다

책도

연필도

말없이 잔다.

위의 동시에선 모든 이야기를 생략한 간결미가 돋보인다. 책과 연필이 등 뒤에서 잠잔다는 자유시의 감칠맛이 예서 더하겠는가!

그림을 보는 것 같은 뚜렷한 이미지로써 어린이들이 쉽게 이해할 수 있는 범위 안에서 읽는 이에게 감동을 준다.

상훈이와 나비의 동시집을 읽으며…

상훈이 그의 꿈을 꽃피운 시가 이 세상을 더불어 사는 사회로 조금만 베풀 줄 아는 사람들이 많아지게 되어 이 세상을 좀더 살기 좋은 세상이 될 것이라 믿고 싶으며, 이 책을 교훈삼아 내 나라의 말과 글을 아끼고 사랑하는 마음으로 시를 통하여 고운 마음과 깊은 사상을 가꾸어 가야 할 것이고 이것이 바로 김교수님의 동심의 밭을 갈고 가꾸어 가는 동심 수진이라 하겠다.

—원고청탁을 받으며 김윤성 교수님의 정년퇴임 수상록 일부

동요문학의 변천에 관한 연구

Ⅰ. 서론

동요란 아동가요의 준말로 일반적으로 어린이가 부르는 노래로 정의(한용희:동요작곡가)한다. 그러나 단순히 어린이들만의 노래가 아니며 어린이의 마음을 지녀야 하는 우리 모두의 노래(유경한:시인 아동문학가)이다.

동요는 어른들의 마음의 고향이요 상실된 실낙원을 회복시켜 주는 노래인 동시 어린이들의 감성과 마음을 풍요롭게 만들며 꿈을 키워주고 어른이 되어도 노래와 함께 삶의 태도와 양식을 결정하게 해준다.

따라서 동요와 동시는 넓은 의미로 시의 범주에 속한다. 더 구체적으로 살펴보면 시 분야의 동요는 전래동요와 창작 동요가 있고 전래동요에는 다시 구전 동요와 정착동요가 있다. 동시에는 자유시형과 산문시형 동시가 있으나 동요와 동시를 엄격히 구분한다는 일이 그렇게 쉬운 일은 아니다. 따라서 동요는 어린이들의 세계에서 모든 사물과 자연의 생명을 불어넣고 그것들과 대화하는 꿈의 세계임을 짙게 의식한다. 의인화의 수법은 유아나 아동독자들에게 가장 친근하게 이해되고 즐거움을 주는 가장 빠른 방법과 표현 수단이기 때문이다.

동요는 작곡을 거쳐 어린이뿐 아니라 어른들에게 까지 불려짐으로써 폭넓은 대중성을 갖고 있다. 우리나라 동요의 탄생은 1923. 6. 10일자 당시 동아일보 기사를 옮겨보면 동요에 관하여 진장섭, 동요에 관한 실제론(1) 윤극영(2) 정순철 강연을 하고 윤극영 선생님을 이 자리에서 어린이들이 즐겨 부를 수 있는 새로운 우리 동요를 지어내자고 주장해서 관심을 불러 일으켰다.

(1) 동요와 동시의 구분

동요와 동시는 다같이 노래의 성질을 띠고 있으나 동요가 그 미를 밖으로 표출하고 일정한 양식아래 노래 부르는 것을 전제로 한 음악적, 시적 미를 지향하는데 반해 동시는 그 미를 안으로 모아들여 자유분방하게 표현하며 작가의 내재적 리듬을 중요시하여 회화적인 미를 추구한다는 점에서 그 차이를 발견할 수 있다고 이재철은 말한다.

(2) 동요의 특성

동요란 어른이 어린이를 위해 지은 것이든 어린이 자신이 지은 것이든 노래 부를 것을 전제로 지은 시라고 한다.

첫째, 선명한 리듬과 정형률 바탕에 이루어져 흥겹고 음악적인 분위기를 느낄 수 있다.

둘째, 내용이 짧고 표현이 직접적이다.

셋째, 내용 전달과 표현이 강하다.

넷째, 폭넓은 대중성을 갖고 있다.

오늘날 이원수의 〈고향의 봄〉, 윤극영의 〈반달〉, 김영일의 〈다람쥐〉, 윤석중의 〈달맞이〉 등이 그 대표적인 예이다. 따라서 박춘식은 동요는 선명한 리듬을 가지고 있는 형태의 노래로 불려질 수 있는 성질을 가진 점과 내용이 소박하면서 복잡하지 않은 점을 특징으로 제시하고, 또 박목월은 동요를 노래하는 것 또는 부르는 것이 위주가 되는 것이고, 동심을 주축으로 노래 부를 목적에서 창작된 것이라고 볼 수 있다고 하였다.

동요문학은 1920년대 한국동요문학을 결정적으로 꽃 피우게 한 인물이란 점에서 영원히 중요한 존재로 평가해야 한다. 따라서 1920년대의 동요문학은 작곡의 의미가 결코 배제될 수 없는 그 시대 특유의 성격을 갖고 있음을 동시에 발견해야 한다고 말했다. 즉 아동문학이 동요문학을 모태로 하고 있음을 그대로 입증케 하는 것이다.

1924년 윤극영 선생님은 우리나라 작곡가로서는 처음으로 동요 〈반달〉을 작곡하고 ,이어 한국 최초의 동요 단체인 '다알리아회' 를 조직하고 일제 식민지하에서도 꿋꿋하게 우리 겨레의 가슴속에 이어져 내려옴으로써 우리 민족의 운명과 같이해 오고 용기와 희망을 주었으며 1924년 그 무렵 민족대표 33인 중 한 분인 손병희 선생의 사위 방정환님이 주간으로 계시는 신여성과 어린이 잡지에 동시 동요가 많이 발표되고 그 우수작품을 택해 작곡을 했다. 진남포에 사는 한정동 님의 〈따오기〉는 동아일보의 신춘문예 당선작이고 작곡도 이 무렵이었다.

윤석중 선생님은 초등학교 다니던 때부터 동요 동시를 발표하여 우수한 문학가라 평판을 얻었다(1925. 동아일보).

〈설날〉

윤극영 작사 · 작곡

까치 까치 설날은 어저께고요
우리 우리 설날은 오늘이래요
곱고 고운 댕기도 내가 드리고
새로 사온 신발도 내가 신어요

〈반달〉

윤극영 작사 · 작곡

푸른 하늘 은하수 하얀 쪽배엔
계수나무 한 나무 토끼 한 마리
돛대도 아니 달고 삿대도 없이
가기도 잘도 간다 서쪽 나라로

은하수를 건너서 구름나라로
구름 바다 건너서 어디로 가니
멀리서 반짝 반짝 비치는 건
샛별 등대란다 길을 찾아라

오늘날까지도 널리 애창되고 있는 이 설날 노래는 바로 그가 귀국한 1924년 음력 선달 그믐께 작사 작곡을 하고 윤극영 선생님의 불멸의 대표작 〈반달〉도 이 무렵에 선을 보였다. 〈반달〉은 당시 나라를 잃고 끝없이 유랑하는 우리 민족의 슬픈 마음을 달래고 갈 길을 찾자는 노래로, 이 동요는 한 맺힌 민족사의 한 기록이다. 특히 1절은 고요히 움직이고 2절은 감정이 약간 들어갔으나 샛별 등대란다가 최근에 샛별이 등대란다 “이” 자가 추가되어 자칫 고조된 감정이 죽을 염려가 있었으나 윤형모 학생이 고조된 감정을 잘 살렸다. 그리고 희망을 제시해준 대목이었다.

반달이 태어날 무렵-1920년대-에는 박태준 · 홍난파 · 한정동 · 윤석중 · 이원수 · 최순애 선생님 등이 동요창작에 참여하여 창작동요의 ‘개척시대’를 열었다. 그리고 신춘문예 작품 모집에도 아동문학 장르가 추가 동요를 통해 겨레의 가슴에 아동문학이 부각되면서 매스컴들은 아동문학 작품의 소개와 지면할애도 아끼지 않았으며 윤극영 선생님이 한국 아동문학상에 남긴 공헌은 비록 작곡활동 위주였다 하더라도 동요문학을 결정적으로 꽃 피우게 한 인물이라는 점을 영원히 중요한 존재로 평가해야 한다.

이후, 1930년대의 ‘황금시대’와 1940년대의 ‘암흑시대’ 격변하는 한국의 근대 현대사 속에서도 꾸준히 맥을 이어 어느덧 85여 년의 역사를 갖게 되고 이후 광복과 함께 1950년대의 ‘전성시대’를 거쳐 , 1960년대의 ‘혼란시대’ 등 변화되고, 1970년대의 ‘가치관정립시대’, 1980~90년대의 ‘다양화 시대’ 특히 80년대부터 불기시작한 동요의 다양화운동은 우리나라 동요문학에 있어 새로운 전환기를 맞이하고, 2000년대의 ‘도약의 시대’에 이르렀다.

〈따오기〉

한정동 작사/윤극영 작곡

보일 듯이 보일 듯이 보이지 않는
따옥따옥 따옥 소리 처량한 소리
날아가면 가는 곳이 어디메드뇨
내 어머니 가신 나라 해 돋는 나라

잡힐 듯이 잡힐 듯이 잡히지 않는
따옥따옥 따옥 소리 구슬픈 소리
떠나가면 가는 곳이 어디메드뇨
내 어머니 가신나라 달 돋는 나라

한정동 선생님은 몰라도 따오기 노래는 40살 이상이면 모르는 사람이 없을 것이다. 이 동요는 평양고보 다니던 17살 때 어머님의 산소를 찾아가서 어머님을 잃은 슬픔으로 쓴 동요이다.

〈고향의 봄〉

이원수 작사/홍난파 작곡

나의 살던 고향은 꽃피는 산골
복숭아꽃 살구꽃 아기진달래
울긋불긋 꽃대궐 차리인 동네
그 속에서 놀던 때가 그립습니다.

꽃동네 새 동네 나의 옛 고향
파란 들 남쪽에서 바람이 불면
냇가에 수양버들 춤추는 동네
그 속에서 놀던 때가 그립습니다.

1925년 《어린이》지 10월호에 이원수 님의 〈고향의 봄〉 당시 초등학교 6학년 나라를 빼앗긴 어둠과 아픔이 서정을 바탕으로 표출되고 있다.

이 시대에 어린이 문화운동의 별 윤석중 선생님은 빼놓을 수 없다. 아동 문학가 1932년 우리나라 어린이 노래 가사로서의 동요 창작과 어린이 노래 보급에 크게 기여하고 동요계의 일인자로 최초의 동시집 《잃어버린 댕기》와 최초의 동요곡집 《윤석중 동요집》 간행을 통한 한국 현대 아동 문학의 작품도 그만큼 역사적 기록의 가치를 빛낼 수 있고 선구적 족적을 남기시고 1990년 팔순기념 동요집 《여든살 먹은 아이》로 KBS동요대상을 받았으며 창작동요85년 역사가 흐르는 동안 동요 작곡가들은 대부분 윤석중 선생님의 동시에 곡을 지었다 해도 과언이 아니었으나 향년 92세 2003년 12월 9일 윤석중 선생님이 돌아가셨다.

〈새나라 어린이〉

윤석중 작사/박태준 작곡

새나라의 어린이는
일찍 일어납니다
잠꾸러기 없는 나라
우리나라 좋은 나라

새나라의 어린이는
서로서로 돕습니다
욕심장이 없는 나라
우리나라 좋은 나라

1932년대 동요의 황금시대를 맞아 아동 문학가 김영일, 강소천, 박목월, 이은상, 목일신, 김태오, 김성도 선생님께서 좋은 동요 가사를 지어 방정환 선생님이 주간했던 《어린이》 잡지 외에도 《신소년》, 《아이생활》은 기독교 계통에서 발행한 잡지에도 아동 문학가들의 작품이 많았다.

특히 김영일, 목일신, 강소천, 박경종, 임인수 선생님은 1930년대에 《아이생활》에 동요 동시를 발표했으며 1933년 〈통딱딱, 통짝짝〉을 《어린이》지에 처음 발표해 동요 문학의 첫 발을 디뎠으며 일제하에서 아동문학의 창작활동 무대는 어린이 잡지(《어린이》, 《아이생활》, 《신소년》) 등 동아일보, 조선일보, 조선중앙일보는 어린이 특집란을 만들어 우수한 동요 문학 창작의 기틀을 마련해 주었다.

특히 1933년 경성교육보육학교에서 교편을 잡은 후 본격적인 동요 작곡에 힘쓴 이흥렬 선생님과 작가로는 노산 이은상 선생님의 《꽃동산》 그리고 연세대 음악교수인 《현제명 동요작곡집》이 출간되었고, 1934년 연세대학교 졸업반인 김성태 작곡가는, 김영일 작사 《방울새》와 윤석중 작사의 《뱅글뱅글 돌아라》, 김성도 작사 《강아지래요》 동요곡집을 꾸몄다. 또 36년 평양 숭실전문학교 졸업반 때 목일신 작사 〈누가누가 잠자나〉, 김영일 작사 〈물새발자국〉 노래도 이때에 작곡하였다.

그리고 김대현 선생님은 함흥 영생고등 보통학교 동기 동창생으로 아동문학가 강소천 선생님의 동요를 많이 작사 해 주었으며 후에 김영일 선생님의 유명한 한국의 자장가도 김대현 선생님께서 작곡을 하여 세계적인 갈채를 받아 71년 경향신문에 전면에 소개된 적도 있다(71년 경향신문).

〈닭〉

강소천 작사/이계석 작곡

물 한모금
입에 물고

하늘 한번
쳐다보고
또 한모금
입에 물고
구름 한번
쳐다보고

〈자장가〉

김영일 작사/김대현 작곡

우리 아기 착한 아기 소록소록 잠잔다
하늘 나라 아기 별도 엄마 품에 잠잔다
둥둥 아기 잠자거라 예쁜 아기 자장

우리아기 금동아기 고요고요 잠든다
바둑이도 짖지 마라 곱실아기 잠깰라
오색꿈을 담뿍 안고 아침까지 자장

II. 자유시 운동의 첫 걸음

김영일은 1930년 초에 〈반딧불〉과 〈방울새〉란 동시를 갖고 문단에 나왔다. 〈반딧불〉은 《매일신보》에, 〈방울새〉는 《아이생활》에 당선된 작품이다.

일제 때에는 일본 사람의 억압 밑에 우리네 생활은 비참하기가 이를 데 없었다. 그래서, 정든 고향에서 못살고 만주 등지로 쫓겨가는 사람들이 늘

어만 가고, 살기가 어려우니 글을 쓴다는 것은 한가한 사람이나 하는 일로 여겨지거나, 특수층이 보는 것이라고 생각하는 사람이 많았다. 더구나 글을 쓴댔자 돈벌이가 되는 것도 아니고, 일본 경찰의 눈총만 받게 되니, 문학을 하려는 사람은 남다른 각오를 해야만 했다.

《아이생활》에 당선된 〈방울새〉를 개작하여 다시 《아이생활》에 기성인의 대우를 받아 크게 실었다. 나중에 김성태 씨가 작곡을 하여 지금도 교과서에 들어있지만, 그 무렵에 쓴 동요로는 〈나팔불어요〉, 〈구두 발자국〉, 〈끼리끼리 놀자〉, 〈도리도리 짝짜궁〉, 〈물새발자국〉, 〈아기 방울〉 등 오늘날 많이 불려지고 있다. 그때만 해도 슬프고 적망적이고 어두운 동요들이 대부분이었으며, 어린이에게 희망과 꿈을 안겨 줄 글들은 거의 찾아볼 수 없는 시대였다.

지금으로부터 80년 전 1930년 중반에 창가나 가사조의 동요로부터 벗어나 자유시로 옮기는 작업을 하여, 〈다람쥐〉도 그중의 하나가 되었다.

(1) 자유시 초기

〈방울새〉

쪼로롱 쪼로롱
방울새 아가씨
쪼로롱 쪼로롱
어디서 사왔니

쪼로롱 쪼로롱
방울새 아가씨

너 갈제 고방울

나 주고 가렴

—1933. 4 아이생활 현상 1등 당선작

〈방울새〉

김영일 작사/김성태 작곡

방울새야 방울새야

쪼로롱 방울새야

간밤에 고 방울

어디서 사왔니

쪼로롱 고 방울

어디서 사왔니

방울새야 방울새야

쪼로롱 방울새야

너 갈제 고 방울

나 주고 가아렴

쪼로롱 고 방울

어디서 사왔니

신문과 잡지에 김영일 동요가 이어서 당선이 되자 시인의 소질이 있다고 자부하게 되었다. 당선이 되고 나서 대우도 달라져 독자란에 나던 동요를 기성 작가의 대우를 해서 크게 자리를 잡아 실었다. 이 동요로 해서 김영일은 문학을 하게 되었다. 김영일 동요는 예나 지금이나 간결하고 경쾌한 것이 특색이인지도 모른다. 그때만 해도 방정환 선생의 영향을 받아서 그런지 또는 일제 치하에서 가난을 참을 수 없어 그런지 거의가 눈물짓는 투의 동요들이다. 동요보다는 창가 가사라고 하는 것이 알맞을지 모르겠다.

동요로는 윤석중을 비롯하여 윤복진, 박목월, 강소천, 박경종, 임인수, 임원호, 김영일 등이 많이 발표한 것으로 안다. 〈방울새〉는 본인도 모르게 김성태 선생이 작곡을 하여 해방 후 음악 교과서에 실림으로 해서 널리 퍼져 음악을 잘 모르는 나도 내 아이들에게 배워 이젠 곧잘 부를 수 있게 되었다.

방울새가 발표될 때에는 그래도 총독부에서 문화 정책을 쓰던 때라 원고 검열도 전보다는 조금 완화되었다.

1943년 《아이생활》에 발표 당시 원본 그대로입니다. 후에 김영일은 조금고쳐 새롭게 노래를 불려지고 종래의 동요는 7.5조나 4.4조의 외형률을 가졌으며 그 외형률을 버리고 자유시의 형태로 바꾸는 동시 혁명에 일대 거보를 내디딘 분이 석촌 김영일입니다.

동시가 동요보다 새로운 생동감이 넘치는 아동문학 분야로 등장하는 역사적 순간이었다.

이 동시는 짧고 간결하며 암시를 곁들여 여운을 남기는 문장으로 표현되어 있어 호평을 받은 것입니다. 새로 고쳐진 작품을 봅시다.

〈다람쥐〉

산골짜기

애기 다람쥐

도토리 밴또 갖고

원족을 간다

다람쥐야

팔딱

재주나 한번 넘어라

날도 좋다

—1943년 《아이생활》

〈다람쥐〉

김영일 작사/박재훈 작곡

산골짜기 다람쥐

아기다람쥐

도토리 점심 가지고

소풍을 간다

다람쥐야 다람쥐야

재주나 한번 넘으렴

팔딱 팔딱 팔딱

날도 참말 좋구나

—1951년 이후 애창곡 노래가사

특히 1937년 이후 박목월, 김영일 선생이 주창한 자유시론은 한때 정형률에 집착하려는 일부 동요작가들의 생각과 대립된 적도 있었으나 이에 자극을 받아 우리나라 아동문학의 율문분야는 점차 동요보다는 동시를 많이 낳게 되었고 동요의 이름으로 발표된 작품들은 재래의 형식에서 벗어나 파격적으로 보이기 시작할 무렵 한마디 한귀절의 말들이 독특한 빛깔과 매끄러운 말소리와 아름다움을 찾아 시심과 동심의 일치점을 보았다.

(2) 중국조선족 동요론

2008년 7월 한국아동문학연구회, 중국연변조선자치주조선족 아동문학학회 주최 제3회 한 · 중아동문학세미나를 연길시 백산호텔 국제회의장에서 열렸을때 연변대학 김만석교수 김철호 리혜선작가 동요작가 김득만등 참석 엄기원 회장과 같이 상면하고 만났다

김득만의 동요창작, 아동가사 창작, 동시창작을 역사적으로 조명하면서 우리 동요 동시 안에서의 위치와 작용에 대하여 실사구시적으로 평가한다.

김득만은 1940년 9월 함경남도 북청군에서 태어나 3살 부모를 따라 중국 연변 와청현에 들어와 소학교 시절부터 아동문학작품을 탐독하다. 1960년 첫 동시 '내가 일하는 사양장'을 발표, 지금까지 50년간 동요동시를 창작한 동요문학가이다.

김득만은 채택룡, 김례삼, 최형동, 리행복, 조룡남의 뒤를 이어 동요창작을 한 사람이다.

1950년대 우리 동요는 황금시기를 맞이하여 채택룡의 〈병아리〉 4.5조, 김례삼의 〈고개길〉 7.5조와 〈기차놀이〉 7.7조, 최형동의 〈제비〉 7.7조, 윤정석의 앵코타기 7.7조+8.6조, 리행복의 〈꽃동산〉 7.5조, 조룡남의 〈반디불〉 7.7조 등 명 동요들이 창작되었다.

김득만은 바로 그 뒤를 이어 동요창작에 나선 사람으로 대량적인 동요를 창작하면서 남다른 추구와 집요한 혁신을 시도하여 적잖은 성과작을 창작한 동요인이다.

여기서 동요는 한 연에 기승전결이 표현되면서 아이들의 정서세계를 연마다 반복적으로 표현하는 정형적인 소년아동을 대상으로 하는 시문학이다. 때문에 동요는 정형시로서의 운율조성을 그 기본으로 하게 되고, 행 조직에서 정형률을 지행할 뿐만아니라 연 조직에서 대응되는 연의 구조와 행

수가 거의 같을 것을 요구하게 된다. 일찍 채택룡은 7.5조를 가지고 2행 동요로부터 12행 동요까지 실험하면서 동요의 다양화를 시도하고, 김득만도 동요의 연조직을 다양화했다.

〈병아리〉

채택룡 작사

삐악삐악 갓난 병아리
아장아장 걸음익히나
요리조리 조약돌 넘어
깡충깡충 재주 피우나

삐악삐악 갓난 병아리
땅을 쪼아 아빠 흉내내나
엄마등에 갸우뚱올라
포득포득 재주를 넘나

(중국 길림성 연변에 중앙공원)

〈맑은 샘〉

김득만 작사

모래알 굴리면서 솟아 오르는
동구밖 청바위 밑 맑은 샘은 요
삼복철 무더운 날 야영의 길에

해방군 아저씨들 파주었지요
아, 수정같은 맑은 샘은요
군민의 정 담아 솟아납니다

(3) 부산 동요시대

1950년 한국전쟁을 맞아 부산으로 피난하면서 전시동요를 많이 발표하시고 '제1회 김영일 전시동요회' 를 1953년 4월 27일부터 5월 1일까지 부산 동아극장에서(오전10시) 가짐으로써 전시 기간 동안 동요 작사자로서 윤이상, 윤용하, 박태준, 나운영, 박태현, 이흥렬 작곡가와 같이 부산 동요시대를 열어갔다. 이 발표회는 전시동요 보급회가 주최하고 대한민국 문교부, 내무부, 공보처, 대학교수단, 부산시, 대한 부인회 각 신문사들이 후원했던 바 윤이상 동요는 〈반디야 반디야〉, 〈꼬마위문대〉, 〈날아라 소년 항공기〉, 〈오빠 사진〉, 〈졸업노래〉 등이었는데 〈다알리아 아가씨〉는 부끄럼의 이미지를 네 마디씩 호흡단위 (3/4＊4마디)로 가락을 물 흐르는 듯 아주 자연스럽게 노래하는 것인데 두 도막 형식으로 통일 시킨 이 노래는 김영일 동요로만 엮은 문교부 검정의 《새음악》 1~6학년 전체의 대표적인 노래 중 하나이다. 이때 윤이상과 김영일의 만남은 통영신문 기자였던 김영화(현재 한산신문 편집부장)가 1998년 10월 17일 특종으로 기사를 쓴 것을 밝혀둔다. 이때 다람쥐 작곡자 박재훈 씨를 만나게 되어 처음 쓴 다람쥐와 조금 변형되어 경쾌하고 리듬이 아름다워진 다람쥐 노래가 완성되었다.(부록 참조)

(4) 동요의 혼란기(1960~1969)

1950년대 순수성과 예술성이 가미되어 그 가치가 크게 인정받던 동요는

1960년대 들어서면서 그 양상이 크게 변하기 시작 산업화 시대로 접어들면서 문화적 가치관이 흔들려 동요도 변혁의 시대를 맞았다. 온통 대중매체의 영향을 크게 받아 라디오와 TV를 통해 CM송이라는 노래를 마구 쏟아내면서 어린이들의 감각을 흩어놓고 말았다. 그러나 1963년 동아일보 소년판에 이주일의 동요란이 동요운동에 활기를 불어넣어 KBS어린이시간, MBC, DBS, TBC방송이 각기 라디오 동요를 제정하였고, 대한교육연합회는 해마나 여름, 겨울호 많은 동요를 보급하였다.

KBS에서는 매주 월요일마다 '노래는 즐겁다' 라는 프로에 어린이 합창단이 합창과 독창으로 전국 어린이에게 동요를 매달 한 곡씩 보급하였다. 이때 작곡은 이계석, 유병문, 정세문, 전환, 박준, 박태현 작사자는 아동문학가, 시인 박경종, 이원수, 김영일, 장수철, 박목월, 조병화 선생님이시다.

1964년 한국동요작곡 통신교실 손대업 회장 뒤에 한국동요작곡 연구회로 개칭하고, 1999년 한국동요음악연구회 한용희 회장으로 있다가, 2004년 3월에는 정기총회에서 명칭을 한국동요음악협회로 오세균 회장 외 많은 아동 문학가들이 참여하고 있다.

그리고 상업방송의 영향으로 어린이들이 자기의 노래인 동요를 점점 잃어가는 경향이 있다. 그것은 수없이 쏟아져 나오는 유행가와 라디오의 경향이 크고 학교에서 노래를 가르치는 시간이 적기 때문에. 이런 좋지 못한 경향을 바로 잡기 위해 1969년 한국동요동인회 발족(아동문학가 15명 작곡가 15명) 초대회장 김영일 한국아동문학회장께서 맡았으며 새 동요곡집을 발간하여 어린이들의 자기 노래를 굶주리지 않고 어른들도 자꾸 동요를 부름으로써 동심으로 돌아가 어린이를 아끼고 사랑할줄 아는 사람이 되도록 동요를 통해 운동을 펴나갔으며 지금부터 4년 전 한국동요작사작곡가협회로 개정하였다.

(5) 동요의 가치관 정립기(1970~1979)

1970년대에 들어서면서 텔레비전(흑백)이 급속히 보급되면서 상업화가 거세진 속에 '동요부흥운동'이 일어난 시기라 할 수 있다.

상업주의의 도전을 받은 우리의 동요가 여러 가지 사회적 환경에 가려 빛을 잃어가는 그 시점에서 '동요를 지키고, 동요를 인식하고, 동요를 사랑' 하는 자구적 몸부림이 동요 관계자(아동문학가, 음악인) 사이에 일어났다. 재래식 양식으로 아무리 열심히 창작해도 그것을 모방이라는 테두리에서 벗어나지 못하고 자칫 모작이라는 비평을 받기 쉬워 과감히 재래식 양식과 형식에서 탈피해야 할 것이다는 자성론이다. 특히 1970년대부터 텔레비전으로 옮겨와 방송된 'KBS 누가누가 잘하나'는 상업적인 물질속에서 동요를 지켜주던 보배같은 프로그램이었고 77년부터 한국 아동음악상을 제정하여 아동음악 발전에 공헌한 음악인, 교육자에게 시상하였다.

〈과수원길〉

박화목 작사/윤용하 작곡

동구밖 과수원길 아카시아꽃이 활짝 폈네
하이얀 꽃 이파리 눈송이처럼 날리네
향긋한 꽃냄새가 실바람 타고 솔 솔
둘이서 말이 없네 얼굴 마주 보며 쌩긋
아카시아꽃 하얗게 핀 먼 옛날의 과수원길

한국아동문학회 박화목 2대회장이었던 〈보리밭〉의 작사자로 널리 알려진 당시 건전가요 부르기 세태 속에 대중가요 가수에 의해 전국적으로 전파를 타고 퍼지기 시작한 후 모르는 사람 없이 인기동요가 되었다. 특히 〈과수원길〉을 부른 가수 서수남, 하청일 등 각 방송사와 많은 단체들의 동요보급 및 활성화를 위한 꾸준한 노력에도 불구하고 라디오와 TV를 통해서 가요 위력 앞에서는 동요는 어린이들에게 큰 호응을 얻지 못했으나 〈과수원길〉은 동요의 생활화와 저변 확대라는 측면에서 성악가들이나 가요 관계자들의 방송매체를 통한 이바지가 크다.

그리고 아동문학가이면서 국제 신문에 입사하여 죽음에 이르기까지 15년간 기자로서 어린이들에 대한 따뜻함을 가진 동시인으로서의 삶은 활기찬 모습과 어린이와 같은 밝고 고운 눈으로 혼탁한 세상을 아파하고 순수를 지키기 위한 자연인으로서 자신의 가슴을 드러내 꽃씨에는 동요 5편과 동시 32편이 실렸다.

〈꼬까신 하나〉

최계락 작사

꽃그늘 아래
가지런히 놓여 있는
꼬까신 하나
아가는 사알짝
신 벗어놓고
맨발로 한들 한들
나들이 간다
가지런히 기다리는
꼬까신 하나

—1951년 사화집 이인지에 수록 초등학교 음악책에도 등재됨

개나리 꽃그늘 아래 아가가 신던 꼬까신을 가지런히 벗어놓고 맨발로 한들한들 사알짝 나들이 갔나 보다. 한량없는 아름다운 장면이 한폭의 수채화를 그려놓은 듯하다.

73년에는 MBC라디오 '동요반세기' 방송으로 구성에는 한용희 작곡가 낭송에는 강영숙 아나운서께서 하셨으며 77년에는 한국아동음악상이 처음 제정되었다.

그리고 74년 노래동산회 주최 고마우신 선생님에 12번째 김영일 아동문학가 된다. 역대 고마우신 선생님은 음악가와 아동문학가가 대상이었으며 1회 윤극영, 2회 마해중, 3회 윤석중, 4회 박태준, 5회 이흥렬, 6회 한정동, 7회 박태현, 8회 이원수, 9회 김성태, 10회 박목월, 11회 김대현, 12회 김영일 ……

(6) 동요의 다양화 시대 (1980~1989)

80년대 접어들면서 텔레비전 시대에 방송이 시작되면서 만화영화 주제가, CM송, 가요의 홍수 속에서 동요를 멀리하려는 어린이가 많아졌으나 위기의 돌파구를 열어준 것이 바로 '방송 창작 동요제' 라고 할 수 있다.

1) MBC창작 동요제

1983년 제1회 MBC창작 동요제를 통해서 발표된 대상 수상곡 〈새싹들이다〉는 동요 창작의 표본이되 제6차 교육과정 4학년 교과서에 수록 어린이들의 정서에 잘 어울려 생명력 있게 꾸준히 애창되고 있는 곡이다.

2) KBS 창작동요대회

1989년부터 KBS 창작동요대회를 매년 실시하면서 참가자의 자격 제한이 없어 동요 창작에 대한 의욕만이 앞선 일부 작곡가들이 참여 독창성이 없는 비슷한 곡이 출품되어 표절시비와 예술성이 떨어지는 곡들도 있었고, KBS-TV를 통해 전국에 방송되어 발표된 곡들은 '전국어린이 동요대회' 이주일의 동요 방송프로그램을 통해 널리 알려지게 되었고 5회를 끝으로 이 대회는 더 이상 실시되지 않았으나 1990년 2회 때 최우수로 수상한 현 한국동요음악협회 오세균 회장 이었다.

3) 국립국악원 주최 창작 국악 동요제

1987년 어린이 정서의 물꼬를 민족문화의 장으로 둘러보자는 뜻에서 국악동요 발표회를 개최하여 1992년부터는 EBS 교육방송국 공동주최로 우리 전통음악을 계승하고 국악동요의 적극적인 창작과 보급을 목적으로 창작 국악 동요제를 매년 실시하여 경연대회 형식으로 95년 3대 한국아동 문학회장으로 있던 송명호 님의 〈다듬이 소리〉와 위촉 및 경영대회 형식으로 98년 새싹회장 아동문학가 윤석중 선생님의 〈달굴달궁〉이 수상되었다.

1988년 YMCA는 동요 작곡 및 작사, 지도, 보급 분야에 업적이 두드러진 사람이나 단체에게 작곡부문, 노랫말 보급 지도부문 영역으로 대한민국 동요 대상을 시상하여 동요창작활동에 활기를 불어 넣어 주었다. 1회 작곡 이수인 노랫말 , 신현득 보급부분 한국동요 동인회 수상되었고, 20회까지 아동문학가 ,작곡가들을 요약하면,

작곡 : 한용희, 김공선, 이창규, 김숙경, 황철익, 이계석, 전준선 등

작사 : 유경환, 엄기원, 김종상, 김완기, 유창근, 문삼석, 이복자, 송명호, 선용, 이진호, 윤이현, 이준관 조창희 등

지도보급 및 공로 : 윤석중, 김방옥, 우덕상, 오세균, 김정철 등

동요가수상 : 서수남 , 하청일, 유열 씨 등이 있다.

(7) 동요의 부흥기(1990~)

문민정부가 들어서면서 각 방송국들의 시청률 지상주의로 인해 어린이 프로그램이 하나둘 폐지되고 동요 프로그램도 대부분 없어졌다.

청소년 위주의 가요나 쇼프로 아니면 드라마 일색 프로그램 편성과 동요 대신 랩, 힙합 등 마치 자신들의 노래인 양 부르기 시작 무슨 뜻인지 모르며 그저 요란한 랩송과 속도 빠른 춤이 그들의 언어를 현재까지도 대신하고 있다. 그러나 많은 음악인과 아동문학가들은 '시대적 흐름과 이 시대 어린이들의 감성, 기호에 맞는 동요를 창작해야 한다' 는 생각을 하게 되었다.

1) 파랑새 창작동요회

파랑새 창작동요회는 1990년 조직된 동요창작 및 보급 동요의 저변 확대를 위해 노력한 결과 1995년 미국 LA에 거주하는 〈대한의 아들〉 동요 작곡가 권길상 님의 초청으로 교민들에게 우리의 동요를 보급하기 위한 '한국 신작 동요 LA공연' 을 가졌으며 교민방송을 타고 우리나라 동요가 방송되기도 했으나 80년대와 90년대 각종 창작 동요대회를 통해서 새로운 동요를 발표해온 동요작곡가와 현직 교사 및 아동문학가 대부분이며 요즈음 어린이들 사이에서 불려진 50% 창작동요들은 동요작곡가들이 만들었다.

외국 멀리 고국의 향수를 전해줄 신작 동요도 좋지만 우리의 선배들이 노랫말을 지었다. 원로아동문학가 어른들이 지은 노래도 같이 불러 주었으며 얼마나 좋겠는가? 거기엔 우리의 1세 2세 60살 넘는 분이 30~40% 6 · 25를 겪었을 텐데 두고 온 고향의 향수 손자, 손녀 그리고 일가친척과 어릴 적 친구들과 같이 불렀다. 동요가 많이 있었다. 요즈음은 젊은 세대에 밀려 초등학교 음악책에는 원로들의 애창곡들이 없어져 한숨만 나온다.

국정, 검인정 교과서에 교육과학기술부 음악심의위원회에서는 앞으로 꼭 다루어 질 것이다

〈대한의아들〉

김영일 작사/권길상 작곡

나아가자 씩씩하게 대한소년아
태극기 높이들고 앞장을 서서
우리는 싸우는 대한의 아들딸
무찌르고 말테야 중공오랑캐

총칼로 육체무장 단단히 하고
내 나라 금수강산 지키며 가자
우리는 싸우는 대한의 아들딸
자유와 평화는 우리 것이다

2) 부산 KBS 창작 동요 및 그 외

50년대부터 실시해오던 KBS어린이 노래자랑 프로그램인 '누가 누가 잘하나' 의 후속 프로그램인 '전국어린이 동요대회' 가 1988년부터 TV를 통해 방송하다가 1992년 '노래는 내 친구' 로 개칭되었으며 1993년에는 시청률이 저조하다는 이유로 중단되고 다시 지방에서 1994년 8월에 KBS부산 방송총국에서 '어린이들에게는 꿈을, 어른에게는 잃어버린 동심을' 되찾아 주자는 취지로 부산 KBS창작 동요대회를 만들어 현재까지 실시해 오고 있다.

그리고 1994년 대전일보 '전국창작동요대회' 와 1998년 'EBS 고운 노래' 가 댄스뮤직과 랩의 홍수 속에서 동요를 잃어가고 있는 어린이들에게 동요를 찾아주고 맑고 고운 동요의 노랫말처럼 어린이들의 순수한 동심을 잘 가꾸어 나가도록 하자는 취지로 창작동요대회를 개최하고 2000년에는 '성남시 전국 창작동요제' 가 있다.

한국동요음악협회에서 매년 어린이를 위한 새노래 동요를 발표하고 그 중 김철민 아동문학가외 〈통일의 그날〉, 〈어린이 만세〉가 선정되 책에 게재 그리고 CD를 통해 동요을 자주 불러지도록 보급한다

〈통일의 그날〉

김철민 작사/엄철수 작곡

남북이 흩어져도 혈통은 하나
빼어난 금수강산 세계의 자랑
휴전선 장애물 넘고 넘어서
남북한 어린이들 손을 잡아요

〈어린이날 만세〉

김철민 작사/오세균 작곡

진달래꽃 피는 언덕에 푸른 꿈이 자라고
하늘만큼 높은 꿈들이 우줄우줄 자라고
웃음꽃 피는 골목마다 곱게곱게 자라고
오늘은 어린이날 웃는 얼굴 만만세

Ⅲ. 결론

동요문학을 배우면 글짓기 공부도 되고 음악공부도 되고 나아가서는 아름답고 착한 마음씨를 갖게 됩니다. 우리나라 동요문학 발전을 위해 온갖 정열을 쏟은 분들의 성의를 생각할 때 소홀히 생각하면 안 될 중요한 문제다. 어린이를 사랑하고 아끼는 어린이 운동이 시작되면서 학대받고 천대받던 우리 어린이에게는 앞날의 희망을 안겨준 동요운동이다

일본에게 나라는 빼앗겼지만 이 땅의 어린이들에게 민족운동으로써 어린이 운동을 펼치고 몰래 몰래 숨어서 불러오던 그 당시 우리 동요는 민족성을 보여 주었고 마음 깊숙이 파고들어 강한 의지와 앞날의 희망을 주었으며 해방된 광복이 후에는 새시대의 새나라 애국운동 수단으로 동요가 돋보이게 되었고 6 · 25 사변은 어린이에게 괴롭고 고달픈 마음을 주었으며 전쟁으로 시달려 거칠어진 마음을 깨끗이 씻어버리고 재건의 노래로 힘차게 펴져 나갔으며 또한 어릴적에 학교나 동네에서 여자아이들은 동요를 부르며 고무줄놀이를 하면서 재미나게 놀았다.

60년 혼란기, 70년 가치관정립, 80년 다양화, 90년 이후 동요의 부흥기를 맞아 어린이들의 순수한 생활감각에서 창출되고 시대적 흐름이 반영되었다.

따라서 TV나 매스컴에서 나오는 특집 프로그램에는 어린이가 대중가요, CM송 등을 부르고 또 어른들은 부추기고 있으니 사회, 학교, 가정이 한뜻이 되고 어린이들도 여기에 뜻을 같이하여 우리나라 동요 발전에 발맞추어 나가야 하겠다.

끝으로 필자는 한국동요문학의 바람직한 창작 방향을 다음과 같이 제안한다.

첫째, 노랫말 속의 문학적 의미와 리듬, 아름다운 정서 예술성이 짙은 동

요가 창작되도록 노력한다.

둘째, 우리의 얼과 정서가 담겨있는 한국적 동요가 많이 창작되어 어린이들사이 TV나 방송매체를 통해 동요가 자주 불려지도록 보급한다

셋째, 해방 이후 현재까지 한국동요 변천에 관한 연구가 체계적으로 밝고 고운 동요가 심도 있게 다뤄져야 한다.

넷째, 동요를 사랑하는 모든사람들에게 봉사정신과 긍정적으로 생각하고 우리 모두 한마음이 되어야 한다

다섯째, 어린이를 위한 노래를 지역특성에 맞게 음악교과서를 반영하는 방안이 논이 되어야 한다.

끝으로 2007년에 개정되는 교육과정에는 잊혀져 가는 옛 동요 애창곡들을 음악교과서에 채택하여야 한다. 통영이 낳은 세계적인 작곡가 윤이상 동요가 56년이 지나도 현 음악교과서에 단 한 곡도 수록되지 않고 찾아볼 수 없어 매우 안타까운 심정이다.

서양음악이 주가 되며 획일적으로 배우는 현재의 음악수업은 지양하고 윤이상 동요가 음악교재로 활용되면 지역어린이 음악수업이 새로운 활기를 띄우며, 따라서 2007년에 개정되는 교육과정에 초등학교는 동요와, 중고등학교에는 김영일 작사 윤이상 작곡 〈졸업하는 날〉이 음악교과서에 채택되어 교육과학기술부에서는 대한민국 어린이나 청소년들이 즐겨 부를수 있도록 방송매채(TV, 라디오)를 통해 적극 홍보를 해야 된다.

1) 동요노래비

지난날 주옥같은 동요를 지어 어린이들의 존경을 받아오던 동요작가의 작품을 기념하고 또 어린이들의 마음에 동요의 참뜻을 새겨 주기 위한 노래비가 곳곳에 세워졌다.

1968년 창경원 윤극영 님의 〈반달〉, 덕수궁 윤석중 님의 〈새나라의 어린이〉, 수원 팔달공원 홍난파 님의 〈고향의 봄〉, 신마산공원 이원수 님의 〈고향의 봄〉, 충주 탄금대 권태웅 님 〈감자꽃〉, 울산 학성공원 서덕출 님의 〈봄편지〉, 경주 학성공원 박목월 님의 〈얼룩송아지〉 등이 있다.

1970년 우리나라 어린이 운동의 선구자 방정환 님의 동상이 남산 어린이회관 앞에 세워졌다.

2) 김영일 동요문학비

한국아동문학의 개척자로서 평생을 오로지 아동문학 발전에 바친 석촌 김영일 선생이 작고하시어 김영일 동요문학비를 한국아동문학회에서 선생의 문학정신과 업적을 기리기 위해 만 3년 만에 서울특별시에 허가를 받아 후세에 길이 빛날 동요문학비가 어린이들의 꿈동산인 과천 서울대공원에 1992년 10월 건립하여 비문에는 서예가 정주상 선생님, 제작에는 홍익대 미대 곽남신 교수님께서 문학비 설계를 해 주었으며 제막식을 갖게 되었다. 그리고 전라남도 장성관광공원에는 전라남도 장성군에서 김병효 아동문학가의 도움으로 김영일, 윤석중 동요문학비가 세워졌다. 2005년에는 김완기, 김종상 이진호 등 아동문학가들의 동요문학비를 제자들이 세웠다고 한다.

3) 음악 선생님 윤이상과 아동문학가 김영일의 만남

윤이상 선생님은 1917년에 태어나 1956년 유럽으로 떠나기 전까지 40여 년간의 한국 생활기의 윤이상은 일제 강점기와 민족 분단이 고착하는 시대였다.

그에게는 한국 생활기는 단순히 살아가는 체험의 시기는 아니라 그가 고백하는 "나의 음악은 조국의 전통에서 샘 솟아 오르고, 음악은인간의 피와 정신이 통하여야 한다."

1948년 통영 공립여자 중학교에서 부산 사범 학교 음악교사로 취임하고 9월 2학기때 교감으로 금수현과 국어교사 이수자 선생님이 신임으로 부임한 해였다. 1950년 1월 이수자 선생님과 결혼을 하고 민족 비극인 6 · 25가 일어나자 전시 작곡가협회 사무국장으로 김세형, 이흥렬, 김동진 김대현, 박태현, 김성태, 나운영 선생님과 함께 활동하였다.

그리고 아동 문학가이자 동요작가 김영일과 함께 문교부 검인정 학년별 1-6년 국민학교 새음악과 전시초등학교 노래책 《소년기마대》의 노래를 1950~53년 3년간 작곡하여 공동저작으로 부산에서 발행하여 발표회도 가졌다. 1998년 10월 30일 자 한겨레신문 기사에서 〈새음악과 소년기마대〉를 발굴 제공한바 있는 아동문학가이자 통영중학교 연구부장인 김철민 선생을 만났다. 그의 부친이 윤이상 작곡의 노래들을 작사한 김영일이었다. 김영일은 1914년에 태어나 1984년에 삶을 마감하였다. 아동문학가이자 동요작가로서 당시 '전국문학단체 총연합회' 사무차장을 맡고 있었으며 현재 김철민 선생은 아동문학가로서 활동을 하고 있다. 본 글에 게재되는 악보는 김철민 교사의 호의가 있었기에 가능했다. 이 자리를 빌어 감사드린다. 새 음악 책에 모두 100여 곡 중 김영일 작사 윤이상 작곡한 동요는 70여 곡이다. 한편 김영일은 전시하에 부산에서 작곡가 윤용하와 같은 집에 함께 기거할 정도로 돈독한 관계를 유지하였으며 윤이상 이외에 작곡가 박태현 시인이자 아동문학가인 박화목 등과 부산 동요 시대를 열어갔다. 박화목 〈보리밭 사잇길로 윤용하 일대기〉(서울 범우사 발행) 〈따리아 아가씨〉 등을 작사한 김영일은 제1회 김영일 전시동요 발표회를 1953년 4월 27일부터 5월 1일까지 부산 동아극장 오전 10시에 가짐으로써 전시기간 동안 동요 작가로서 확고한 지위를 가졌다. 이 발표회는 '전시동요 보급회' 가 주최하고 대한민국 문교부, 내무부, 홍보처, 대학 교수단, 부산시, 대한 부인회, 각 신문사 등이 후원하였던 바 동요작곡자로 윤이상과 더불어 박대현과 윤용하 등이 발표하였다. 이 발표회에 발표한 윤이상 동요는 〈반디야 반디야〉, 〈꼬마위문대〉, 〈날아라 소년 항공기〉, 〈오빠 사진〉, 〈졸업하는 날〉 등과 동요극 〈봄이 오네〉 노래 중 일부를 작곡하여 발표하였다.

또 한겨레신문이 발표하기전 통영 신문기자로 있던 김영화 기자(현 한산신문 편집부장)이 한국전시 초등음악책 최초 공개와 한국 전시 교육체제를 알 수 있는 귀중한 자료를 1998년 10월 17일 신문 전면에 대서특필 특종기사를 실었다는 것을 먼저 밝혀둔다. 그리고 김영화 기자는 교육부 이순영 연구관에게 들은 바 이 책들은 전시

체제하에서 지역별로 발행된 책으로 그 가치와 의의는 참으로 크다고 밝혔다. 또 한국 문화예술진흥원 관계자는 문화예술 연감의 편집 자료들에서는 노래책 소년기마대와 새음악이 있었다고 기록은 되어 있으나 실제로 그 자료가 발견돼 공개된 적은 없었다고 했다. 우리나라 국정 교과서 편찬 이전 지역별 교과서 편찬 시절에 국가 지정으로 발행된 책으로 추정되며 우리나라에서 찾아보기 아주 어려운 귀한 자료라고 보도를 하였다.

졸업하는 날

김영일 작사/윤이상 작곡

비가 오나 눈이 오나 기나긴 날은
같이 웃고 같이 놀던 배움의 동무
오늘은 떠나는 날 졸업하는 날
헤어져도 잊지 말자 선생님 은혜

기쁠 때나 슬픈 때를 가리지 않고
서로 돕고 이끌면서 닦은 이 학문
큰뜻 품고 떠나는 날 졸업하는 날
멀리 가도 잊지 말자 동무의 사랑

• 참고문헌

이재철 《아동문학개론》 (문운당 1967)
한용희 《한국동요반세기》 (세광출판사 1973)
유창근 《차세대 문학의 이해》 (태영출판사 2008)
정연택 《한국동요변천에 관한 연구》 (인천교육대학원 석사논문 2001)
김만석 《중국한국조선 아동문학 비교연구》 (시와 사람 2008)
권석순 《김영일 아동문학연구》 (강릉대학교 대학원박사논문 2009)
조선우 《음악과 민족》 (세종문화사 1999)
한국동요음악협회 《어린이 동요세상》 (드림뮤직 2008)
이상현 《한국아동문학론》 (평화당 1976)
김형만 《최계락 동시연구》 (경상대학교 대학원 석사논문 2000)
박화목 《신아동문학론》 (보이스사 1982)
한국아동문학회 · 한국아동문학가협회 《한국 동시동요감상》 (경원각 1980)
유승조 《색동회아동문학전집 12. 13권》 (상서각 1977)

마영 김철민 교장 정년퇴임 기념문집

깊고 푸른 숲

김철민 아동문학가 탐방기

김현순

꿈이 있는 곳에는 향기가 있다

—한국 아동문학가 김철민 탐방기

김현순

1. 매체를 통하여 알게 된 장면

2008년 11월 11일 오후 두시, 한국 서울력사박물관 강당은 전례없이 장엄한 분위기가 흐르고있었다. 바로 이날이 한국교육삼락회총련합회가 제정하고 한국교육과학기술부와 전국경제인련합회가 후원하는 한국사도대상韓國師道大賞을 시상하는 날이였다. 올바른 교육풍토를 조성하고 진정한 사도의 등불을 밝혀 교육계의 귀감이 되는 교원들에게 주는 가장 권위 있는 상으로서의 한국사도대상은 매년 각시 · 도 교육감과 교육삼락회의 추천을 받아 엄정한 심사를 거쳐 대상자로 선정된 다음 시상하는 큰 상이었다.

"짝짝짝짝…"

요란한 박수 갈채 속에서 강당을 꽉 메우고있는 인파 속을 헤치며 다부지게 생긴 중년의 사나이가 씩씩하게 주석대로 걸어나오고있었다.

이 사람이 바로 이번 사도대상의 수상자인 아동문학가 김철민이었다.

김철민, 그는 한국 경남 통영시 도산중학교 교장으로서 장장 37년간 교육계에 헌신, 전국소년체전 입상지도는 물론 교육칼럼 활동과 학생들의 정서 함양에 유익한 시, 동시 발표 등 실천하는 교육자 상을 보여 수상하게 되었던 것이다. 특히 경남교육정책개발 인성교육 현장 자문위원회 단장으로 활약하고, 학생 학부모 교사 편지쓰기 전시회 등 전인교육과 컨설팅 학교경영에 탁월한 능력을 발휘하는 CEO교장으로 평가받고 있었다.

"이렇게 큰 상을 받게 돼 영광이다. 앞으로도 청소년들의 꿈을 심어주는 교육활동을 적극 펼치겠다"고 수상소감을 토로하는 그의 마디마디 말은 힘찬 꿈으로 벅차 있었다.

2. 첫 번째 만남

"여러분, 저는 한국에서 온 김철민입니다… 한겨레 아동문학사업을 위하여 함께 혼신을 바쳐갑시다."

시커먼 눈썹에 서글서글한 목소리를 가진 중년의 사나이, 그가 바로 매체를 통하여 알고있었던 이 글의 주인공 김철민이었다.

"알게 되어 반갑습니다."

필자는 존경어린 마음으로 그의 커다란 손을 꽉 잡아쥐였다.

때는 마침 중국 연길 백산호텔에서 성황리에 펼쳐진 제3회 '옹달샘' 컵 중한아동문학상시상식 및 세미나를 거행할 때였다. 한국아동문학대표단 일원으로 다녀온 김철민과의 만남은 필자의 다행이였다.

3. 두 번째 만남

"아하, 이렇게 또 만나게 되는군요."

▲뜻깊은 만남(왼쪽으로부터 김철민, 필자)

문득 필자의 어깨를 툭 치기에 돌아보니 김철민이었다.

"우와, 선생님이시네요. 그러잖아도 선생님을 꼭 뵙고 싶었는데요."

마악 어린애처럼 뛰고싶은 심정이었다.

때는 마침 참대의 고향으로 소문높은 한국 전남 담양시에서 성황리에 펼쳐진 제4회 '옹달샘' 컵 한중아동문학상시상식 및 세미나를 거행할 때였다.

"김회장님은 참 분복이 많으신 분인 것 같습니다."

곁에 있던 한국아동문학연구회 엄회장님께서도 한마디 동을 달았다.

"이번 행사 뒤 김회장님께서 김해로 가신다지요? 때마침 김철민 선생이 자가용을 몰고 오셨으니 철민 선생의 차로 창원까지는 갈수 있겠네요. 창원에서 김해까지야 엎디면 코닿을 곳이니까… 암튼 재수가 좋네요."

"네?!"

생각 밖이였다. 아무래도 필자는 팔자를 잘 타고난 모양이다. 외국 가서도 복이 마구 터지니….

대회가 끝난 후 김해로 가면서 필자는 김철민 선생하고 본격적인 인터뷰를 시작하였다.

“선생님은 한민족이 다 익히 알고 있는 저명한 아동문학가 김영일 선생님의 자제분이시라지요?”

“네, 전 그래서 오늘도 그것을 자랑스럽게 생각하고 있답니다.”

자가용 방향판을 힘있게 틀어쥐고 조심스럽게 운전하면서 그는 나에게 드디어 뜨거운 속심을 펼쳐보였다.

4. 그가 들려준 아버지의 이야기

김영일 선생은 1914년 황해도 신천의 부유한 가정에서 태어났다고 한다. 그는 일본에게 나라를 빼앗겼던 당시 한국 사람으로선 입학하기 어려웠던 일본대학 예술과를 졸업하였다고 한다. 특히 나라없는 민족의 장래를 위하여 도꾜류학시절에 자비로 《고향집》이라는 어린이 잡지를 발행하였는데 지금 대학생으로선 도저히 엄두도 못낼 일을 하셨다 한다.

한국의 저명한 아동문학가 김영일 선생▲

한국아동문학회 창립에 큰 역할을 했고 오랫동안 그 회장직을 연임했으며 한국문인협회 아동문학분과 회장을 지냈으며 동요동인회 초대회장을 지낸 선생은 보스 기질이 있는 분이였다고 한다. 늘 사람들을 데리고 다니며 밥과 술을 사주었고 "한국 아동문학이 나아갈 길"을 역설하셨다고 한다.

방정환이 기획자이고 이원수가 연주자라면 김영일 선생은 무대예술가라고 해야 할만치 현재 아동문학계의 원로급들은 거의 다 선생의 후배들이고 제자들이라고 한다.

1975년에는 우리나라 최초로 파주 파평초등학교에 '김영일아동문학도서관'을 개설하며 어린이 사랑을 힘껏 실천해 나갔던 선생, 하지만 매사에 열정적이고 왕성한 활동으로 일관하던 그도 유수같은 세월에는 어쩔수 없었다 한다. 1980년 대한민국문학상 심사위원을 역임한 김영일은 1984년 국제펜클럽 한국대표로 일본 동경대회에 참가하던 중에 숙환으로 저 세상으로 떠났다 한다. 그의 죽음에 대해 많은 지성인들은 "한국 아동문학계의 큰 별이 지다."라고 하며 슬퍼했했다고 한다.

선생의 작품은 동시, 동요, 동화, 소설, 교육평론을 망라하며 널리 알려진 작품만 해도 수백 편에 이르고 있다 한다. 더욱 놀라운 것은, 전쟁 당시 결성된 전시작곡가협회의 작곡가들이 곡을 붙여 만든 전시동요집 《소년기마대》와 문교부인정필 《국민학교 새음악》 6권에 수록된 악곡 전체의 글이 김영일의 작품이라는것이다.

김영일의 주요 수상 경력으로는 1979년 제1회 대한민국아동문학상과 작고 후인 1989년 대한민국 옥관문화훈장의 추서 등이 있다 한다.

김철민은 한국아동문학의 1세대를 이끌었던 석촌 김영일 선생의 둘째아들이었다.

김철민은 아버지의 생평사적을 들려주면서 무량한 감회에 젖어 아버지가 지었다는 한국 명작동요 〈다람쥐〉를 조용히, 그러나 정서를 살려 부르기 시작하였다.

산골짝의 다람쥐

아기 다람쥐
도토리 점심 가지고
소풍을 간다.
다람쥐야 다람쥐야
재주나 한번 넘으렴
팔딱 팔딱 팔딱
날도 참말 좋구나…

5. 아버지의 첫째 이야기

어린 시절, 주변의 가난한 사람들은 집집마다 방안에 벽을 종이로 도배하는 집은 그리 많지 않았었다. 그의 집은 동네에서 부유한 측에 속하는지라 그래도 백노지(흰종이)로 도배를 하곤 했었다. 그때는 종이가 백노지밖에 없었고 공책도 백노지를 접어서 쓰군 했었다. 지금처럼 벽지가 있는것도 아니고 더구나 원고지 같은 것은 있지도 않았다.

아버지의 영향으로 동요에 대하여 각별한 애착을 두고 있던 아버지는 평시에 공책에다 동요를 쓰며 일일이 들쳐봐야 하니 늘 불편하다는 생각이 들면서 어떻게 쉽게 동요를 읽는 방법이 없을까 하는 생각을 하고 있었다. 그러던 어느 날 문득 기발한 생각이 뇌리에 떠올랐다. 즉 벽을 도배한 백 노지우에다 직접 동시를 써놓는 것이였다. 여기저기에서 읽은 동요들을 모두 벽지에 베껴놓고는 또 그 동요들을 본 따서 자기 나름대로의 동요를 그 밑에 써놓기도 하였다. 이렇게 해놓으니 한눈에 볼수 있어 편리하고 또 동요를 짓는데도 능률이 올랐었다.

그렇게 한 일년쯤을 하고나니 사방의 벽지가 글자로 꽉 차서 쓸 자리가 없게 되었다. 아버지한테 야단을 맞은 것도 당연한 일이였다. 귀중한 벽지에 온통 낙서를 했으니 어느 부모인들 야단을 안 치겠는가. 그뿐이면 좋겠는데 동네에선 그가 머리 돌았다는 소문이 퍼져 아연실색하지 않을 수 없었다.

아버지 김영일은 이렇게 동요공부를 했으며 얼마쯤 신심도 생겼었다. 그래서 중학교 1학년 때 매일신보 신춘문예에 응모했더니 〈반디불〉이란 동요가 뽑혔었다. 그때의 기쁨이란 옹근 하늘을 혼자서 다 독차지 한 듯싶었다. 또한 그것이 계기가 되어 본격적인 동시공부를 하면서 자유동시 운동을 전개하여 오늘에 이르게 된것이였다.

"호랑이 담배 먹던 시대의 이야기라고 해야 할까요? 지나고 보면 모두가 그립고 아름다운 것뿐이지요. 나는 그 잊지 못할 추억들을 안고 자위하며 오늘을 살고 있어요."

무량한 감개 속에 히뭇이 미소 지으며 내뱉는 김철민의 목소리는 어느 정도 흥분에 젖어 있었다.

6. 김철민의 둘째 이야기

중학교 일학년 때였다.

하루는 국어선생님께서 찾으셨다.

"철민 학생, 아버지가 아동문학가이신 걸 알고있나요?"

"네."

느닷없이 들이대는 선생님의 질문에 철민이는 어정쩡하게 대답하였다.

"철민이는 참으로 착하군요. 오늘 부른 건 다름 아니라 내일 철민이의 아버지가 지으신 '산딸기' 라는 동시를 배우게 되는데요. 철민이가 집에 가서 먼저 아버지께로부터 시랑송을 배워온 다음 동학들 앞에서 시범을 보여주세요.”

“네?!”

너무나 뜻밖이였다. 집에선 그냥 자애롭고 엄숙하신 아버지로 알고 있었지만 선생님까지 이렇게 아버지를 높이 모시고 계실 줄은 몰랐었다.

‘와, 아버지는 정말 대단하구나!’

순간 철민이의 가슴속엔 말못할 기쁨이 아롱진 무지개로 비껴가고 있었다.

찬란했던 그때의 그 순간은 김철민에게 있어 동시문학에 대한 집요한 탐구에 있어 또 하나의 중요한 계기가 되기도 하였다.

하지만 철민이의 아버지는 운동에도 특별한 장기가 있는 그를 보고 “운동하는 녀석이 운동만 하면 되지 문학은 얼씬도 말아라. 우리 가문에서 문학가는 나 혼자면 족해.”라고 엄격히 말씀하시면서 때로는 화를 벌컥 내시기도 하셨다. 아들로 하여금 간고한 문학공부에서 해탈되게 하려는 자식에 대한 각별한 사랑이었지만 철민이는 그것을 감동으로 받아들이면서도 문학에 대한 애착을 그냥 불태우고 있었다.

아버지가 돌아가신 지 5년 후 고인에게 주는 명예 ‘옥관문화문장’을 가족대표로 받으면서 철민이는 문학에 대한 끈질긴 탐구를 더욱 활활 불태우고 있었다.

영혼의 불꽃을 더욱 밝게 태우고 영혼의 향기를 창작에 가득 채워 아버지의 명예와 업적에 조금이라도 부응하고자 철민이는 오늘도 문학에 대해 열심히 배우며 희고 맑은 아름다운 동시를 쓰는 부자아동문학가의 길을 열어나가고 있는 것이다.

7. 에필로그

김철민金哲民의 호는 마영麻謍이다. 현재 한국아동문학회 부회장, 국제펜클럽 한국본부 이사, 한국문인협회 상벌위원회 위원, 통영 도산중학교 교장으로 활약하고 있다. 김철민 시인은 우리 민족이 낳은 저명한 아동문학가 김영일 선생의 아들이라는 데서 각광받는다기보다는 자신의 뛰어난 업적과 문학작품으로 인정을 받는다고 하는 것이 지당할 것이다.

솜뭉치처럼 하얀 구름 속을 꿰뚫고 지나 푸르디 푸른 하늘을 날으는 아시아나항공편 비행기 속에서 나는 선물받은 김철민의 시작품들을 감명깊게 열심히 읽고 또 읽으면서 중국으로 돌아오고 있었다. 그때 비행기 안에서 읽었던 인상 깊던 동시들은 지금도 눈앞에 삼삼하다.

아래에 김철민 선생의 그 작품들을 소개하는 것으로 필자는 이 글의 마감을 가름하고자 한다.

봄날은 오네 외 2수

울긋불긋 꽃속에
꽃이야 따던
풀피리소리 담겨와
"삘리리 삘리리"

옛날에 불던
그 피리 소리에
하루종일 풀 뜨는 양

흰구름속 오락가락
꽃이야 피던
노란 개나리 눈을 떠
"헤헤헤 헤헤헤"
어느새 피었을가?

이제서야
코끝이 빨개지는
봄아가씨

기운이 나요

도시를 벗어나서 주말농장
해방된 우리 가족 하하하하하
우리는 계곡물에 발을 담그며
송사리떼를 만나 친구가 되요

풀냄새 포도마을 가족여행
해방된 우리 식구 호호호호호
우리는 느티나무 그늘아래로
새소리 매미소리 하나가 되요

부자동네

소나무숲 사이에 산새들 살고
개울가 도랑물에 송사리 놀고
누렁소 논밭에서 노다리 캐어
산골집 우리 마을 부자동네다

초록빛 오솔길에 솔바람 불고
논두렁 개구리들 합창을 하고
저녁놀 굴뚝연기 모락모락 핀
시골집 우리 마을 살기가 좋아

마영 김철민 교장 정년퇴임 기념문집

깊고 푸른 숲

아버지 김영일 아동문학가 편

아동문학가 **김영일** 연보

〈호 : 石村〉

1914. 5. 17 황해도 신천 출생
1933. 매일신보 신춘문예 동시 〈반딧불〉 당선
1934. 《아이생활》 신춘문예 동요 〈방울새〉 당선
1937. 일본대학 시절 《고향집》 발행인
1938. 일본대학교 예술대학 문예창작과 졸업
1944. 《아이생활》 편집위원
1951. 중학시대 주간, 한국아동예술협회장
1952. 태양신문 소년부장, 주간 《소년태양》 편집국장
1953. 주간 《건아》 시보사 주필
1954. 한국아동문학회 창립 총무 및 회장
1955. 전국문화단체총연합회 사무차장,
한국자유문학자협회 사무차장
1956. 월간 만화세계사 주간
1961. 한국문인협회 초대 아동문학 분과회장,
한국일보 신춘문예 심사위원
1962. 문교부 우량아동도서 선정위원
1967. 한국동요동인회 창립, 초대회장
1968. 월간 《애국소년》 주간
1969. 한국소년지도자협회 부회장
1970. 한국문인협회 상임이사
한국예술단체총연합회 이사
한국예술문화윤리위원회 상임위원
1972. 국제펜클럽 한국본부 이사
문화공보부 문예창작 심사위원
1974. 한국문학 심사위원

1974. 한국일보 신춘문예 심사위원,
서울특별시 문화상 심사위원

1975. 김영일 아동문학 도서실 설립
〈경기도 파평군 파평 초등학교〉

1980. 대한민국 문학상 심사위원

1984. 육영재단 주최 신진작가 창작동화 심사위원,
국제 펜클럽 한국대표 일본 동경대회 참가
숙환으로 작고함

■수상

1974. 노래 동산회 주최 고마우신 선생님 감사패

1976. 낙도 교가 지어보내기 동아일보 감사패

1979. 어린이 애호 육성 서울특별시장 감사패,
제1회 대한민국 아동 문학상

1982. 제 2회 이주홍 아동 문학상

1989. 고, 대한민국 옥관 문화 훈장 추서

■저서

동시집 《다람쥐》《봄 동산에 오르면》 등

동요집 김영일 작사, 윤이상 작곡 《새음악 1-6년》, 전시동요집 김영일 작사, 박태준 곡 외

동화집 《까치알》《밤톨삼형제》《미워 미워 미워》《은방울 꽃》《꿈을 낚는 아이들》《반딧불 켜는 집》 등

| 나의 아버지 김영일 |

저 위대한 혼들의 합창

김 철 민

나의 아버지 김영일은 훤칠한 이마와 우푹 패인 두 눈과 오뚝한 코, 굵은 테의 안경 속에서 빛나는 두 눈이 더욱 인상적이고 서민생활 분위기가 듬뿍 흐르고 있는 애상과 개념이 성품에 스며 있으며 동시의 작품처럼 순수하고 정적일 뿐 아니라 항상 명랑하고 유머스러운 데가 있으십니다. 즉 없는 티를 내지 않고 여러 문우들과 잘 어울리는 스타일이라 말할 수 있다.

아동문학가 김영일 선생님은 1914년 황해도 신천의 부유한 가정에서 태어나셨다. 그리고 일본에게 나라를 빼앗겼던 당시 한국 사람으로선 입학하기 어려웠던 일본대학 예술과를 졸업하셨다. 특히 나라 없는 민족의 장래를 위하여 도쿄 유학시절에 자비로 《고향집》이란 어린이 잡지를 발행하였고 지금 대학생으로서 도저히 엄두도 못낼 일을 하셨던 것이다.

그때만 해도 시골 사람들은 가난해서 방에 종이로 도배하는 집은 그리 많지 않았다. 그래도 우리는 나은 쪽에 들어서 백노지(흰 종이)로 도배를 하곤 했다. 그때는 종이란 백노지밖에 없었고 공책도 백노지를 접어서 쓰곤 했다. 지금처럼 벽지가 있는 것도 아니고 더구나 원고지 같은 것도 있지도 않았다.

나는 좋은 생각이 떠올랐다. 공책에다 동요를 쓰며 일일이 들쳐 봐야 하는 불편이었다. 그래서, 흰 종이로 바른 벽지에다 동요를 써 놓았다. 여기저기서 읽은 동요를 모두 벽지에 베껴놓고는 나도 그 동요를 본떠서 내 나름대로의 동요를 그 밑에 써놓았다. 이를테면 모작을 한 것이다. 이렇게 해놓으니 한눈에 볼 수 있어 편리하고, 또 동요를 짓는 데도 능률이 올랐다.

한 1년쯤 그 장난을 하고 나니 사방의 벽지가 글자로 꽉 차서 쓸 자리가 없게 되었다. 아버지한테 야단을 맞은 것도 당연한 일이다. 귀중한 벽지에 온통 낙서를 했으니 어느 부모인들 야단을 안 치겠는가.

그뿐이면 좋겠는데, 동네에서는 내가 머리가 돌았다는 소문이 퍼져 아연실색을 하지 않을 수 없었다.

나는 이렇게 동요를 쓰는 공부를 했고, 얼마쯤 자신이 생겼다. 그래서 중학교 1학년 때에 매일신보 신춘문예에 응모했더니 〈반딧불〉이란 동요가 뽑혔다. 그때의 기쁨이란 맛보지 않은 사람은 모를 것이다.

이듬해에 아이 생활에 김옥분이란 이름으로 응모하여 〈방울새〉란 동요가 당선되어 저자의 사인이 들은 정지용 시집을 1권 받고는 나도 이젠 문인이 된 것처럼 우쭐했다.

그 덕분에 남자로부터 연애편지를 몇 통 받게 되어 실소하지 않을 수 없었다. 그 시집 속에 동시가 1편쯤 들어 있었다.

나는 그때부터 동시 공부를 하고, 자유시 운동을 전개하여 오늘에 이르렀다.

호랑이 담배 먹던 시대의 이야기다.

지나고 보면 모두가 그립고 아름다운 것뿐이다. 나는 그 잊지 못할 추억들을 안고 자위하며 오늘을 산다.

아동문학계에 큰 별이셨고 자유동시의 개척자이신 〈다람쥐〉의 작사자 김영일 선생 둘째 아들로 태어나 저도 아버지의 수많은 동시, 동화책을 읽으면서 글과 인연을 맺었다.

중학교 1학년 국어교과서에 아버지의 시 〈산딸기〉가 게재되어 담임선생님께서 보시고는 아버지께 직접 배워 반 아이들 앞에서 발표하라는 기회를 주는데 그 다음날 국어시간에 아버지의 시 〈산딸기〉 낭송을 하여 박수를 받는 기억은 어린 시절 나의 문학에 대한 긍지를 깊게 각인시킨 계기가 되었습니다. 나는 그때 아버지께서 존경받는 아동문학가 시인이라는 사실에 긍지를 갖게 되었지만 아버지께서는 '운동하는 녀석이 운동만 하면 되지 문학은 얼씬도 말아라' 하시던 그 인자하신 아버지 모습도 잊을 수가 없다. 또한 화를 벌컥내면서 '나 혼자면 족하다' 라고 엄격히 말씀하시던 모습도 잊지 못한다.

늘 문학의 길은 말리셨던 아버지께서 돌아가신지 5년 후 고인에게 주는 명예 '옥관문화문장' 을 가족 대표로 받으면서 문학에 대한 애착의 정이 다시 싹트기 시작했다. 영혼의 불꽃을 더욱 밝게 태우고 영혼의 향기를 창작에 가득 채워 아버지의 명예와 업적에 조금이라도 부응하고자 문학에 대해 열심히 배우며 눈처럼 희고 맑은 아름다운 동시를 쓰는 부자 아동문학가의 길을 열어나가고자 노력하고 있다.

한번은 이런 일도 있었다.

아버지가 술에 취하면 후배들이 여관방을 구해줬는데, 모두들 돌아가면 119 백차를 불러 나 누구인데 "지금은 돈이 없으니 집까지 태워다 주면 내 예쁜 마누라가 돈을 줄 거야." 하시면서 주정 아닌 아버지의 애교(?)에 흔쾌히 백차로 아버지를 모신 경찰 아저씨에게 이번에는 어머니가 돈도 안 받고 가는 경찰아저씨들을 집안으로 불러들이시려고 실랑이를 벌이던 흐뭇했던 추억도 잊지 못한다. 어머니는 차려 놓은 아버님 밥상 앞에 술주전자를 대령해 놓았는데, 그 경찰 아저씨들도 구미가 당기는 눈치였지만 그 상황에서

꽁무니를 빼는 수밖에 없었겠지…. 그렇게 아버지도 어머니도 어린 동심의 인생행로에서 부전자전이라고 할지, 나도 아동문학이라는 문턱을 들어선 듯한다. 여기에 아버지의 그 〈산딸기〉와 〈다람쥐〉를 소개한다.

산딸기

딸기
산딸기
빨갛게 익었네

오뉴월
복중에
혼자 붉었네

딸기
산딸기
아무도 모르게

숲속에
숨어서
혼자 자랐네

딸기
산딸기

나 혼자만 아네

고이고이 두었다
동무야 오는 날
같이 보겠네

다람쥐

—1951년 이후 애창곡 노래가사

산골짜기 다람쥐
아기다람쥐
도-토리 점심 가지고
소풍을 간다
다람쥐야 다람쥐야
재주나 한번 넘으렴
팔-닥 팔-닥 팔닥
날도 참말 좋구-나

아버지는 일찍이 동시집 《다람쥐》를 내어 아동 자유시 분야에 날씬하고 귀여운 작품의 맵시를 보여 주었습니다. 뿐만 아니라 과거의 정형률의 동요와 케케묵은 구닥다리 시상詩想을 버리고 어디까지나 자유로운 이미지와 자유로운 리듬을 구사해서 다람쥐 같은 경쾌한 보격을 발휘하였다.

다음은 이주홍 선생님께서 아버님에 대한 절절한 우정이 사무치는 글을 자료 삼아 옮긴다.

| 내가 아는 아동문학가 김영일 |

다람쥐, 그 아기 다람쥐는 어디로 가는가

이주홍

이원수 형에 뒤이어 한국아동문학의 큰 기둥 하나가 또 넘어졌다. 숙환으로 오래 투병하고 있던 김영일 형이 그예 세상을 하직하고 만 것이다. 송원희 선생이 전화로 먼저 알려주었고, 다음은 TV의 뉴스가 알려주었고, 그 다음엔 배달된 전보가 또 그 사실을 확인시켜 주었다. 26일 영시 5분에 운명했다고 했다. 향년이 71세. 김형이 제2회째 내 이름으로 주어지고 있는 '이주홍 아동문학상'을 받던 날 답사에서 "향파선생이 내가 아동문학으로 평생을 바쳤으니 죽기 전에 상이나 한번 받고 가라는 뜻인 것 같습니다만…" 하고 청중을 웃겼던 것이 어제 같다.

작년에 손동인 씨와 김요섭 씨가 수상을 했을 때도 같이 내려와서 축하를 해주었고, 또 술도 신나게 잘 마셨는데, 그러던 것이 마지막 대면으로 불과 일년 남짓한 사이에 계를 달리했으니 인생이 부상하다 아니할 수 없다. 금년 들어선가 병을 얻고 있단 소문을 듣고 있던 터에 금년 여름 대구에서 있었던 아동문학회 세미나에 참석했더라는 소식을 전해 듣고 매우 다행하게 생각하고 있었더니 8월 25일자 편지로 그는 이런 글을 전해주었다. 내가 근황을 물은 편지에 대한 답장인 것이었다.

계절의 변화는 어쩌는 수 없는지 밤에는 귀뚜라미가 웁니다. 저에게는 죽는 날이 가까웠으니 마음의 준비를 하라는 것 같이 들려 인생의 무상을 느끼게 합니다. 한 두어 달 입원했다가 요즘은 집에서 약을 먹고 있습니다. 불치의 병이라는 걸 뻔히 알면서 그날 그날 지내기란 여간 괴로운 것이 아닙니다. 그렇다고 어쩌는 도리가 없어 요즘은 운명에게 맞기고 되도록 마음을 편히 갖도록 노력하고 있습니다.

들으니 형께서도 고생을 하신 모양인데 형만은 오래오래 사시어 아동문학의 산 증인이 되어주셔야 합니다. 술과 담배를 밥 먹듯 하던 사람이 중단하게 되니 생이 삭막해지고 살 재미도 없습니다. 지금 심정 같아서는 고통을 받지 않고 눈을 감으면 얼마나 행복할까 그것만 빌 뿐입니다.

앞으로 좋은 세상이 올 것도 같은데 그걸 못보고 가는 아쉬움은 있으나 그것도 저에게 주어진 운명이려니 생각하니 오히려 지금까지 생명을 연장해 주신에게 감사를 드려야 하겠습니다.

향파형!

오랜 세월 사랑 많이 받았습니다. 지난 일들이 어제인 양 새롭기만 합니다. 보내주신 글씨 잘 받았습니다. 벽에 걸어두고 형을 생각하며 바라보겠습니다. 넋두리만 늘어놓았습니다. 용서해 주십시오. 읽는 사람이 지루하고 괴로울 것 같아 이만 쓰렵니다. 안녕히 계십시오.

1984. 8. 25 향파 대형

이런 극한된 편지라고는 꿈에도 생각할 수 없었던 일이었다. 구절마다 죽임에의 체념이 깔려 있는 인상이다. 이것이 마지막 편지가 아닐까 하는 허

망함에서 나는 《월간조선》에 〈가을의 편지〉라는 일문을 기고하기도 했다. '이주홍 아동문학상' 수상자 박홍근, 김영일, 손동인, 신지식 다섯분에게 내가 기념으로 '동심수진' 이라고 써서 보냄 횡획 붓글씨를 말하는 것이다. 태평양전쟁이 극심했던 일제 말기부터 자주만나 술집을 찾아다니곤 했던 것이니 지금 계산해 보면 그와 나는 40년지기가 되는 셈이다.

그러나 이미 죽음을 기다리고 있는 판국에서 그를 위로해 줄 만한 말이 내게는 없었다.

> 의사가 병을 다 안다고는 할 수가 없지요. 끈기 있게 참고서 요양을 계속하면 기적같이 병세가 호전되는 예도 아주 없는 것은 아니지 않습니까, 지금 젊은 작가들이 열심히 하고 있고, 또 얼마쯤은 좋은 작품들을 쓰고 있는 것이 사실이지만, 아직도 원수나 형같은 이의 선을 크게 넘어서 있진 않다고 볼때, 형 같은 이는 무슨 애를 써서라도 오래오래 살아 우리나라 아동문학을 지켜 주어야 합니다.

이런 말로 편지를 써 보낸 위로를 해준다고는 했지만, 그 편지가 과연 그만큼 효력이 있었을까. 그러자 그 편지에 대한 답인 듯 이번에 이런 편지가 왔다.

> 향파형!
>
> 보내주신 중편소설선 《깃발이 가는 곳을 향하여》 잘 받았습니다. 참 부지런하신 분입니다. 몸도 건강치 않으신데 어느 겨를에 또 책을 내셨습니까. 마음껏 축하를 보냅니다. 책 뒤의 연보를 보니 형같이 많고 화려한 문단활동을 한 분은 없을 것입니다. 부럽기도 하고 이런 큰 분을 가깝게 모시게 되어 자랑스럽고 영광으로 생각합니다. 정말 형께서는 많은 일을 해놓았습니다. 한

평생을 교육에 몸바치면서도 문학을 더욱 아끼고 힘을 쓰셨으니 이런 분은 세상에 흔치 않을 것입니다. 거의가 늙으면 생각이 무디고 귀찮아서라도 글을 못 쓰는 법인데, 형께서는 늙을수록 더욱 원숙한 글을 쓰시니 이것은 하늘이 내리신 복이라 하겠습니다. 《월간조선》에 실으신 〈가을의 편지〉 잘 읽었습니다. 형께서도 편치 않으신데 넋두리를 늘어놓아 죄송스럽습니다. 그러나 그런 글을 보낼 사람이 형밖에 없었고 또 그런 기분이었습니다. 이젠 병원에도 가지 않고 죽을 날만 기다리고 있는 중입니다. 백약이 무효라는 것입니다. 암세포가 몸 전체에 번지는 것 같습니다. 아프지 않은 곳이 없습니다. 그렇다고 어쩌는 도리가 없지 않습니까?

며칠 전에는 이왕 죽을 바에는 좋아하는 술이나 먹다 죽자는 마음이 들어 박홍근, 송명호, 김원태와 같이 맥주를 2차에 걸쳐 마음껏 먹었습니다. 먹으나 안 먹으나 병세는 달라지지 않았습니다. 병원 의사도 단념한 모양입니다. 먹고 마시고 마음대로 하라는 것입니다. 그것만 보아도 목숨이 얼마 남지 않았다는 것을 알 수 있습니다. 그래 술도 마시고 담배도 피우고 아프지 않은 채 버티고 있습니다. 욕심이 라면 고통을 받지 않고 추운 겨울을 피해서 죽어지기를 바랄 뿐입니다.

편지를 쓰려면 이런 넋두리 밖에 할 수 없어 오히려 형께 부담을 주는 결과가 되어 삼가고 있습니다. 형께서는 수술도 하셨다니 생명의 위험은 없습니다. 또 일 할 능력이 있는 형을 그리 쉽게 데려가지는 않을 것입니다. 아무쪼록 건강을 회복하시어 좋은 글 더 많이 남기시기 바랍니다.

오늘은 이만 쓰겠습니다. 편지를 쓰자니 허하고, 안 쓰자니 더욱 허합니다.

허허로운 인생 김영일 초추 9월 마지막 날

–향파 대형

구두발자국 외 15

하이얀 눈 위에
구두 발자국
바둑이와 같이 간
구두 발자국.

누가누가 새벽길
떠나 갔나
외로운 산길에
구두 발자국.

바둑이 발자국
소오복 소복
도련님 따라서
새벽 길 갔나?

길손 드문 산길에
구두 발자국
겨울 해 다 가도록
혼자 남았네.

귀뚜라미 우는 밤

또로 또로 또로
귀두라미 우는 밤

가만히 책을 보면
책 속에 귀뚜라미 들었다

나는 눈을 감고
귀뚜라미 소리만 듣는다

또로 또로 또로
멀리 멀리 동무가 생각난다

기다리는 밤

눈 속에
호롱불이 아른거려

아른거리는
호롱불에
옛 꿈이 핀다

언젠가
오마던 동무는
눈길 천 리
까마득한데

그래도 못 잊을
그리움 있어
호롱불에
옛 꿈 모아 보면

잠자리 못 들고
산꿩만 운다

누가 와야만 하겠다
꼭 와야만 하겠다

나팔 불어요

햇님이 방긋 웃는
이른 아침에
나팔꽃 아가씨
나팔 불어요.

잠꾸러기 그만자고
일어나라고
나팔꽃이 또또따따
나팔 불어요.

나팔꽃 아가씨는
늦잠도 없지
아침마다 일찍깨어
나팔 불어요

잠꾸러기 어서어서
일어나라고
나팔꽃이 또또따따
나팔 불어요

다람쥐

산골짝에 다람쥐
아기 다람쥐

도토리 점심 가지고
소풍을 간다.

다람쥐야 다람뒤야
재주나 한 번 넘으렴

파알딱 팔딱 팔딱 팔딱
날도 참말 좋구나

두꺼비는 집짓고

두꺼비는 집 짓고
황새는 물깃고

희영창 봄날에
햇빛도 째앵 쨍

두꺼비는 집 짓고
황새는 물깃고

헌집은 헐-고
새집번뜻 지어라

두꺼비는 집 짓고
황새는 물깃고

영치기 역사에
새날이 밝는다

두꺼비는 집 짓고
황새는 물깃고

아기손님 모셔라
새집에 모셔.

달 밤

보름달이
호수에
내려앉았다.

아버지 잉어가
보름달을
빠끔 먹었다.

누가 호숫가에서
조용조용
통소를 불고 있었다.

방울새

방울새야, 방울새야
쪼로롱 방울새야
간밤에 고 방울
어디서 사 왔니?

쪼로롱 고 방울
어디서 사 왔니?

방울새야, 방울새야
쪼로롱 방울새야
너 갈 때 고 방울
나 주고 가렴.

쪼로롱 고 방울
나 주고 가렴.

봄동산에 오르면

봄 오는
동산에 오르면
아지랭이 속에
고향이 어린다

고향은 천 리 길
하두나 먼데
철마다 봄만은
꼬박이 온다

봄맞이
동산에 오르면
비리비리 종종
산새가 운다

오마던 옛동무는
소식도 먼데
철따라 꽃만은
무심히 핀다

봄바람

한들한들 봄바람
아양진 바람

파란 버들 실가지에
재주만 넘지

살 구

살구가 열렸다
조롱조롱 열렸다

조무래기도 늘었다
조롱조롱 늘었다

어 항

어항에
조그만 바다가 있다

갈매기는 날지 않아도
들고 나는 배는 없어도

큼직한 바위 밑에
소라가 있고

모시조개가 있고
조약돌이 깔리고

또
바닷속에는
아담한 용궁이 있다

용궁에는
7공주가 산다

7공주는
예쁜 금붕어

바다 음악에 맞춰
춤추며 논다
진종일 논다

졸업하는 날

비가 오나 눈이 오나
기나긴 날을
같이 웃고, 같이 놀던
배움의 친구.

오늘은 떠나는 날
졸업하는 날
헤어져도 잊지 말자
선생님 은혜.

기쁠 때나 슬플 때나
가리지 않고
서로 돕고 이끌면서
닦은 이 학문

큰 뜻 품고 떠나는 날
졸업하는 날
멀리 가도 잊지 말자
친구의 사랑.

내 집같이 정이 들은
배움의 교실

떠나려니 그립구나
졸업하는 날.
오래 오래 잊지 말자
오늘의 감격.

수양버들

수양버들
봄바람에
머리 빗는다.

언니 생각난다.

큰웃음 속에

새해 아침에
흰 눈이 내린다

지저분한 일들을
꼭꼭 묻어 주고

새하얀 마음이
소롯이 내린다

씽씽 썰매도 타고
둥글둥글 눈사람도 만들고

힝 누렁이와 달리면
마음도 우쭐 꿈도 우쭐

골목대장 호령 속에
복된 새날이 열린다

누렁이처럼 뛰며 놀자
튼튼한 힘을 기르자

아이들의 큰웃음 속에
빛나는 내일이 핀다.

| 김영일 대표동화 |

까치알

봄은 동산에 피었습니다. 봄은 아이들을 부르고, 아이들은 동산에서 자랐습니다.

종달새는 하늘 높이 노래하고, 꽃은 산마다 피었습니다. 나비는 꽃을 찾아 날고, 꽃은 몸단장하기에 바빴습니다.

송아지는 엄마소 따라 들로 나오고, 목동은 제 멋대로 버들피리를 불었습니다.

머언 산에 아지랑이가 춤을 추고 나면, 마을은 아늑하기만 합니다.

이런 봄날, 삼돌이가 가만히 집에만 박혀 있을리 없습니다. 뛰어 나왔습니다. 성철이를 찾아갔습니다.

"성철아, 나와 노올자."

노랫조로 불렀습니다. 그러나 성철이는 집에 없었습니다. 대신 강아지가 쪼르르 뛰어나왔습니다. 매달립니다.

"으응, 요게."

삼돌이는 강아지를 번쩍 들어 안고, 다음 골목을 찾아봤습니다. 그 골목에서 무슨 요지경이 벌어지는가 봅니다. 사람들이 많이 모였습니다. 삼돌이는 그 곳으로 뛰어갔습니다.

별것 아닙니다. 별것 아니지만, 삼돌이는 심심하지 않습니다. 절로 콧노래가 나왔습니다. 약장수가 손수레를 끌고 와서, 한바탕 노래를 부르는 판입니다. 약장수 뿐 아닙니다. 약장수가 데리고 온 젊은 여자도 둘이서 같이 노래를 주고받고 했습니다.

별의별 노래를 다 했습니다. 소리도 하고, 유행가도 부르고, 나중에는 약장수 장타령까지 했습니다. 오른팔 비꼬고 다리를 절름거리며 '품바 품바' 하는 꼴이란 우습기 짝이 없었습니다. 강아지까지 웃었습니다.

한바탕 소리와 노래를 부르고 나선, 약을 팔았습니다. 5백원, 천원짜리가 막 팔렸습니다.

삼돌이는 약 파는 데는 흥미가 없습니다. 두리번 보아도 성철이는 없었습니다. 강아지를 덜렁 내려놓고, 달려서 동산으로 올라갔습니다. 강아지는 따라 오다 말고 저의 집 앞에서 동산만 바라보았습니다. 힐끗 뒤돌아보고, 삼돌이는 혓바닥을 쑥 내밀었습니다.

하루에도 몇 번씩 올라오는 동산이지만, 오늘은 그리 마음이 좋은 것 같지 않습니다. 동무가 없어 그런가 봅니다. 동무야 있든 없든 삼돌이는 혼자 놀았습니다. 잔디에 누워 봅니다. 하늘 높이서 종달새가 우는데, 보이지는 않습니다. 보이지는 않지만, 노랫소리는 듣기 좋았습니다.

삼돌이도 휘파람을 불어봅니다. 삼돌이의 휘파람 소리를 듣고, 송아지가 뛰어와 '음매!' 하고 불렀습니다. 삼돌이는 깜짝 놀라 벌떡 일어났습니다.

"옳지, 송아지와 놀아야지."

삼돌이는 흐뭇이 웃어봅니다. 심심찮습니다. 심심하기는커녕 재미있습니다. 송아지 잔등을 쓸어주기도 하고, 얼굴을 쓰다듬어 주기도 했습니다. 슬슬 얼렀습니다. 그러다가 후딱 올라 탔습니다.

그러나 송아지는 그런 짓을 모릅니다. 여태까지 등에 무엇을 얹어 놓은 적이 없습니다. 처음 엄마소따라 들로 나온 것인데, 삼돌이가 올라타니 말이 안 됩니다. 깜짝 놀라 달아났습니다. 그 바람에 골탕 먹은 건 삼돌이 뿐입니다.

"아이쿠!"

엉덩방아를 찧고 그 자리에 그대로 앉아 있었습니다. 궁둥이가 아프기는 하나, 송아지가 밉지 않습니다. 씩 웃고 송아지를 쫓아갑니다.

송아지는 한 번 놀란 김이라 삼돌이를 보자, 껑충껑충 뛰어 저만치 달아났습니다. 삼돌이 하고는 놀기 싫은가 봅니다.

"으응, 요게!"

삼돌이는 눈을 쏴보며 쫓아갔습니다. 그러나 송아지는 벌써 갈 데로 가고, 아지랑이가 산을 감돕니다.

삼돌이는 송아지 동무를 놓쳐 서운합니다. 서운해도 할 수 없습니다. 등에 올라타려고 한 것이 잘못입니다. 휘파람을 불어봅니다. 휘파람 소리를 듣고 이번에는 나비가 찾아왔습니다. 상제나비입니다. 삼돌이는 상제나비를 보자, 문득 병아리 생각이 났습니다.

며칠 전의 일입니다. 삼돌이는 엄마를 졸라 병아리 세 마리를 샀습니다. 학교 갔다 와서는 줄곧 병아리하고 놀았습니다. 개나리꽃도 따서 주고 소꿉놀이도 하며 놀았습니다. 방 안에서 같이 놀기도 했습니다.

그러던 병아리인데 삼돌이가 학교에 간 사이 옆집 큰 개가 물어 죽였습니다. 삼돌이는 막 울었습니다. 돌멩이를 주워 가지고 옆집 개를 마구 때렸습니다. 마구 때리다 삼돌이까지 물릴 뻔했습니다. 다행히 두 마리는 밖에 나가지 않아 죽음을 면했습니다.

삼돌이는 쓰레기통에 버린 죽은 병아리를 손에 쥐고, 동산으로 올라갔습니다. 손바닥에 놓고 아무리 봐야 살아날 것 같지가 않았습니다. 삼돌이 눈에서는 눈물이 자꾸만 떨어졌습니다.

"가엾은 병아리!"

삼돌이는 병아리 산 것을 후회했습니다. 다른 사람한테 팔려 갔더라면 죽지 않고 잘 자랄 걸 생각하니, 모든 책임이 삼돌이에게 있는 것 같았습니다. 그러면 그럴수록 옆집 개가 밉기만 했습니다.

삼돌이는 그대로 내버리기가 안 되어 저 쪽 무덤 옆에 흙을 파고, 한 줌도 못 되는 병아리를 묻어 주었습니다. 개나리를 꺾어나 꽂았습니다.

그 때입니다. 어디서 날아왔는지 흰나비가 병아리 무덤을 빙빙 돌고, 저만치 가서 앉았습니다. 앉아서 우는 것 같았습니다.

삼돌이는 마음이 좋지 않았습니다. 두 손으로 눈물을 훔치며 마구 동산을 헤매었던 것입니다.

삼돌이는 상제 나비를 보자 죽은 병아리 생각이 났습니다. 그래 거기로 뛰어 갔습니다. 상제 나비도 따라 왔습니다.

무덤 가에는 할미꽃이 피어 있었습니다. 아마 할머니가 돌아가신 표적인가 봅니다. 그러나, 개나리꽃은 누가 뽑아갔나 봅니다. 보이지 않습니다. 꽂아 놓은 개나리꽃이 없으면 표적을 모릅니다. 표적을 모르니 병아리 무덤을 찾을 수 없습니다.

삼돌이는 무덤 가에 앉아 멍하니 앞을 내다봅니다. 마음이 울쩍합니다. 울어 버릴까? 그렇지만, 나물 캐는 아이들의 노래 소리가 둑을 타고 들려오고, 종달새는 제철이라 흥겹게 놀고 있는데, 삼돌이가 울어 버리기엔 봄 아가씨가 미워할 것 같았습니다. 꾹 참고 도로 동산으로 돌아왔습니다.

"딸끔 못 딸끔."

"못 딸끔 딸끔."

보니, 저 쪽에서 복순이 누나와 경자 누나가 아카시아 잎따기를 하고 있었습니다. 한참 봐도 재미있는 놀이입니다.

"나도 하자."

삼돌이가 뛰어들었습니다. 그대로 보고 있을 수는 없습니다. 한 손에는 아카시아 잎을 들고 있습니다.

삼돌이가 뛰어드는 바람에 잠깐 놀이가 멎었습니다.

"너 어디서 있다 왔니?"

복순이 누나가 힐끗 삼돌이를 보며 물었습니다.

"응, 동산 한 바퀴 돌고 왔어."

삼돌이는 그저 그렇게만 말하고, 경자의 눈치를 살핍니다. 복순이 누나는 끼워 줄 수도 있겠지만, 깍정이 경자가 끼워 줄지 의문입니다. 힐끗 봅니다. 힐끗 보는 눈매가 다릅니다.

"삼돌인 저리 가 놀아. 셋이선 못 하는 걸."

역시 경자가 들어 주지 않습니다. 퇫자를 놨습니다.

"그럼 셋이서 하는 놀이 해."

정말입니다. 셋이서 하는 놀이를 하면 삼돌이도 놀게 됩니다. 역시 혼자서 심심했습니다.

"흥, 누가 사내 아이하고 논댔어? 저리가."

경자가 톡 쏘았습니다. 새침하게 코웃음을 쳤습니다.

삼돌이는 무안해졌습니다. 이대로 물러선다면 남자의 수치입니다.

"날 안 RL워 줌 때린다."

한 번 얼러 대었습니다. 그까짓 경자쯤 문제 없습니다.

"어디 때려봐, 때려봐."

경자가 악을 쓰고 대들었습니다.

'한 대 때릴까?'

그러나 복순이 누나가 가만 있을 것 같지 않았습니다. 꾹 참았습니다.

"놀재도 안 논다. 누가 계집애하고 노니, 흥!"

삼돌이는 체면을 지키기 위해 크게 소리치고, 포플러 나무에 올라갑니다. 계집 아이는 할 수 없는 것입니다. 이렇게라도 해서 남자의 체면을 지키자는 생각입니다.

포플러 나무에 조금 올라갔다가는 '하!' 하고 내려 뛰는 것입니다. 조금 위험한 짓이기는 하나, 삼돌이는 복순이 누나와 경자가 보라고 일부러 힘을 뜰여 내려 뜁니다.

삼돌이는 포플러 나무에 올라가다 힐끗 보니, 복순이 누나와 경자가 이쪽을 보고 있었습니다.

"그럼 그렇지."

삼돌이는 갑자기 영웅이나 된 것처럼 마음이 커졌습니다. 뻐기고 싶은 충동까지 느껴졌습니다.

그러나, 큰일입니다. 너무 높이 올라갔다가 내려 뛴 것이 탈입니다. 삼돌이는 그만 앞으로 고꾸라졌습니다. 손바닥이 째지고, 무릎이 까지고 발목이 좀 삔 것 같았습니다.

그러나 삼돌이는 아프다고 할 수가 없었습니다. 더구나 울 수는 없는 노릇입니다.

"아이구, 피가 나는구나, 거긴 뭣하러 올라갔었니?"

복순이 누나가 급히 뛰어 와서 삼돌이를 일으켰습니다. 삼돌이의 손을 끌어 당겨 피를 닦아 줍니다.

삼돌이는 얼른 손을 뒤로 숨겼습니다. 피나는 손을 보이기 싫었기 때문입니다. 누나 혼자만 같았어도 괜찮았을 텐데 경자가 있습니다.

“씨이, 이까짓 것 아무 것도 아냐.”

“뭐? 아무 것도 아니라니, 피가 나는데?”

“글쎄, 아무것도 아니라니까, 그 놈의 까치알을 꺼내려 너무 높이 올라갔다가 그랬어.”

“뭐, 까치알을 꺼내려고?”

복순이 누나와 경자는 삼돌이 말에 힐끗 포플러 나무 위를 쳐다봅니다.

“그까짓 아카시아 잎따기 시시해. 내일 까치알 꺼내다 줄게.”

까치집은 어림도 없습니다. 그럼 삼돌이가 거짓말을 하는 걸까요? 거짓말을 해도 괜찮습니다. 올려다 보니 까치집에 노을이 붉게 비치고, 어미 까치가 이 광경을 내려다 보고 있었습니다. 아마 내일쯤은 삼돌이에게 까치알을 빼앗기지 않기 위해 다른 데로 이사를 갈지 모릅니다.

麻營 김철민 연보

》》麻營 **김철민**

1. 교육활동

- 1949. 1. 6　서울시 마포구 공덕동 175의 218번지 출생
- 1961. 2. 20　서울시 마포구 아현초등학교 졸업
- 1964. 2. 3　서울시 마포구 마포중학교 졸업
- 1967. 2. 26　서울시 단국공업고등학교 졸업
- 1971. 2. 28　중앙대학교 사범대학 체육교육학과 4년 졸업
- 1971. 6. 22　창녕군 부곡중학교 교사
- 1972. 12 1　거창군 신원중학교 교사

■ 1974. 3. 1 합천군 합천중학교 교사
■ 1978. 3. 1 창원시 창북중학교 교사
■ 1983. 3. 1 진해시 동진중학교 교사
■ 1988. 3. 1 통영시 충무여자중학교 교사
■ 1993. 3. 1 통영시 산양중학교 교사
■ 1995. 3. 1 통영시 통영중학교 교사
■ 2001. 3. 1 통영시 충무중학교 교사
■ 2003. 3. 1 거제시 거제교육청 장학사
■ 2006. 9. 1 통영시 도산중학교 교장
■ 2010. 8. 31 통영시 도산중학교 중임교장
■ 2011. 2. 28 현 정년퇴임(39년 8개월)

2. 단체활동

■ 대한육상경기연맹 심판, 대한사격연맹심판 역임
■ 한국보이스카우트 상급지도자, 야영지도자, 훈육지도자
■ 35, 38, 39회 한글시 백일장 심사위원
■ 35, 38, 39회 한산대첩기념대전 행사 추진위원
■ 한국문협 경남통영 지부장(95, 99년)
■ 통영국제 음악 심포지엄 추진위원
■ 유명예술인 생가 복원 추진위원
■ 한국아동문학연구회 경남지회장
■ 풀꽃 아동문학회 이사, 부회장 역임
■ 경남아동문학회 이사 역임

- 21세기 한국문학인협회 부회장 역임
- 한국아동문학회 경남지회장, 상임이사 역임
- 경남문인협회 이사, 감사 역임
- 경남현장교육 연구원 역임
- 우정사업본부 우표, 편지 지도위원 역임
- 제3기 사이버현장교원 자문위원 역임
- 녹원환경뉴스 논설위원 역임
- 경남교육정책 인성교육영역 단장 역임
- 전문교과 교과용도서 심의위원 선정위원 역임
- 경남펜클럽 감사 역임
- 한국동요음악협회 자문위원(현)
- 한국문인협회 상벌위원
- 국제펜클럽 한국본부 이사
- 한국아동문학협회 부회장
- 김영일아동문학상 운영위원장(1~11회)
- 세계시인협회(WAAC) 명예문학박사학위

3. 표창

- 1981. 스카우트 지도자 교육감상
- 1982. 교육내실화 기여 교육장상
- 1982. 전국소년체육대회 대표팀 선발지도 교육장상
- 1983. 육상우수선수 발굴지도 교육감상
- 1985. 학교체육 심사 유공교원 교육감상

- 1986. 국민교육헌장 18주년 공로 문교부장관 표창
- 1991. 경상남도 체육상 경남도지사
- 1995. 근대2종 지도 공로 교육장상
- 1996. 선수지도 공로 교육장상
- 1999. 도서관 발전기여 부산정보대학 도서관장(감사장)
- 1999. 도서관 발전기여 공주대학 도서관장(감사장)
- 2000. 한국기능장애인 한국기능장애인협회
- 2002. 연공상 경남교총회장
- 2003. 중등장학행정과정 성과 공로 국가전문행정연수원장
- 2003. 제32회 전국소년체전우수지도공로패 경남교육감
- 2004. 교육정보교육 성과 공로 국가전문행정연수원장
- 2004. 교육공로상 한국교원단체 총연합회장
- 2005. 제34회 전국소년체전공로패 경남교육감
- 2006. 전임지도자 지도력 발휘공로 한국청소년연맹 총재
- 2006. 21세기 교육 국가발전 기여 국무총리
- 2008. 한국사도대상 한국교육삼락회총연합회장
- 2009. 남강교육상 남강문화재단이사장
- 2009. 감사장 중앙대학교 총장
- 2009. 공로패 도산중 총동창회장
- 2011. 홍조근정 훈장 대통령

4. 수상

- 1978. 중학교사격지도방안 1등급(한국생상성교육연구소)

- 1981. 전국사격대회 공기소총교원부 2위(전국사격대회대회장)
- 1982. 학교체육 논문 우수 3등급(대한체육회장)
- 1982. 제11회 전국소년 체육대회 체육 2등급(교육감)
- 1984. 제27회 과학전시회 우량상 2등급(교육감)
- 1985. 보건체육 수기공모 우수 3등급(교육감)
- 1985. 제14회 전국소년체육대회 체육 2등급(교육감)
- 1985. 생활지도 우수(경남교육회장)
- 1986. 제30회 현장교육연구대회 체육 1등급(경남교육회장)
- 1988. 제32회 현장교육연구대회 생활지도 3등급(경남교육회장)
- 1990. 제34회 현장교육연구대회 체육 3등급(경남교육회장)
- 1992. 제36회 현장교육연구대회 체육 3등급(경남교육회장)
- 1996. 교과경영연구 3등급(경남교육감)
- 1998. 현장교육연구원 연구대회 1등급(경남교육감)
- 1999. 현장교육연구원 연구대회 3등급(경남교육감)

5. 펴낸 책

- 1988. 위인전기 《쿠베르탱》(윤진출판사)
- 1990. 동시집 《고향길》(교원문학사)
- 1998. 동시집 《별과 등대와 꽃편지》(꿈동산)
- 2008. 동시집 《소꿉동무랑 얼굴웃음》(아이세상)
- 2009. 시집 《언제나 내게 소중한 당신》(월간문학사)

6. 문학상

- 1990. 신인문학상 동시 당선(한국아동문학연구회)
- 1992. 신인문학상 동시 당선(월간 아동문학)
- 1994. 해강아동문학상(해강아동문학상운영위원회)
- 1998. 경남문학우수작품집상(경남문인협회)
- 2002. 시낭송 우수상 (21세기 한국문학회장)
- 2002. 한국아동문학작가상(한국아동문학회)
- 2003. 세계계관시인상 통일본상(세계계관시인문학회)
- 2003. 고려문학능금상(세계행촌아카데미위원회)
  자유문학청소년시인상(자유문학상운영위원회)
- 2004. 영남아동문학상(영남아동문학상운영위원회)
- 2008. 한국아동문학창작상(한국아동문학연구회)
- 2009. 한국아동문학대상(월간아동문학사 · 크리스찬문학회)

깊고 푸른 숲

마영 김철민 교장 정년퇴임 기념문집

펴낸날 | 2011년 2월 15일

엮은이 | 김 철 민
펴낸이 | 오 하 룡
펴낸곳 | 도서출판 경남

주　소 | 631-430 창원시 마산합포구 서성동 66-18
연락처 | (055)245-8818~8819/223-4343(f)
홈페이지 | www.gnbook.com
블로그 | gnbook.tistory.com
이메일 | gnbook@empal.com
등　록 | 제2호(1985. 5. 6.)
편집팀 | 오태민 | 심경애 | 구도희

ISBN 978-89-7675-675-6-03810

*잘못된 책은 바꿔 드립니다.
*저자와 협의 인지 생략합니다.

〔값 30,000원〕